국가대표
트럭장사꾼

빚 1억 5천에 중고 트럭 한 대로 시작해
3년 만에 매출 80억 일군 배 감독 이야기

국가
대표
트럭
장사꾼

"가난하게 태어난 것은
나의 잘못이 아니지만
가난하게 늙는 것은
나의 잘못이다."

| 배성기 지음 |

지식
공간

| 프롤로그 |

"배 감독, 3년 뒤에는 보지 맙시다!"

"트럭장사 하고 싶다고요? 그럼 면접을 봐야 합니다!"
"트럭장사가 무슨 면접을 봐요?"

'트럭장사 사관학교 〈국가대표 과일촌〉'에서 문의 전화를 받을 때마다 벌어지는 풍경이다. 트럭장사에는 큰 밑천이 필요 없다. 중고 트럭 한 대와 팔 물건만 있으면 누구나 시작할 수 있지만 〈국가대표 과일촌〉에는 아무나 들어올 수 없다. 사전 절차로 반드시 면접을 거쳐야 한다.

면접은 〈국가대표 과일촌〉이라는 팀에 합류하기 위한 일종의 관문인 셈이다. 쉽게 얻은 것은 쉽게 버려진다. 이것이 내가 몸으로 배운 이치다.

"마지막 기회라고 생각하고 트럭장사라도 해야겠습니다!"

〈국가대표 과일촌〉에 찾아와 첫 대면에 다짐을 하는 사람들을 만난다. 얼굴을 마주한 분들은 대부분 30대 후반에서 50대 초반에 이르는 '아버지'들이다. 잘 다니던 건설회사에서 하루아침에 명퇴를 당하고 거침없이 프랜차이즈 음식점을 열었다가 몇 달 만에 퇴직금까지 날린 분, 한때 번창했던 문구류 사업이 점차 쪼그라들어 어쩔 수 없이 정리하고 일자리를 찾아온 분, 회사라는 조직에 매여 답답한 생활을 하다가 '더 늦기 전에 내 사업을 해보고 싶다.'는 마음에 사표를 던지고 달려온 분 등 사연도 모양도 가지각색이다.

트럭장사를 시작할 때 절실했던 내 모습과 어딘가 닮아 있어서인지 그 사연과 다짐 앞에서 매번 먹먹해지고 마는 건 어쩔 수가 없다. 감당할 수 없는 빚을 떠안은 채 벼락처럼 천둥처럼 하루아침에 쫄딱 망해 절망의 밑바닥을 기어본 사람은 안다. 학벌도, 스펙도, 인맥도 시원치 않은데 돈도, 묘책도, 대책도 없이 그저 막막하게 뜬눈으로 새벽을 맞아본 이들은 안다. 비록 실낱같을지라도, 다 포기해버리고 싶은 마음을 잡아줄 한 줄기 희망이 얼마나 절실한지를…….

5년 전, 나 역시 간절함 하나로 트럭장사를 시작했다. 강남 한복판에 있던 과일 가게를 정리한 직후였다. 그 가게는 장사를 배우기 시작하고 10년도 넘어서 처음 시작한 '내 사업'이었다. 하지만 결과는 참패였다. 내 딴에는 한다고 했지만 여러 악재가 겹치면서 손쓸 도리가 없었다. 재고는 쌓이고 과일은 음식물쓰레기로 버려졌다. 결국 두 손 들고 정리했을 때 내게 남은 것은 1억 5,000만 원이라는 빚과 중고 트럭 한 대뿐이었다. 그나마도 대부업체에 담보로 잡혀 있었다. 하지만 '이마저도 없으면 아무것도 할 수가 없다.'는 마음에 가게를 정리하는 날까지 지키고 있었다. 가게를 접던 마지막 날, 갓난아이 둘째를 등에 둘러업은 채 큰딸의 손을 잡고 집으로 걸어가는 아내를 보며 참담하고 서러워 목이 메었다. 앞으로 어떻게 살아나가야 할지 막막하기만 했다.

가게를 접은 지 일주일도 안 되어 트럭장사를 시작했다. 그때 내겐 실패를 곱씹으며 고통스러워할 짬도 없었고, '이대로 죽을 수는 없다.'는 생각에 선택의 여지도 없었다. 가진 것은 빚밖에 없는 내가, 배운 것도 많지 않은 내가 할 줄 아는 것은 '장사'밖에 없었다. 남들은 내게 이제 할 만큼 했으니 그만하고 다른 일을 찾는 것이 더 나은 선택이 아니냐고 물어왔지만, 트럭 위에서 죽는 한이 있더라도 다시 시작하겠다는 절박함으로 트럭장사의 길을 택했다.

그렇게 시작한 트럭장사로 내 인생에서 가장 짧고도 길었던 3년의 시간을 보냈다. 나는 날마다 트럭 위에서 전쟁을 치렀다. '물건이 남나 내가 남나 결판 한번 내보자!'는 심정으로 하루 또 하루를 살아냈다. 매일 길가에서 먼지를 뒤집어쓰고 사는 통에 목이 성할 날이 없었고, 새벽 5시면 일어나 일터로 나가는 통에 서너 시간밖에 못 자 눈이 아파왔다. 입안은 헐고 몸은 무거웠다. 길거리 장사에 대한 사람들의 멸시로 마음은 아팠다.

하지만 하루도 거를 수가 없었다. 몸살이 났을 때도 장염에 걸렸을 때도 진통제, 소염제를 맞고서 장사를 나갔다. 비가 와도 눈이 와도 그야말로 '미친놈' 소리를 들어가며 트럭장사를 했다. 한밤중에 일이 끝난 날도 사채업자에게 뺏길까봐 트럭을 한적한 곳에 세워두고 집까지 걸어갔다. 몸과 마음이 만신창이가 되어 걷던 길은 외롭고 멀기만 했다.

그런 하루하루를 산 덕에 1년 조금 넘어 큰 빚은 다 갚았다. 그 후 트럭장사들에게 물건을 대주는 물류창고도 두 곳이나 운영하게 되었고, 오프라인 매장도 여섯 군데에서 시범 운영하고 있다. 낡은 중고 트럭 하나로 길거리 장사에 나섰던 내가 트럭장사 30여 명이 속해 있는 〈국가대표 과일촌〉을 이끌며 80억 원 규모의 연매출을 올리는 트럭장사꾼이 되어 있었다.

빚을 다 갚던 날, 가슴속에 또아리를 튼 희망이 하나 있었다. 나 같은 사람을 위한 '트럭장사 사관학교'를 만들고 싶다는 것이었다. 막막하기만 한 인생의 고비에서 트럭장사라도 시작하려는 사람들에게 도움이 되는 일을 하고 싶었다.

그래서 도전한 것이 '트럭장사 사관학교 〈국가대표 과일촌〉'이다. 여기서 내가 자청한 역할은 '감독'이다. 몸으로, 세월로 배운 노하우를 가지고 장사치가 아니라 장사'꾼'을 양성하는 일, 트럭장사로 새로운 삶을 시작하는 이들이 꿈과 목표를 이룰 수 있도록 길을 안내하는 일, 그것을 나의 꿈이자 비전으로 삼았다.

트럭장사는 직업이 아니다. 3년만 열심히 해서 다른 삶의 밑천을 만들어내는 디딤돌로 삼아야 한다. 3년밖에 시간이 없으니 하루도 허투루 써서는 안 된다. 너무도 중요한 것이니만큼 나는 입버릇처럼 이 말을 해댄다. 그래서 〈국가대표 과일촌〉 일원들은 매일 아침마다 '작전회의' 같은 장사계획회의를 마치고 나면 항상 이렇게 인사를 하고 창고를 나선다.
"배 감독, 3년 뒤에는 보지 맙시다!"

사람들은 트럭장사를 별 볼일 없는 장사치로 대한다. 하지만 트럭장사'꾼'에게는 꿈이 있고, 비전이 있고, 장사에 대한 철학이 있다. 그들에게는 아버지의 절실한 마음과 남편의 용기가 있다. 그래서 단순히 트럭장사로 성공했다는 '돈'의 이야기가 아니라 '어떻게' 그리고 '왜' 트럭장사꾼으로 성공할 수밖에 없었는지에 대한 '사람'의 이야기를 하고 싶었다.
이 책에는 내가 트럭장사꾼으로 살아온 이야기부터 앞으로의 희망까지, 트럭장사꾼으로 성공하기 위해 필요한 노하우와 마인드부터 트럭장사도 해서는 안 되는 사람들에 대한 이야기까지 속 시원히 풀어놓았다. 모든 이야기들을 가감 없이 적으려고 노력했다.

혹시 오늘도 '다 때려치우고 트럭장사라도 할까?' 하는 생각이 든다면 그토록 만만한 트럭장사가 도대체 어떤 직업인지 이 책을 통해 꼭 알아보고 시작하기 바란다. '사는 게 왜 이리 안 풀리지?' 할 때도, 타성과 무기력의 늪에 빠져 답답할 때도 답을 구할 수 있을 것이다. 세상 사람 거기서 거기지만, 밑바닥부터 시작해 내일을 향해 달리는 사람들의 이야기가 결코 허투루 들리지 않을 것이다.

마지막으로 트럭장사를 나가 비를 쫄딱 맞고 돌아온 남편을 보며 펑펑 울어주었던 트럭장사꾼의 아내 이원선과 가장이라는 이름으로 나를 다시 살게 해준 두 딸에게 사랑한다는 말을 전한다.

매일 새로운 꿈을 향해 전진하는 트럭장사꾼
배성기

차 례

프롤로그 _ "배 감독, 3년 뒤에는 보지 맙시다!"   4

1장 왜 트럭장사냐고? 남은 게 트럭 한 대밖에 없어서!

Chapter 1. 빚 1억 5천, 중고 트럭 한 대   14
Chapter 2. 문제는 내가 아닐까?   20
Chapter 3. "그래 한번 해보자, 참외가 남나 내가 남나!"   33
Chapter 4. 트럭장사 1년 만에 빚을 갚다   44
Chapter 5. 트럭장사 사관학교 〈국가대표 과일촌〉   51

2장 안 파는 시간은 있어도 못 파는 시간은 없다
_장사에 꿈을 담는 '꾼'의 노하우

Chapter 1. 트럭장사 유통기한은 3년   62
Chapter 2. 한계는 항상 내 눈높이에 걸려 있다   67
Chapter 3. 트럭장사, 이것만은 알고 시작해라   79
Chapter 4. 첫 번째 장애물, 차대기   94
Chapter 5. 장사가 안 되는 시간이란 없다   102
Chapter 6. 장사는 물건이 아니라 말을 파는 일이다   115
Chapter 7. 깔아놓은 만큼, 맛 보여준 만큼, 외친 만큼 팔린다   122
Chapter 8. 오라는 데는 없어도 갈 데는 많다   134
Chapter 9. 트럭장사의 생명, 시선 끌기   145
Chapter 10. 손님을 기다리게 하라   152
Chapter 11. 휴대용 의자는 버려라   160

3장 안 되는 건 없다. 못 하는 것뿐이다
_성패를 좌우하는 '꾼'의 마인드

Chapter 1.	장사치가 아니라 장사꾼이 돼라	168
Chapter 2.	트럭장사도 기본은 사람을 남기는 일이다	178
Chapter 3.	성실해도 실패는 한다, 하지만 성실하지조차 않으면!	191
Chapter 4.	일할 때 고통이 가난한 고통보다는 크지 않다	203
Chapter 5.	사람이 오지 않는 트럭에 돈이 따를 리 없다	216
Chapter 6.	fail = "다시 하세요!"	222
Chapter 7.	이런 사람은 절대로 트럭장사 하지 마라!	233
Chapter 8.	삶이 나를 밀어간다	242

4장 나는 트럭을 멈출 수 없다

Chapter 1.	〈국가대표 과일촌〉에 심은 희망	256
Chapter 2.	희망의 길을 걷는 사람들의 철학	266
Chapter 3.	어머니는 당신한테 무슨 비전을 주고 태어나게 했나요?	272

에필로그 _ 길이 끝나는 곳에 새로운 길이 있다   284

> 가난하게 태어난 것은 나의 잘못이 아니지만
> 가난하게 늙는 것은 나의 잘못이다.

1장

왜 트럭장사냐고?
남은 게 트럭 한 대밖에 없어서!

Chapter 1

∷ ∷

빚 1억 5천, 중고 트럭 한 대

아내도 몰랐던 나의 빚

처음 가져본 '내 가게'였다. 강남에 있던 번듯한 그 가게는 2년도 안 되어 쫄딱 망했다. 다 떨고도 아내가 모르는 빚이 1억 5,000만 원이 넘게 깔려 있었다. 세상이 끝난 것만 같았다.

처음에는 그 가게에 경력직 판매사원으로 들어갔다. 단순한 취직이 아니라 내 가게를 차리겠다는 비전과 꿈을 품고 들어간 곳이었다. 새벽 첫차를 타고 출근해 막차로 퇴근하며 장사를 배운 지 8년여가 흐른 때여서 그간의 장사 노하우가 빛을 발할 시기이기도 했다. 평균 10만 원 남짓이던 청과코너의 하루 매출이 입사 후 수개월 만에 200

여만 원으로 뛰어올랐다. 물건 매입이면 매입, 손님 응대면 응대, 그야말로 신출귀몰 베테랑 장사꾼의 실력이 그대로 매출로 나타났다.

고공행진을 보이는 매출을 지켜보던 사장은 "인수할 생각은 없나?"라며 청과코너를 인수하라고 나를 꾀었다. "자네라면 대박을 치고도 남을 자리"라고 치켜세웠다. 번듯한 내 가게를 갖고 싶다는 생각이 많았던 때라 욕심을 참지 못하고 덜컥 계약을 했다. 그리고 계약서 도장의 잉크가 마를 즈음 깨달았다.

'아 낚였다!'

섣부른 욕심에 더해진 악재

다섯 평도 안 되는 자리에 '한 달에 숨을 쉬지 않아도 나가야 할 돈이 700만 원'이었다. 월세 300만 원에 별도 수수료, 카드 수수료, 전기세까지 따로 내야 했다. 한 달 고정비 700만 원에 직원 월급까지 더하면 지출만 1,000만 원, 한 달 결산을 하고 나면 수중에 남는 돈은 100만 원 남짓했다. 그래도 그때는 '인터넷'이라는 새로운 시장을 믿고 있었기에 조금만 버티면 될 줄 알았다.

그러다 결정적인 직격탄을 맞았다. 2010년 여름, 말도 안 되는 물난리로 서울 한복판인 강남역이 물에 잠겼다. 물난리야 지나가면 그만이었지만 그에 따른 후속조치가 사단이었다. 서울 시청에서 물난리를 막기 위해 축구장보다 더 큰 규모의 물 저장탱크를 만들기로 했는데, 그 공사가 하필 우리 가게가 입점한 건물 바로 옆에서 진행됐다. 가게를 인수한 지 1년이나 지났을까, 1년 반짜리 먼지 날리는 대규모

공사가 시작되었다.

우리 가게로 들어올 수 있는 입구는 세 곳이 있었다. 공사가 시작되면서 하나가 폐쇄되었고, 나머지 두 곳 앞으로는 쉴 새 없이 덤프트럭이 오갔다. 먼지가 고스란히 가게로 들어왔고, 가게를 들르던 고객들의 발길이 끊겼다. 서울시에 진정을 내고 별짓을 다했으나 공사를 막을 수도 없었을뿐더러 공사에 따른 피해보상도 받을 수 없었다. 정부 공사에 보상을 해준 선례가 없어서라는 게 이유였다.

월세는 꼬박꼬박 나가는데 손님이 없으니 며칠 만에 1톤 가까운 과일이 썩어나갔다. 공사가 시작되고 매출이 1/10로 줄었다. 5개월을 견뎠을 때 남은 건 그야말로 빚뿐이었다.

일을 하다 보면 신속히 결단을 해야 할 때와 신중히 상황을 주시해야 할 때가 있다. 나의 경우는 전자였으나 나는 첫 가게라는 미련을 버리지 못했다. 거기다가 이것마저 그만두면 뭘 해야 할지 막막한 것이 더 두려웠다.

미련함이 남긴 것은 빚과 상처

"여보, 어쩐 일이야? 가게는 어떻게 하고?"

둘째를 낳고 산후조리원에 누워 있는 아내를 찾아갔다. 급전이 필요한데 더는 돈을 빌릴 곳이 없었다. 제2금융권은 물론이요, 대부업체의 사채란 사채는 다 끌어다 쓰고도 월세랑 전기세를 해결하지 못해 전전긍긍하던 중이었다.

"어, 차가 갑자기 퍼져서 당신 차 좀 빌리려고."

"장사하는 사람이 차가 퍼지면 어떡해?"

아내는 미용실을 하면서 타고 다니던 SUV 차량의 열쇠를 넘겨주었다. 차를 끌고 간 곳은 자동차를 담보로 돈을 빌려주는 곳이었다. 아내의 차를 담보로 대출한 몇 백만 원으로 또 며칠을 버텼다.

하지만 그도 역시 끝이 아니었다. 이미 수천만 원의 미수가 도매상에 깔려 있었다. 매출이 1/10로 줄은 내게 도매상은 새로운 빚을 만들어내는 창구에 불과했다. 그런데도 멈추지 못했다.

"형, 아버지가 형한테 물건 주지 말래. 물건 가져가고 싶으면 이번에 우리 수박 50통 빼주든가."

팔리지 않는 물건에다 미수 때문에 억지로 받아온 물건까지 매출은 바닥인데 저장고에 과일은 넘쳐나는 악순환이 끝날 줄 모르고 계속됐다. 그야말로 사면초가였다.

감당 못한 빚이 터지고 더는 버틸 수 없게 되어서야 아내에게 이실직고했다. 아내는 자리를 보존하고 누웠지만, 결국 자기의 미용실까지 정리해서 급한 불을 꺼주었다. 마흔을 코앞에 둔 내게 남은 건 참패의 쓰라린 상처와 1억 5,000만 원이 넘는 빚 그리고 낡은 중고 트럭 한 대뿐이었다.

마지막 희망, 중고 트럭 한 대

아내는 지인이 운영하는 재활용매장에라도 '취직'을 하라고 했다. 못난 아들을 지켜보시던 어머니마저 하던 일 다 엎어졌으니 항아리 배달하는 곳에 '취직'을 하라고 했다. 두 곳 모두 200만 원 안팎의 월급을 준다고 했다. 적은 돈이 아닌 줄이야 알지만 취직은 꿈도 꿀 수 없었다. 쌓여 있는 빚더미에, 다달이 나가야 하는 이자만 이미 200만 원을 넘어선 때였다. 그 돈을 받아서는 우리 네 식구 입에 풀칠도 할 수 없었고, 꿈을 꾸면서 미래를 설계한다는 건 언감생심이었다. 60이 넘어서까지 빚만 갚다가 인생을 마칠 수는 없었다.

나는 선택의 여지가 없었다. 가진 것도 배운 것도 많지 않은 내게 길은 '장사'밖에 없었다. 유일하게 남은 낡은 중고 트럭 한 대가 최후의 보루였다. 그나마도 대부업체에 담보로 잡혀 있던 터였지만, '이마저도 없으면 정말 아무것도 할 수가 없다.'는 절박함에 나는 앞뒤 생각할 겨를 없이 숨겼다. 가게를 몽땅 정리하면서도 사채업자들의 눈을 피해가며 트럭만은 이를 악물고 지켜냈다.

"이젠 어떻게 할 건데?"
"다시 장사해보려고."
아내는 어이없는 표정으로 바라보다 단호하게 말했다.
"미쳤어? 장사의 장 자도 다시 꺼내지 마."
"트럭장사 할 거야."
"아니 그 트럭 압류 안 당했어? 무슨 되도 않는 소리야. 그냥 남들처럼 취직이나 하라구. 당신이 안 해봤어? 새벽 3시에 눈떠서 물건 사러 다니고 밤 11시까지 물건 팔고 정리하고, 그렇게 안 살아봤어? 지금까지 장사한다고 하면서 대충 한 적 있어? 없잖아. 정말 죽을힘을 다 했잖아. 근데 남은 게 뭐야? 빚뿐이잖아. 그럼 안 되는 거야. 안 되는 걸 미련하게 왜 붙잡고 있냐고?"

아내의 말은 비수같이 박혔다. 아내는 눈물을 훔치며 나를 말렸고, 겉으로 내색은 못했지만 나 역시 속으로 눈물을 쏟고 있었다.

"이 사람아, 한 달에 200씩 벌어서 언제 그 빚을 다 갚겠냐고. 현실적으로 생각을 해보자고. 내가 정말 열심히 해볼게. 마지막이라고 생각하고 한 번만 해보자."

몇 날 며칠을 아내와 다퉜다. 결혼해서 줄곧 맞벌이로 고생해온 아내에게는 그 어떤 말도 무력했다. 미안한 마음이야 어찌 말로 다 할 수 있을까. 그러나 바닥을 친 나는 포기할 수도 없었다. 그 순간에도 사채 빚은 여전히 불어나고 있었다. 아내에게 빌며 약속했다. 정신 바짝 차리고 마지막으로 제대로 한번 해보겠노라고. 그건 내 심장에 꾹꾹 눌러 박은 뼈아픈 다짐이기도 했다. 결국 이번에도 아내가 져주었다.

2012년 6월 16일. 가게를 정리한 지 일주일도 안 된 날, 나는 1톤 트럭에 몸을 싣고 거리로 나갔다.

Chapter 2
∷ ∷
문제는 내가 아닐까?

내가 왜 이 자리에 와 있지?

트럭장사를 시작하겠다고 마음먹기 전 어느 날, 나는 혼자 한강 앞에 섰다. 늦봄의 강바람도 내겐 사나웠다. 이 빚들을 언제 다 갚을 수 있을까……. 암담하기만 한 나는 벼랑 끝에 서 있는 사람처럼 막막했고 나오느니 헛웃음뿐이었다.

"이제 빚을 지고 싶어도 질 수가 없어. 대부업체에서도 안 받아줘. 더 이상 빚낼 걱정 없으니 얼마나 좋으냐. 그나마 길거리에 나앉을 걱정은 없으니 또 얼마나 다행이냐."

나는 고래고래 소리를 지르며 미친놈처럼 웃어댔다. 부모님 댁에 얹혀살고 있어 길거리에 나앉는 상황은 모면했지만 아들로서도, 남편으로서도, 아버지로서도 나는 참담했다.

'내가 왜 이 자리에 와 있지?' 하는 생각만 들었다.

'내가 잘못 살았나? 나름 무진장 열심히 살았다고 생각했는데 뭐가 잘못 된 거지?'

살다 보면 누구나 한 번은 인생을 돌아봐야 할 때가 온다고 했던가. 바람 부는 한강에서, 들어줄 사람 하나 없는 그곳에서, 나를 향한 질문들이 마구 쏟아졌다.

'고등학교 3학년 취업반에서 시작해 마흔을 앞둔 지금까지 성실하게 열심히 일을 해왔는데 나는 지금 왜 이러고 있는 걸까?'

나의 첫 직장은 땡보직

나의 첫 직장은 그 유명한 ○○자동차였다. 자동차 공장 안에서도 '공무과'라는 곳이었다. 지금으로 치면 관리부서의 하나였을 법한 이 부서는 당시 공무를 해결해주는 곳이라 해서 이런 부서명을 달고 있었다. 쉽게 말해 공장을 돌며 형광등을 갈아 끼워주고 시설을 관리해주는 곳이었다. 당시로서는 그야말로 땡보직이었다.

"야, 네가 어떻게…… 고등학교 취업반이 여길 올 수가 있지?"

"공업 선생님이 취직시켜주셨는데요."

회사 선배들은 모두 내가 그 자리에 어떻게 들어왔는지 의아해했다. 하루 종일 무전기를 들고 공장 여기저기를 살피며 돌아다니는 일에 불과했지만 안정적인 직장에 급여도 상당해 모두들 부러워하는 자리였다. 그런데 3개월쯤 지나자 열아홉 살, 아직은 너무나 어린 내게 궁금증이 생겼다.

'어떻게 이 따분한 일을 하면서 수십 년을 살 수가 있지?'

철이 없었다고 한다면 그 말도 맞고, 젊은 패기였다면 그 말도 맞을 것이다. 그러나 나는 가슴이 뜨거워지지 않았다. 결국 갑갑한 마음에 사직서를 냈다. 항공정비학원에 다니며 배우고 싶다는 게 이유였다. 거짓말은 아니었다. 당시 항공정비학원에 다니고 있었고, 정비일은 꽤나 재미있었다.

며칠 뒤 사장실에서 호출이 왔다. 당시는 통과의례처럼 사직서를 내면 사장실을 거쳐서 가는 줄 알았다.

"왜 그만두려고 하나?"

"네……. 적성에 안 맞아서요."

두서없이 이야기를 하고 있는데 사장님이 공업 선생님의 안부를 물어왔다. 알고 보니 공업 선생님의 친구였다. 사장님은 다시 생각해보라며 나를 돌려보냈다. 하지만 한 번 뽑은 칼을 다시 집어넣을 수는 없었다. 첫 직장과는 그렇게 헤어졌다.

IMF가 호출한 나의 꿈

군대에 다녀와서 들어간 곳은 ○○○○항공사였다.

"왜 지원했습니까?"

"신기하지 않습니까? 저런 큰 쇳덩어리가 날아다니는 게. 제가 직접 쇳덩이를 날게 하고 싶어서 지원하게 됐습니다."

당시 나는 비행기에 직접 타보지는 못했지만 한가하고 시간이 날 때면 김포공항에 가서 비행기가 뜨고 내리는 것을 자주 보곤 했다. 신기하고 즐거운 일이었다. 항공정비를 배운 것도 그런 마음에서였다.

○○○○항공은 항공업계의 후발주자였는데, 몸집을 불려 사세를 키워가는 중이라 사람을 많이 뽑았다.

"야, 네가 어떻게…… 항공사에 입사를 하냐?"

합격통보를 받고 친구들의 부러움과 시샘을 받으며 당당히 출근을 했다. 그때는 내 인생도 비행기 활주로마냥 창창하게 펼쳐질 줄만 알았다. 항공정비일은 아니었지만 항공으로 들어온 화물을 처리하는 카고 근무를 하면서 꽤나 즐겁게 직장생활을 했다. 나이든 선배들에게서 비행기에 대해 듣고 직접 비행기를 만지는 일을 하니 꽤나 신이 났다. 생각해보면 '참 좋은 시절'이었다.

그런데 그 참 좋은 시절에 IMF가 찾아왔다. 하루아침에 모든 게 달라졌다. 회사는 대규모 구조조정에 나섰고, 직원들 사이에는 흉흉한 소문이 돌았다. 출근을 해도 퇴근을 해도 어수선한 분위기 속에서 어디에 정신을 둬야 할지 모르는 날들이 꽤 오래 이어졌다.

"우리 여기서 잘리면 뭐해야 하지? 나는 이제 중학생인 아이가 둘이나 있는데."

"나는 대학생 아들도 있다고. 당장 학자금 끊기면 애들 대학은 어떻게 마칠지……."

선배들은 시간마다 모여 '구조조정'에 대한 이야기를 해댔다. 당시만 해도 비행기에 대해서는 모르는 것이 없다고 생각했던 선배들, 자신의 자리에서 최고를 자랑하는 위대한 선배들이 이 직장을 나가면 갈 곳이 없다는 사실이 믿기지 않았다. 딸린 식구도 없고, 나이도 젊었던 나로서는 구조조정보다도 구조조정을 두려워하는 선배들을 보는 것이 훨씬 더 힘든 일이었다.

"아고 돈을 좀 모아두던가, 진즉에 다른 길을 좀 알아봤어야 하는데……."

"에헤, 우리 안 되면 통닭집이나 하나 차리자고. 산 입에 거미줄이야 치겠어?"

실제로 몇 달 후 명예퇴직을 당한 선배들이 속속 치킨집을 차렸다는 소문이 들렸다. 하지만 개업식 이후에 찾아간 선배의 가게는 휑하니 파리만 날리고 있었다.

그때 처음 '이렇게 살아서는 안 되겠구나.'라는 생각을 해봤다. 회사 하나만 믿고, 조직 하나만 믿고 살다가는 답이 없다는 것을 깨달았다. '회사는 사원을 가족같이 생각한다고 하다가도 정작 힘들 때는 쉽게 내보내는구나!'

'회사에서 최선을 다해도 그 조직을 나서면 할 게 없어지는 것이 현실이구나.'

뼈아픈 현실을 마주하고 나니 더 이상 애정 어린 마음을 갖기도 어려웠고, 설레는 마음으로 회사를 다닐 수도 없었다. 그때부터 회사가 아니라 나의 꿈을 위한 일, 나의 비전을 갖을 수 있는 일을 찾아봐야겠다는 생각이 머리를 떠나지 않았다.

"도대체 네가 하고 싶은 게 뭔데?"

회사에 정을 붙이지 못하고 방황할 때, 친구가 구인공고를 보고 연락을 해왔다.

"아주 탄탄한 중소기업인데 우리나라 볼트랑 베어링 쪽에서는 알아주는 곳이다. 두 명 뽑는데 기대는 하지 말고 한번 입사 지원해봐라. 거기는 구조조정 같은 게 없대. 정년퇴직을 해도 5년 동안 일용직으로 써준다더라고. 세계 5위 안에 드는 볼트너트 기업인데 우리나라에서는 물론 1위지. IMF 후에도 수출이 많아서 미국, 사우디, 유럽 수출은 말할 것도 없고……."

친구의 설명을 듣고 '그래 마지막 직장생활이다!'라는 심정으로 지원을 했는데 덜컥 합격을 했다. 부서 배치를 받을 때 희망부서는 공장 현장 쪽이었다. 답답한 사무실보다는 나와 훨씬 잘 맞으리라는 생각에서였다. 그런데 발령이 난 곳은 무역부였다.

"그간 했던 일들 다 경력으로 인정해줄 테니 무역부 가서 일 좀 배워봐."

이름도 거창한 무역부였지만 하는 일은 수출하는 물건이 원활히 나가도록 컨테이너 잡고 선적 확인하는 것이 대부분이었다. 영어를 유창히 하거나 바이어를 상대하는 일은 고참들이 다 알아서 했다. 내가 하는 일은 공장에서 물건이 나오면 일정에 맞춰 선적하고 물건이 제때에 도착했는지 확인하는 일이었다.

특유의 친화력으로 일을 배우고 진행하는 데는 아무런 문제가 없었다. 보통 하루 10~15개의 컨테이너에 물건을 가득 실어 부산항으로 보내는 일을 처리해야 해서 바쁘기도 했다. 일을 배울 때는 시간이 빠르게 지나갔다. 그러다 일이 능숙해지고 성과가 올라가자 머릿속에서 또 발동이 걸렸다. '내게 맞는 재밌는 일, 내가 비전을 가질 수 있는 일이 있을 거야.' 2년여를 다니던 어느 날 나는 또 사표를 냈다.

"그동안 일 잘해서 윗사람들이 얼마나 챙기고 있는지 알아. 왜 갑자기 사표야? 잘 생각해봐. 회사에서 야간대도 보내준다고 하고 자기 계발 하라고 지원도 해준다잖아. 대학교는 알아봤어? 학교나 알아봐. 그리고 잘 생각해. 우리 회사 한 번 나가면 재입사 안 되는 거 알지?"

그토록 만류하는 이사님의 이야기가 하나도 귀에 들어오지 않았다. 묵묵부답으로 사표 수리만을 부탁드리자 이사님의 목소리가 창문을 넘었다.

"야! 그래서 도대체 네가 하고 싶은 게 뭔데?"

"장사를 하고 싶습니다!"

어이없다는 표정으로 나를 쳐다보던 이사님의 얼굴을 지금도 잊을 수가 없다.

내가 찾은 나의 꿈, 장사

"장사는 아무나 하는 줄 알아? 밑천도 없는 놈이 헛바람만 잔뜩 들어서는!"

부모님은 안정된 직장을 번번이 때려치우고 나온 아들놈을 호되게 나무라셨다. 그리고 장사를 하겠다는 꿈을 젊은 날의 호기나 치기쯤으로 생각하셨다.

"장사? 그래서 당장 어디를 가겠다고? 야채 가게로 출근을 하겠다고? 무슨 야채 가게를 강남으로 다녀? 집 앞에 널린 게 야채 가게인데!"

아내는 더 펄쩍 뛰었다. 세 살짜리 어린 딸을 키우며 맞벌이를 해나가고 있던 상황이었으니, 덜컥 사표를 쓰고 돌아와 장사를 하겠다는 남편이 예뻐 보일 리 없었다. 게다가 강남에 있는 야채 가게로 출근까지 한다니 어이없어했다.

"아니, 나도 배워야지. 배우려면 제대로 된 데서 제대로 배워야 하지 않겠어? 대한민국에서 최고 잘하는 사람한테 배워야지. 거기 가면 바닥부터 배울 수 있어. 한번 믿어보라고!"

사표를 내서 이제 다시는 회사로 돌아갈 수 없다고, 나는 장사를 해보고 싶다고, 나를 믿고 지켜봐달라고 사정하고 강남에 있는 ○○○ 야채가게로 출근을 했다.

2002년 중반 한일 월드컵이 끝난 후 그렇게 나의 꿈이 첫발을 내딛었다. 새벽 첫차를 타면 6시 정도에 가게 문을 열 수 있었다. 퇴근은 빠르면 9시, 보통은 10시가 넘었다. 3개월 수습 딱지를 떼고 받아든 첫 월급은 120만 원 정도였다. 시작은 미약했지만 마냥 즐겁고 행복했다. 일을 하고 배울 수 있다는 것이, 내가 꿈을 향해 나아가고 있다는 사실이 그렇게 좋을 수가 없었다. 첫 직장의 땡보직에서도, 항공기 그늘 아래에서도, 안정된 무역회사에서도 느껴보지 못했던 것, 일을 하면서 가슴이 뜨거워지는 경험, 바로 그것이었다. 나는 기꺼이 열정을 쏟아부으며 그 시간을 살았다.

열심히 한 덕분에 '최단기 점장'이라는 타이틀까지 얻었다. 장사의 기본부터 노하우와 마인드까지 장사를 배운다는 기쁨, 장사에 대한 나의 열정에 눈뜬 반가움, '장사꾼의 무언가를 내 것으로 만들고 나면 나도 내 장사를 하리라!'는 희망으로 수년을 하루같이 일했다.

도곡동 물고기 총각의 희망

장사의 물이 오르자 내 가게를 갖고 싶다는 열망도 커졌다. 때마침 함께 일하던 선배가 힘을 합쳐서 도곡동에 가게를 열자고 했다. 당장은 자본을 댄 선배가 사장으로 이름을 올리고 점원으로 들어가는 것이긴 했지만, 장사가 잘되면 내 가게를 열도록 도와준다는 약속에 희망을 갖고 함께하기로 했다. 그야말로 꿈에 부푼 날들이었다.

사장이 된 선배 말고 다른 선배 한 명도 함께 시작했는데, 그 선배가 채소와 과일을 맡고 나는 생선을 맡기로 했다. ○○○야채가게에서 얼굴을 익힌 상회를 돌며 생선을 떼다가 팔았는데, 그전의 경험을 살려 장사를 엄청 잘했다. 배포도 있고 자신감도 넘쳐서 도곡동 일대에서 나를 따라올 생선 장수가 없을 정도였다.

"이모, 오늘 갈치 얼마야? 몇 짝 가지고 있어?"

"왜 배 사장이 다 사주게?"

"상회에 남은 거 다 모으면 얼마나 돼?"

"3킬로그램짜리 88짝인데……, 그걸 뭐하러 물어?"

"다 실어."

"미쳤어? 88짝을 어떻게 다 팔려고."

"이모 걱정하지 마. 팔면 되지."

"이게 돈이 얼만 줄 알아? 갈치만 300이야."

"아 글쎄 팔면 되지."

"못 판다니까!"

"팔면 된다니까!"

그렇게 팔았다. 도곡동 상가건물의 동그란 옷집 간판에는 갈치 두 마리를 걸어 묶고, 밥 먹으러 갈 때면 스카프처럼 갈치를 매고 다녔다. 복도에 놓인 조경용 나무에도 낚싯줄로 갈치를 매달았다. '갈치가 열리는 나무'를 만드는 '도곡동 물고기 총각'으로 이름을 알렸다.

장사가 잘되고 매출이 올라서 승승장구할 일만 남은 줄 알았다. 하지만 선배와의 팀은 그리 오래가지 못했다. 처음에는 한 팀이라며 각자 가게를 낼 수 있도록 돕겠다고 파이팅을 외치던 선배가 매출이 오르자 변하기 시작했다. 매출이 오를수록 선배는 모질어졌고, 약속은 자취도 없이 사라졌다. 결국 함께 일하던 청과파트 담당 선배가 먼저 그만두고 나갔고, 나도 맥이 풀려 가게를 그만두었다. 그러고서 새로 찾은 직장이 결국 2년 만에 쫄딱 망한 강남의 그 가게였다.

'문제는 내가 아닐까?'라는 자각

해가 지는 한강에서 처음으로 내가 살아온 날들을 돌아보니 자포자기하던 마음 한편이 묵직해왔다. 안정된 직장을 때려치우고 장사의 꿈을 발견하기까지 나는 내가 무엇을 원하고 언제 삶의 뜨거움을 느끼는지 알지 못했다.

처음 장사를 시작할 때는 '그간 했던 일들이 너무도 무난하고 순탄해서 비전을 발견할 수 없었다.'는 이유로 '장사야말로 삶의 무료함을 없애줄 기회'라는 철없는 생각도 했다. 인생의 큰 변화를 기대한 만큼 어렵고 힘든 과정은 오히려 활력소가 됐다. 하지만 이런 치기 어린 생각만으로 모든 날들을 꿋꿋하게 견뎌낼 수는 없었다.

몸도 마음도 지쳐갈 때쯤에는 '내 가게 하나 차리면 좋겠다.'는 생각만 했다. 꿈이라는 것이 그저 가게 하나 차리는 것뿐이었다. '로또 대박 나면 번듯한 가게 하나 차릴 텐데…….'라는 망상에 과정 따위는 아무래도 좋다는 생각까지 들었다. 그렇게 흘러가는 대로, 돌아가는 대로 몸을 맡기다 결국 가게가 망하고 빚더미에 앉았다.

그 결과는 잔인했다. 마흔이 코앞인데 이뤄놓은 것은커녕 억 소리 나는 빚만 진 가장, 돈독한 관계인 줄 알았던 사람들에게 정작 필요할 때 외면당하는 헛똑똑이, 학벌도 특별히 할 줄 아는 것도 없이 길을 잃은 한 남자! 세상이 원망스럽기도 하고 억울하기도 하고 받아들이기도 힘들었지만 그게 나의 현실이었다.

이미 잃을 것을 다 잃어 더 이상 잃을 것도 없었으나 이대로 산다면 전과 다르지 않으리라는 것만은 분명했다. 돌아갈 수는 없었다. 그렇다면 뭐가 문제인지 알아야 했다.

처음에는 홍수 때문이라고 생각했고, 다음에는 강남의 고급 상가에 있었던 탓이라고 생각했다. 그러다가 하필 그 가게에서 장사를 시작했기 때문이라고도 생각했고, 나중에는 나쁜 전세업자를 만나서 좋지 않은 조건으로 계약을 했기 때문이라고도 생각했다. 하지만 그게 다였을까?

'그렇게 좋은 자리였다면 굳이 나 같은 이에게까지 기회가 왔을까?' 하는 데까지 생각이 미쳤다. 가장 큰 실패 요인은 '좋은 게 좋은 것'이라며 위기를 기회로 착각한 나의 판단 착오였다.

사람에 대해서도 마찬가지였다. 나는 힘들 때 가장 먼저 등을 돌린 이들을 나의 동료라고 굳게 믿고 있었다. 돌이켜보면 술잔을 기울일 때마다 이런저런 불만에 영양가 없는 이야기만 오갔다.

"우리처럼 흙수저 쥐고 태어난 사람들이 무슨 강남의 가게야. 몇 억을 언제 모아서 가게를 내냐? 하지만 걱정 마 형. 내가 로또 맞으면 매장 하나 차려줄게, 하하하."

술을 핑계로 자조하며 허풍을 떨었던 날들이 후회스러웠다. 그렇게 있는 그대로의 나를 돌아보다 문득 의문이 들었다.

'지금 내가 이렇게 사는 건 어쩌면 나에게 문제가 있어서 그런 건 아닐까?'

1억 원이 넘는 빚을 지고서야 깨닫게 됐다. 그간 내가 익숙하고 편하게 생각했던 모든 것들이 나를 망치고 있었다는 것을! 꿈을 발견했고, 선택했고, 열심히는 했지만 어느 순간 열정을 잃어버렸고, 달라진 무대에서 변화하지 못했던 것이다! 세상이 문제가 아니라 '나에게' 문제가 있었던 것이다.

나는 '열심히는' 했지만 거기까지였다.

'장사를 하고 싶었을' 뿐 거기까지였다.

이루고자 하는 확실한 목표가 없었다!

'일할 때 미친놈 소리 들어가며 일해본 적 있냐? 잠 안 자고 일에 미쳐서 살아본 적이 있냐? 장사가 꿈이라면 '장사에 미친놈이다, 돈에 미친놈이다, 일에 미친놈이다' 소리는 한번 들어봐야 하지 않겠냐?'

나는 스스로에게 물으면서 내가 간과했던 중요한 것이 목표였다는 걸 알게 됐다. 나는 종이를 꺼내 내가 이루고자 하는 것, 내가 가고자 하는 길에 대해 짤막하게 써보았다. 지금껏 내 지갑 속에 꽂혀 있는 그 종이 위엔 그 사납던 봄날 한강에서 마주했던 내 인생의 다짐들이 적혀 있다.

"문제는 나다! 내가 바뀌면 분명히 길은 있다."

그렇게 나는 포기 대신 변화를 선택하기로 했다. 내가 바뀌면 세상이 변하리라는 믿음으로 살아보기로 했다. 그게 나의 새로운 시작이었다.

Chapter 3

:: ::

"그래 한번 해보자, 참외가 남나 내가 남나!"

참외를 싣고 트럭장사로 나서다

트럭장사를 시작하며 처음 찾아간 곳은 참외를 전문으로 하는 도매창고였다. 강남에 가게를 갖고 있을 때 창고 주인이 찾아와 인사를 나눈 적이 있었다. 매장을 정리하는 것을 알고 다시 찾아온 창고 주인은 나에게 트럭장사를 권했다. 물론 자신이 파는 참외를 떼다가 해보라는 것이었다. 창고 주인이 가게에 찾아온 것이 3월, 내가 가게를 접고 트럭장사를 시작한 게 그해 6월이니 시기적으로 잘 맞아떨어졌다. 당시로서는 어쩌면 좋은 기회가 될 수 있으리라는 기대도 있었다.

이 창고는 이후에 알게 된 일반적인 도매창고와는 달랐다. 창고 주인은 평생 참외만 팔았고, 참외만 알았다. 창고의 방침 아닌 방침은 '참외만 한다.'는 것이었다. 창고에는 참외가 그야말로 산더미처럼 쌓여 있었다. 하루에 수십 명의 트럭장사들이 창고에 들러 물건을 받고 나가기를 반복했다. 나중에서야 트럭장사를 위한 이런 창고가 경기권 일대에 수십 군데도 넘게 있다는 것을 알게 됐지만 당시에는 그 많은 트럭들이 오가는 창고가 참 새롭게 보였다.

과일과 채소, 생선까지 팔며 장사에 대해서는 웬만큼 안다고 자부했던 내게 트럭장사를 대상으로 하는 도매창고는 신선한 충격이었다. 내가 모르는 장사의 또 다른 세계가 있다는 것이 놀라웠고 창고 주인이 대단해 보였다.

창고 주인은 하우스 참외가 나오는 3월부터 시작해 10월까지 참외를 팔고, 11월부터는 창고를 닫다시피 했다. 내가 찾아간 6월은 한창 참외가 나올 시기여서 나는 참외를 싣고 거리로 나갔다. 또 한 번의 고비가 올 때까지 그렇게 몇 개월을 참외와 씨름했다.

트럭장사의 물건, "B품이지만 맛은 좋아!"

참외 한 품목만 보아도, 트럭장사의 물건은 매장 물건과는 달랐다. 일반 매장은 단가는 비싸도 맛만 좋으면 어느 정도 승부할 수 있지만, 트럭장사의 물건은 가격까지 좋아야 지나가는 손님의 발길을 붙잡을 수 있다. 한마디로 트럭장사의 물건은 'B품이지만 맛은 좋다.'는 것이다.

B품이란 가락시장에는 들어가지 못하고 트럭창고와 같은 도매창

고로 들어오는 물건을 말한다. 모양이 이상하거나 상처가 조금 있지만 먹는 데는 아무 이상이 없다. 단순한 흠 때문에 정상 시장으로 진입하지 못하는 과일들을 적정한 가격에 팔 수 있는 판로가 열리니 농가에도 득이 되는 일이었다.

"트럭장사는 확실한 블랙마켓이라니까!"

창고 주인의 말을 들으며 고개를 끄덕였다. 비록 외관상으로는 정상품에 미치지 못하더라도 가격 면에서나 품질 면에서 우수하기 때문에 손님들한테도 자신감을 갖고 물건을 팔 수 있겠다는 생각이 들었다. 실제 좋은 물건을 값도 싸고 풍성하게 제공하는 것은 '박리다매'라는 장사의 기본을 지키면서 내실을 꾀하는 좋은 방법이다. 창고 주인의 이야기를 듣고 자신감을 갖게 된 나는 서울 시내는 물론 경기권과 지방을 안 가본 곳 없이 다 가보겠다는 각오로 트럭장사를 시작했다.

결코 만만하지 않은 트럭장사

나는 그날 싣고 나간 참외를 그날 다 팔기 전까지는 집으로 돌아가지 않겠다고 결심했다. 다 말아먹고 시작한 트럭장사, 모두가 말리는 트럭장사, 바닥에서 다시 시작하는 트럭장사였다. 내가 바뀌겠다고 스스로 약속하고, 좋아하는 술, 친구 다 끊고 시작하겠다고 맘을 먹은 만큼 하루도 허투루 보낼 수 없었다. 나는 제대로 미쳐보고 싶었다.

물론 첫날부터 집에 돌아오는 시간이 10시가 넘었다. 해가 져도 줄어들지 않는 참외 탓에 자정이 다 되도록 시내를 누비고 다니는 날이 허다했다. 연달아 며칠씩 한밤중에야 돌아오는 나를 보며 아내는 못내 마음 아파했다.

6월 말, 트럭장사를 시작한 지 한 달여, 초보 트럭장수에게 일찍 시작된 장맛비는 불청객이었다. 장맛비는 쉽게 그치지 않았다. 시간당 50~100밀리미터가 쏟아지는 기록적인 날도 있었다. 하지만 죽기살기로 하는 장사인 만큼 비가 온다는 이유로 접을 수는 없었다.

나는 왕복 8차로 대로변에서 우비도 우산도 없이 박스로 벙거지를 만들어 쓴 채 비를 쫄딱 맞으며 참외를 팔았다. 지나가는 사람들이 이상하게 쳐다봐도 "달달한 꿀참외! 참외 들여가세요! 달달한 꾸~울 참외가 두 보따리 5,000원!"이라고 외치며 참외를 팔았다.

"왜 비 맞고 있어? 비가 이렇게 쏟아지는데 장사 안 접고 뭐해?"

"어머니, 오늘 전기세 내는 날인데 아직 다 못 채웠어요. 울 엄니가 사주면 대충 맞아떨어지겠네."

"공장 가 있는 우리 아들 같아서 사준다. 3,000원어치, 아니 6,000원어치 줘."

"엄마, 그럼 내가 5,000원에 줄게 가져가세요."

"아니 됐어. 6,000원 다 받아."

"하나 더 줄게 가져가세요."

"아고, 뭐가 남아. 가서 애들 과자라도 더 사줘."

"감사합니다."

인정 많은 아주머니들이 그냥 지나치지 못하고 오시면 맛있는 참외를 골라주며 빗속에서도 넙죽넙죽 인사를 했다. 간혹 지나가는 몇몇 손님이 우산을 받쳐 들고 참외를 고르기도 했지만 그래도 궂은 날씨에 사람들의 발길은 잘 멈추지 않았고 그날도 한밤중이 돼서야 비 맞은 생쥐 꼴로 집으로 돌아갔다.

"하루 종일 오는 비를 다 맞은 거야? 장사를 그렇게 했어도 전에는 길바닥에서는 안 했잖아. 파라솔이라도 있었잖아. 이 꼴이 뭐야? 이럴 거면 때려치워. 때려치우고 그냥 취직해. 이게 뭐야……."

눈물을 뚝뚝 흘리는 아내를 보며 목이 메어 말이 잘 나오지 않았다. 하지만 거기서 나까지 울 수는 없는 노릇이었다.

"아고 우리 마누라 현모양처 다됐네. 나 배고파. 밥 줘. 비 좀 맞은 거 갖고 무슨……. 조금 맞았어, 조금. 괜찮다니까. 군대 있을 때는 내가 비 오는 날도 축구를 마라도나보다 더 잘했던 사람이야."

너스레를 떨며 막힌 목구멍에 밥을 꾹꾹 밀어 넣었다.

못 팔고 버릴 수는 없다

초짜 트럭장수에게는 모든 것이 녹록지 않았다. 뜻대로 되는 일은 열에 하나 정도. 목이 좋아 들어가면 주변 상인들에게 쫓겨나기 일쑤였고, 단속차도 수시로 만났다. 욕심껏 참외를 싣고 나가도 생각만큼 장사가 안 되는 날들도 많았다.

그날도 날이 다 저물도록 팔리지 않은 참외가 트럭에 한가득 남아 있었다. 하루 종일 팔 수 있는 곳을 찾아 이리 옮기고 저리 옮기기를 십수 번, 단속반도 많이 만나고 가게 주인들에게 핀잔도 많이 들었는데 여전히 쌓여 있는 참외를 보니 속이 타고 애가 탔다. 시비가 많았던 날이어서인지 어김없이 걸려온 사채업자의 전화에 더 맥이 빠졌다. 빚을 다 갚기 전에는 멈추지 않을 폭언과 협박이었다. 여느 날처럼 씩씩하게 이겨내보려고 했지만 마음은 약해지기만 했다. 오늘 이 참외를 다 팔아야 빚을 갚을 수 있고, 이 지옥 같은 상황에서 벗어날 수 있는데……, 이걸 언제 다 파나…….

'다 팔 수 있어. 나 배성기야. 다 팔 수 있어!'

애써 다짐하며 팔았지만 결과는 좋지 않았다. 자정이 다 되도록 목이 쉴 정도로 외쳤지만 해결하지 못한 참외가 남았다. 끈적한 열기가 남아 있는 한여름 밤 자정 무렵에 남아 있는 참외를 물끄러미 바라보자니 순간적으로 막막함이 몰려왔다. 어떻게 시작한 장사인데, 이것마저 실패하면 내 인생은 어떻게 되는 건가…….

첫 직장에 입사한 날부터 장사를 하겠다고 때려치우고 나오던 날, 장사를 배운다고 출근하던 날들, 가게를 접고 한강에 섰던 날들이 주마등처럼 스쳐갔다. 내 인생은 나아질 수 있는 걸까, 잠 한 번 편히 못 자고 이렇게 열심히 뛰는데도 사는 게 어찌 이리 고단하고 힘든 걸까……. 목을 조르는 듯한 빚더미에서 헤어나지 못하면 내 아이들은……. 집에까지 찾아온 사채업자와 실랑이를 벌이다 딸아이 앞에서 못 보일 꼴을 보인 아침이 떠오르니 죽고만 싶었다.

이렇게 주저앉을 수는 없는 일이었다. 모든 원망이 눈앞에 남아 있는 참외로 쏠렸다. 이걸 해결해내지 못하면 모든 게 다 끝이라는 생각뿐이었다. 팔지 못한 참외를 두고 그대로 끝낼 수는 없었다. 나는 미련한 오기를 냈다.

'내가 이걸 못 팔고 버리느니 차라리 다 먹어버리자.'

한밤중에 공원 공용 주차장에 트럭을 세웠다. 포장을 열고 남은 참외를 모조리 꺼내서 먹기 시작했다. 상한 참외, 멀쩡한 참외 구분 없이 그냥 입에 넣었다.

'내가 어떻게 시작한 트럭장사인데 돈 주고 산 참외 버릴 수는 없어. 참외가 남나 내가 남나 어디 한번 해보자. 팔지 못한 참외는 내가 다 먹어버리고 말겠다.'

목구멍으로 참외가 넘어가는지 돌이 넘어가는지 알 수 없을 지경이었지만 멈출 수 없었다. 나는 지갑에서 '목표와 계획'을 적은 종이를 꺼내 목이 찢어져라 읽고 또 읽으며 참외를 넘겼다.

'지금 이 순간이 싫으면 다 팔아야 한다!'

참고 참았던 설움이 폭발해 눈물이 쏟아졌다. 참외를 먹다가 눈물이 나니 속이 뒤집혀 먹은 참외를 다 토해내야 했다. 눈물범벅으로 먹고 토하고, 먹고 토하고를 반복했다.

그 탓에 심한 장염에 걸려 며칠을 고생했다. 서 있을 수조차 없었다. 그래도 간신히 차 옆에 쭈그리고 앉아 장사를 했다. 이까짓 걸로 쉴 수는 없었다. 트럭에서 죽는 한이 있더라도 장사는 나가야 한다. 나는 팔지 못한 참외에게 그랬듯이 미련한 바보가 되더라도 초심을 지키고 싶었다.

나의 꿈은 젖지 않는다

누가 나에게 무엇을 가르쳐줄 것인가 생각하지 말고,
내가 무엇을 얻을 것인가를 생각하라.
일을 할 때 항상 많은 사람에게 물어라.
사람들은 자신이 가지고 있는 것을 다른 사람에게 먼저
가르쳐주지 않는다. 결국 스스로가 끝없이 다른 사람에게
많은 것을 얻으려고 노력해야 한다.

장사를 잘하고 싶으면 인성부터 키워라.
그러면 많은 것을 얻을 것이다.
인성이 부족한 사람은 아무것도 얻지 못할 것이다.

인생은 스스로 만들어가는 거다.
절대로 남들과 똑같이 먹지 말고,
똑같이 잠자지 말고,
똑같이 일하지 마라.
너는 그들보다 더 위에 서야 한다.
목표에 설 수 있는 사람은 많지 않다.

한강에서 세웠던 나의 다짐들이다. 나는 이 다짐을 종이에 출력해 명함만 한 크기로 자른 후 지갑에 넣고 다녔다. 눈비에 젖지 말고 쓸

림에 상하지 말라고 코팅도 했다. 그리고 장사가 안 돼 속상할 때마다, 질 나쁜 장사치들한테 수모를 당할 때마다, 가볍게 여기고 막말을 해대는 손님을 만날 때마다 꺼내서 읽었다. 목이 터져라 읽으며 하루를 마무리한 날도 많았다. 그렇게 읽고 또 읽는 동안 그나마 나를 추스를 수 있기에 나의 꿈은 젖지 않는다. 눈비에 젖지 않고, 눈물에 젖지 않고, 세월의 강에 쓸려가지도 않는다.

초짜 트럭장수의 수업료

트럭장사를 시작하고 몇 달을 억척스럽게 참외만 팔았다. 그러던 어느 날 길에서 아는 형을 만났다. 전에 같은 창고를 다니다가 이제는 다른 창고로 옮긴 형이었다.

"아직도 거기서 참외 떼다 파는 거야? 거기 참외 안 좋기로 소문났는데. 참외 등급 속여서 판다고 이 바닥에 소문 다 났어."

처음에는 절대로 믿지 않았다. 계속 손사래만 치는 나를 형은 안타까운 눈으로 보고 갔다. 그런데 이후에도 길거리에서 만나는 사람마다 비슷한 소리를 했다. 그런데도 나는 속으로 장사가 안 되니까 남 시샘이나 한다고 생각하며 창고 주인을 두둔했다. 이런 나를 안타까워하던 선배 한 분이 한번은 나를 붙들고 진지하게 이야기를 했다.

"산지에 한번 가보자. 네가 직접 가보면 알 거야."

그 길로 참외밭에 내려갔다. 농민들과 도매상들을 만나서 여러 이야기를 들은 후에야 나는 그야말로 뒤통수를 세게 맞았다는 것을 실감할 수 있었다.

"참외를 몇 년 했다는 분이 이 정도로 물건 구분을 못할 리가요. 이건 확실히 급이 다른데……."

생각해보니 아무리 B품이라고 해도 골라내서 버리는 물건들이 꽤나 많았다. 70짝, 100짝씩 참외를 받으면 버리는 양이 100킬로그램씩 나왔다.

"형, 이거 물건이 안 좋은데."

"장사꾼이면 이 정도는 팔아야지. 장사꾼은 뭘 줘도 팔 줄 알아야 되는 거야."

"그럼 단가 좀 맞춰줘요."

"지금 나보고 손해보라고? 오늘 1,000짝 올라왔으니까 오는 사람끼리 나눠서 다 들고 나가."

좋지 않은 물건에, 강제로 할당해 떠넘기는 일까지 잦았다. 이렇게 해서는 도저히 이룰 게 없겠다는 생각에 많은 이들이 창고를 떠났다. 그런데도 나는 단칼에 그곳을 그만두지 못했다. '형도 사정이 있겠지, 그래도 여기서 배울 게 있을 거야.'라며 남아 있을 구실을 만들었다. 돌아보면 독립해서 개척할 용기가 필요한 일이었는데, 트럭장사에 대해 아는 게 많지 않았던 나는 결단하지 못하고 우물쭈물 시간을 보냈던 것이다.

그렇게 참외철을 보내고 겨울이 되자 상황은 더 심각해졌다. 정작 참외철에는 미수가 없었는데 참외를 끝내고 나자 강제로 할당받아 실었던 물건들 때문에 미수가 생기기 시작했다. 매달 갚아야 할 돈이 한두 푼이 아니었던 나는 미치고 환장할 노릇이었다. 결국 나도 정리하고 독립하겠다고 했을 때 주인은 이미 내가 알던 사람이 아니었다.

"그럼 미수는 어떻게 할 건데? 우리 창고에 800이 넘게 있다고."

주인은 미수가 있으면 다른 곳에 갈 수도 없으니 이곳에서 죽든 살든 마음대로 하라고 했다. 내가 내 발등을 찍은 것처럼 쓰렸지만 달리 손쓸 방법이 없으니 더 죽자고 장사를 해댔다. 새벽 2시고 3시고 장사가 된다면 어디든 가서 팔아야 했다.

트럭장사를 시작한 지 1년 반 만에 창고를 옮기고 독립적으로 트럭장사를 시작했다. 그때부터는 본격적으로 좋은 물건을 싸게 주는 창고를 찾아 열심히 발품을 팔았다.

"너 그 창고 주인 밉지도 않냐? 그 미수를 그냥 다 갚은 거야?"

"수업료를 냈으니 배운 게 있겠지. 또 한 번 배웠어, 내가."

그때 내가 지불한 수업료는 돈으로 쳐도, 시간으로 쳐도 제법 비쌌다. 그런데 그 덕에 나는 좀 더 예민하게 트럭장사의 물건을 가려볼 수 있는 눈을 갖게 되었다. 부당한 거래 때문에 내몰린 탓이긴 했지만 시간을 가리지 않고 장사할 곳을 만들어나가는 훈련도 할 수 있었다. 무엇보다 그 일로 인해 내겐 꿈이 하나 생겼다. 내가 트럭장사를 해서 빚을 다 갚고 나면 나 같은 트럭장사들을 위한 무언가를 만들겠다고 결심한 것이다. 밑바닥에서 재기를 꿈꾸며 찾아오는 이들에게 잘 모르는 초짜라고 이용해먹는 게 아니라 조금이라도 도움이 될 수 있는 걸 하겠다는 결심이었다. 트럭장사들을 양성하고 좋은 물건을 대주는 창고를 운영하는 것도 좋은 목표가 될 수 있겠다는 생각이 들었다. 그게 내가 이곳에서 수업료와 바꾸며 버티고 배운 것이었다.

Chapter 4
:: ::

트럭장사 1년 만에 빚을 갚다

하루도 쉬지 않고 트럭으로 출근하다

트럭장사꾼으로 나선 뒤로 나는 단 하루도 빼먹지 않고 트럭으로 출근을 했다. 토요일, 일요일, 공휴일, 명절도 내겐 어김없는 출근일이었다. 그렇게 봄여름가을겨울을 다 길 위에서 보냈으니 눈보라에 추풍낙엽, 비바람에 봄바람까지 모두 길에서 맞았다.

아내가 갓난쟁이와 씨름하는 것이 못내 안쓰러울 때는 9시쯤 집으로 가서 아이 목욕시키고 재우는 것을 도와주고 다시 나오기도 했다. 트럭장사를 시작한 지 1년쯤 됐을 무렵, 둘째의 돌상을 앞에 두고 가족사진을 찍던 날도 물론 장사를 나갔다.

"그래서 오늘도 장사를 나가겠다고?"

"장사하는 사람이 일 있다고 하루 쉬고 그러는 거 아니야."

"아니 무슨 가게가 있는 것도 아니고 길에서 트럭 세우고 있는 걸 하루도 못 쉬고 나가?"

"트럭장사는 장사 아닌가? 사람 참, 갔다 올게."

가족들한테는 미안하기 그지없었다. 하지만 쉬고 싶다는 유혹을 물리치고 1년 동안 하루도 쉬지 않고 여기까지 왔다는 자부심을 꺾을 수 있는 건 없었다. 그건 '꿈을 이룰 날이 머지않았다.'는 희망의 다른 얼굴이기도 했다.

트럭장사 1년 만에 빚을 갚다

트럭장사를 시작한 지 1년 조금 넘었을 때, 몇 년이 걸릴 줄만 알았던 큰 빚이 어느 날 뚝 끝났다. 그날이 그렇게 빨리 오게 될 줄은 나조차도 몰랐다. 도무지 길이 보이지 않아 막막하기만 했던 빚이었기에 처음 트럭을 몰고 나가면서 3년만 죽어라 고생하자고 마음을 다잡았었다. 미친 듯이 열심히 하면 언젠가는 끝이 올 거라는 기대 말고는 달리 할 수 있는 것도 없었다. '참외가 남나 내가 남나.' 하는 심정으로 트럭을 비워냈듯이 '빚이 남나 내가 남나.' 하는 마음으로 장사에 목숨을 걸었다.

"여보 빚 얼마나 남았어?"

"빚? 빚! 글쎄 걱정하지 마. 잘 갚고 있어."

"얼마나 남았는데?"

"……."

아내가 빚에 대해 더 꼬치꼬치 물어보면 나는 "5시에 나가서 자정이 다 돼 돌아오는데 그런 거 생각할 겨를이 어디 있어?"라고 퉁명스럽게 대답하곤 했다. 피곤해서 들어온 남편을 드잡이할 만큼 천성이 독하지 못한 아내는 이쯤에서 물러나주었다. 더 많이 묻는다고 더 많이 갚지는 못할 거라는 생각도 있었을 것이다.

사실 나는 갚을 길이 너무 멀고 막막해서 빚을 셈할 엄두도 내지 못했다. 당장 이 달에, 당장 이 주에, 당장 오늘 나가야 할 것들만 해결하고 살 수밖에 없었다. 당장 해결해야 할 그 빚만도 내겐 어마어마한 것이었다. 매달 갚아야 할 돈이 1,000만 원이라니! 일단 나가야 할 돈이 정해져 있으니 방법은 장사를 열심히 하는 수밖에 없었다. 남아 있는 빚 따위는 신경 쓸 겨를조차 없었다. 그저 필요한 돈을 채우고 메우고 보내기를 1년 넘게 반복해댔다.

가장 힘든 일은 사채업자들에게 시달리는 것이었다. 집으로도 찾아와 막말을 뱉고 가고, 단 며칠만 연체해도 험한 분위기에서 으름장을 놓기 일쑤인 데다 하루에도 몇 통씩 독촉전화를 해대는 통에 정신적으로 너무 힘들어 모르는 번호는 아예 받지를 않았다. 전화기를 차에 두고 장사를 한 적도 많았다. 요금 미납으로 핸드폰이 정지된 날도 있었다.

언제 트럭을 뺏길지 몰라 밤 11시, 12시에 일이 끝나도 한적한 곳에 트럭을 세워두고서 집까지 걸어와야 했다. 새벽부터 내달려 피곤에 절어 있는 몸도 몸이었지만 언제 끝날지 모르는 막막함에 마음이 더 고단했다.

그러던 어느 날 집으로 돌아오는 길에 기분이 이상했다. 뭔가를 빠트린 것 같긴 한데 알 수가 없었다. 아내의 전화를 받다가 그제서야 "이 양반아 빚 갚아!" 하는 전화가 걸려오지 않았다는 것을 깨달았다. 한달음에 집으로 달려가 수첩을 뒤졌다. 그랬다. 얼추 빚이 끝나가고 있었다. 장사를 처음 시작할 때는 매달 1,000만 원씩 나가던 돈이, 몇 달 뒤에는 800이 되고, 또 몇 달 뒤에는 600이 되고, 장사를 하느라 바빠 정작 빚이 얼마나 줄었는지는 신경도 못 쓰던 사이 어느새 그렇게 줄어 있었다.

마지막 돈을 갚던 날, 은행 문 앞에 주저앉아 나는 울었다. 끝없이 길고 어둡기만 하던 터널을 빠져나온 느낌, 지난 일들이 필름처럼 지나간다는 게 어떤 것인지 실감하는 순간이었다.

그날 나는 아내의 어깨를 안아주며 한참을 입을 떼지 못했다. 바라보며 견디고 버텨온 눈물과 한숨의 무게가 어떤 것인지를 너무도 잘 알기에 말을 할 수 없었다. 우리 부부는 '함께' 견뎌온 만큼 그 감격스러운 날을 가슴 뜨겁게 맞이했다.

이젠 빚이라면 머리 빗는 빗도 싫지만 아이러니하게도 당장 갚아야 할 빚이라는 현실의 목표가 나를 절대 포기할 수 없게 만든 또 하나의 버팀목이기도 했다. 인생의 독한 맛을 통해 귀한 깨달음을 주었으니 이 또한 내겐 스승이 아닐 수 없다.

걱정할 시간에 씨앗을 뿌리라는 가르침

강남의 매장을 정리할 때, 취급한 게 청과이다 보니 들고 나올 것이 거의 없었다. 대부분의 집기는 고물상에 넘겼고 사용하던 박스들은 다 한 곳에 모아두었다. 그렇게 손을 탈탈 털고 나오다가 맹종이 형을 만났다.

맹종이 형은 〈동행〉이라는 TV 프로그램에도 나와 강남 일대에서는 꽤나 이름이 알려진 '박스 수집 부자(父子)'의 아들이다. 지적장애가 있어서 취직은 못하고 나이 드신 아버지와 함께 박스를 모아 팔아서 생계를 꾸렸다. 생활이 곤궁해 얼굴에 주름이 많았고, 이도 성치 않아 끼니는 대부분 물에 말은 밥으로 때우곤 했다. 당시 우리 가게에서 나오던 박스는 모두 맹종이 형이 가져갔다. 그러다 보니 자주 마주쳤고, 제법 인사도 주고받는 사이가 됐다. 마지막 박스를 전해주며 형에게도 인사를 했다.

"형 이제 못 보겠네. 잘 살어, 형."

"어디 가, 아저씨?"

"응, 형, 나 가게 정리했어. 답답하네. 뜻대로 되지를 않아서."

맹종이 형은 속 끓는 내 표정을 이해할 수 없다는 듯 쳐다보았다.

"형, 형은 걱정 같은 거 없어?"

"걱정한다고 걱정이 없어지나?"

순간 나는 망치로 한 대 얻어맞은 것만 같았다. 무심한 듯 들려준 그 말은 해결될 수 없는 일을 걱정할 시간에 새로운 일의 씨앗을 뿌리는 노력을 하라는 일침이었다. 딱히 뭐라 대답은 못했지만 그 말은 때마다 내게 경고등이 되어 큰 힘이 되어주었다.

맹종이 형은 주머니에서 뭔가를 꺼내서 내게 건넸다. 온기가 담긴 양갱이었다. 허기를 쫓기 위해, 나이 드신 아버지를 챙겨드리기 위해 주머니 깊숙이 넣어두었던 그것을 내게 준 것이었다. 기분이 참 오묘했다.

지금도 힘에 부친다고 느껴지는 날은 맹종이 형이 건네주었던 양갱을 생각한다. "걱정한다고 걱정이 없어지나?"라고 물었던 형에게 지금은 "맞아, 형! 걱정할 시간에 노력할게."라는 답을 할 수 있을 것도 같다. 가끔 맹종이 형이 보고 싶다. 잘 지내는지 궁금하기도 하고, 내게 인생의 중요한 가르침을 준 형에게 고맙다는 말도 전하고 싶다.

고단한 시간 속에도 희망은 있다

가게를 접고 트럭장사를 시작하던 그때가 지금까지의 내 인생에서는 가장 힘든 시기였다. 믿었던 사람들이 등을 돌리는 것을 경험했고, '돈 때문에 사람을 이용하는 이'들을 보고 겪었다. 트럭을 몰고 나가면 열심히 살라고 격려해주는 손님도 있었지만, 거리에서 장사를 하는 사람에 대한 편견 때문에 쉽게 대하려는 손님도 많다는 것을 알게 됐다. '내가 가진 것이 없어서, 배운 것이 없어서 이렇게 살고 있구나.' 하는 자학에 속이 쓰려오기도 했다.

하지만 절망스러운 마음과 포기하고 싶은 마음이 비집고 들어오기에는 당장 갚아야 할 빚이라는 현실의 무게가 너무도 무거웠다. 항상 나를 지켜보는 가족들도 있었다. 걱정하기보다 당장의 빚을 해결하기 위해 뛰쳐나가야 했다.

그러자 신기하게도 새로운 기운이 생겨났다. 걱정할 시간에 팔 궁리를 하고 살 궁리를 하는 동안 '하고 싶은 것', '되고 싶은 것'이 마구 생겨났다. 빚을 다 갚고 자유인이 되고 싶다는 희망, 진정한 장사꾼으로 거듭나보고 싶다는 희망, 트럭장사꾼과 협력할 수 있는 네트워크를 만들고 싶다는 희망, 좋은 물건을 싸게 공급하는 인터넷 사업을 해보고 싶다는 희망, 오픈마켓을 열어서 생산자와 소비자를 직접 연결해보고 싶다는 희망……. 역설적이게도 힘들수록 희망은 점점 더 강하게 생겨났다.

365일 트럭으로 출근하다 보니 알게 됐다. 365일 해가 뜨지 않은 날은 없었다는 것을. 비가 내리고 눈이 오고 우박이 쏟아지는 날에도 구름 뒤에는 항상 태양이 있었다. 희망은 그런 것이다. 오늘의 현실이 아무리 고단해도 숨어 있을지언정 사라지지 않는 것이다. 힘들수록 견고해지는 것이다.

내 인생의 가장 힘들고 고단했던 그날들을 밑거름 삼아 나는 '트럭장사 사관학교 〈국가대표 과일촌〉'이라는 내 인생의 비전을 스스로 만들고 새로운 일을 시작할 수 있게 됐다.

Chapter 5

트럭장사 사관학교
〈국가대표 과일촌〉

블로그와 카페에서 자란 비전에 대한 고민

빚을 청산하고 나니 새로운 꿈과 비전에 대한 생각이 끊이질 않았다. 내가 운영 중이던 블로그와 인터넷 카페에 글을 올리고 사람들과 소통하는 과정에서 자라난 고민은 갈수록 단단해졌다.

블로그를 운영하기 시작한 건 2011년에 둘째를 낳고부터였다. 첫째와 10년 가까이 터울이 지는 둘째가 여간 예쁘지 않다 보니 그 모습을 놓치는 게 아까웠다. 그래서 아이가 자라는 모습을 섬세하게 기록해 시집갈 때 선물하면 좋겠다는 생각에 시작하게 됐다.

그 즈음에 〈국가대표 과일촌〉이라는 인터넷 카페도 운영하고 있던 티라 블로그와 카페를 오가며 일 얘기와 사는 얘기를 올렸다. 강남의 가게에서 장사할 때 내가 야심차게 만든 브랜드가 〈국가대표 과일촌〉이었는데, 한동안 나의 모든 것을 담았던 것이라 명맥을 이어가고 있었다. 내 일이 트럭장사이다 보니 일상을 기록할 때 장사 이야기가 빠질 수가 없었다. 그래서 트럭장사 이야기도 가끔씩 올리기 시작했다.

그러던 것이 어느 날부터 주객이 전도되었다. 트럭장사를 하며 겪은 일들을 올리자 이웃들이 오고가며 다양한 댓글을 달아주었다. 열심히 사는 모습이 보기 좋다는 내용이 대부분이었다. 그 댓글에 힘이 나서 늦은 밤에도 컴퓨터에 앉아 글을 써나가기 시작했다. 읽고 간 흔적들을 확인할 때면 뿌듯해지기도 했다. 격려와 응원의 댓글이 많아지고 내용이 길어질수록 장사에 대한 내 생각도 깊어졌다. 트럭장사를 업으로 삼아 살아가는 내 모습을 돌아보게 됐고, 나의 비전을 고민하게 됐다.

'장사꾼으로서 나는 바른 모습인가?'
'어떻게 하면 초심을 잃지 않을까?'
'나는 트럭장사를 하며 결국 어떤 인생을 살게 될 것인가?'
'트럭장사로 나는 무엇을 남길 수 있을까?'

우연이 만든 기회, 장사를 가르치다

그 즈음 어느 날, 물건을 떼러 지방에 다녀오느라 조금 늦게 나온 날이었다. 횡단보도가 있는 사거리에 트럭을 세우고 물건을 매만지고 있는데 주변에 서 있던 트럭 몇 대가 연거푸 자리를 정리하고 떠나기 시작했다. 종종 이런 일을 봐왔던 터라 별 생각 없이 있는데 옆 트럭의 아저씨가 다가왔다

"오늘 이 차 때문에 장사 글러먹었다고 몇 친구가 다른 자리 찾아나섰어요. 그거 아세요?"

알고 보니 내 트럭이 들어오면 주변 장사가 잘 안 된다고 트럭장사 사이에 소문이 나서 다 자리를 뜨는 것이라고 했다. 미안한 마음에 차에 있던 캔커피를 하나 건넸다.

"그렇죠. 트럭이 여러 대 있으면 한 곳에서만 사게 되죠. 제가 죄송하네요."

"그거야 뭐 어쩔 수 있나, 다 같이 길에서 장사하는 처지에. 그런데 혹시 장사 좀 가르쳐볼 생각 없소? 내 아는 분이 트럭장사를 시작하려고 하는데, 이런 차에서 배우면 아주 잘 배울 것 같아서 소개를 좀 해주고 싶은데……."

"제가요?"

그 길로 아저씨는 내 연락처를 물었고 며칠 뒤에 트럭장사를 시작하고 싶다는 분이 직접 나를 찾아왔다. 전부터 트럭장사를 시작하는 사람들에게 도움이 되는 일을 해보고 싶다는 생각은 있었지만, 실제로 누군가에게 트럭장사를 가르쳐줄 기회가 생길 거라고는 생각지 못했다. 막상 장사를 해보려는 사람을 만나보니 도움이 절실해 보였다. 일단 내가 아는 것만큼만 알려드리자는 마음으로 수락했다.

막상 시작하고 보니 알려줄 것이 참 많았다. 트럭을 사서 고치는 일

부터 트럭 창고를 알아보고 거래를 시작하는 일, 트럭을 대고 목을 잡아서 장사를 하는 방법 등등, 게다가 '만만하게 생각하지 말고 열심히 최선을 다하는 자세도 중요하다.'는 잔소리도 만만찮게 해야 했다. 조금이라도 시행착오를 줄여줄 욕심에 이것저것 알려주는 데 며칠이 족히 걸렸다.

그 과정에서 나도 배운 게 많아 이 이야기를 블로그와 카페에도 올렸다. 그러자 예상치 못한 많은 사람들이 트럭장사에 대한 문의들을 해오기 시작했다.

배 감독의 트럭장사 맨투맨 집중교육

트럭장사는 경기에 민감하다. 경기가 안 좋으면 부쩍 늘었다가 줄기를 반복한다. 마침 경제 상황이 좋지 않던 때라 트럭장사를 생각하는 사람들이 많았다. 트럭장사를 어떻게 시작해야 할지 모르는 이들이 메일, 댓글, 쪽지로 궁금한 것들을 묻는 일도 많아졌다.

자연스럽게 '트럭장사를 계속하면서 이들과 협업할 수 있는 일을 하면 어떨까?' 하는 생각이 들었다. 여러 날 고민하던 중 맞춤하게 떠오른 게 '트럭장사 맨투맨 집중교육'이었다. 오프라인에서 직접 만나 트럭장사에 대한 전반을 가르쳐주고, 함께 장사를 다니며 실전 경험을 할 수 있게 해주면 금상첨화겠다는 생각이 들었다.

나는 블로그의 닉네임을 '배 감독'으로 했다. 맨투맨 집중교육으로 트럭장사가 된 이들을 감독처럼 코치해줄 수 있는 역할을 하고 싶어서였다. 〈국가대표 과일촌〉 브랜드를 처음 만들었을 때 사용한 닉

네임이었는데, 뜨거운 열정이 있었던 그때의 노하우를 이어가자는 뜻도 있었다.

집중교육의 이름은 '트럭장사 사관학교'로 정했다. 〈국가대표 과일촌〉이라는 이름으로 트럭장사 사관학교를 운영하면 좋겠다는 생각이 들어 여러 사람의 의견을 들었다. 듣는 이들마다 참신하다고 호응해줬고, 꼭 필요할 것 같다고 격려해주었다. 그렇게 스스로 커리큘럼을 짜고 정리한 뒤 일사천리로 트럭장사 맨투맨 집중교육을 시작했다.

면접을 보는 트럭장사 사관학교

블로그와 카페에 '트럭장사 사관학교 〈국가대표 과일촌〉'에 대한 글을 올리자 문의가 쇄도했다. 장사를 하는 중에도 핸드폰에는 수시로 부재 중 전화와 문자가 찍혔다. 다급한 마음에 무조건 전화부터 하고 보는 사람들도 많았다. 진지하게 트럭장사를 시작하려는 이부터 한번 떠보려는 사람까지 각양각색의 사람들이 연락을 해왔다. 나는 되도록 만나서 친절하게 설명을 해주려고 시간을 냈다. 내가 힘겨운 시기에 트럭장사를 시작해 호되게 신고식을 거쳤던 만큼 되도록 많은 것을 알려주고 싶었다.

처음에는 면접도 교육비도 따로 없었다. 연락이 닿으면 한번 오라고 해서 이런저런 이야기도 나누고 함께 차를 타고 나가 일을 해보기도 했다. 하지만 세상에는 정말 다양한 사람들이 있고, 생각도 행동방식도 참 많이 달랐다. 내가 진정성을 갖고 알려주면 좋아할 줄 알았는데 겪어보니 그건 나만의 생각이었다. 바쁜 가운데서도 시간을 만들어 장사 방법을 알려줬건만 팔짱을 끼고 옆에서 지켜보다가 차에서 내리면 "오늘 하루 잘 봤습니다."라며 사라지기 바쁜 이들을 볼 때마다 허탈하기 그지없었다.

그런 사람들이 많아질수록 '이건 아닌데……' 하는 생각이 들었다. 더 이상 어중이떠중이가 '체험 삶의 현장' 같은 느낌으로 하루를 동행하는 것은 막아야겠다는 생각이 강해졌다. 오래 고심한 끝에 생각해낸 것이 면접과 교육비였다. 이 일을 하겠다고 찾아오는 사람의 진정성을 거를 최소한의 장치였다. 면접을 하면 절실한 사람인지 아닌지 구별할 수 있어 좋고, 직접 돈을 쓰게 하면 정신을 차리고 집중할 수 있겠거니 생각했다. 돈이 아까워서라도 또는 절실한 사람이 교육받기를 원했다. 그냥 한번 해보려는 사람에게 내 소중한 하루의 시간을 몇 시간씩 할애한다는 것이 아까웠다.

"배 감독님, 트럭장사를 좀 배우고 싶은데요."

"저랑 같이 트럭장사를 하시려면 면접을 보셔야 합니다. 이틀 동안 동행해서 배우려면 교육비도 들어갑니다. 그래도 괜찮으세요?"

차분한 목소리로 설명을 해주면 전화 문의의 절반 이상이 여기서 걸러진다. "트럭장사 시작하려는데 무슨 면접을 봐요?" 하는 이가 있는가 하면, "그렇군요. 면접 준비는 어떻게 하면 될까요?"라고 다음 진행을 묻는 이도 있었다. "뭘 가르쳐주는데 교육비를 다 받아요?"라고 하는 이가 있는가 하면, "배 감독님한테 확실하게 배워서 정말 열심히 해보고 싶습니다."라고 하는 이도 있었다.

이 단계에서는 정말 트럭장사를 하려는 사람과 '트럭장사나 한번 해볼까?' 하는 사람이 구별되었다. 나는 절실하게 필요해서 트럭장사를 시작하려는 사람을 가려내려고 절차를 마련했고, 이런 과정을 거쳐서 〈국가대표 과일촌〉 일원들을 만날 수 있게 되었다.

〈국가대표 과일촌〉의 아지트, 창고를 열다

맨투맨 집중교육으로 트럭장사를 배운 〈국가대표 과일촌〉 일원들이 하나둘 서울과 경기권에서 일을 하기 시작했다. 〈국가대표 과일촌〉 일원들은 모두 '좋은 물건을 많이 판다'는 생각을 공유하고 있다. 자연히 좋은 물건을 확보하는 일이 선결과제였다.

지방 네트워크를 활용해 좋은 물건을 선별해 구입해오는 것은 수장인 내 몫이었다. 2, 3일에 한 번 꼴로 지방 산지에 가서 물건을 가져다 일원들에게 나눠주었다. 그런데 십여 명의 일원들에게 물건을 날라다주는 일이 생각처럼 쉽지 않았다. 중간 지역에서 만나서 주면 되지만 한적한 곳을 찾아 이른 새벽이나 한밤중에 물건을 건네줘야 하다 보니 여러 모로 불편한 일이 생겼다. 시간도, 공간도 없으니 이른 새벽에 만나 커피 한 잔도 마시지 못하고 헤어지는 일이 다반사였다. 자연히 돌아가는 상황이나 필요한 노하우를 공유할 여유도 없었다.

〈국가대표 과일촌〉 팀으로 함께한 몇 개월 후 우리에게 필요한 건 함께할 공간이라는 결론을 내리고 창고 겸 물류센터를 마련했다. 2013년 12월의 일이었다. 아침에 출근해서 함께 만나 '작전회의'도 하고, 커피도 한 잔 마시고, 빈속에 나가면 힘드니까 사발면이라도 한 그릇씩 먹자고 시작한 창고였다.

그 1년 뒤에는 그런 창고가 두 곳이 됐다. 하나는 〈국가대표 과일촌〉을 위한 전용 창고이고, 다른 하나는 일반 트럭장사들도 오갈 수 있는 일반 창고이다. 두 창고에 드나드는 물건은 하루에도 몇 톤에 달한다. 그 물건들 위에 각자의 꿈을 얹어 이른 아침부터 창고를 나서는 트럭장사꾼들의 모습을 보면 '저 꿈들이 실현될 날이 얼마 남지 않았다.'는 기대에 가슴이 뛴다.

재기를 꿈꾸는 내 이야기가 다큐멘터리로 방송되다

2014년 4월, MBC의 한 다큐멘터리를 통해 내 이야기가 세상에 알려졌다. 나는 자영업을 시작해 멋지게 말아먹고 다시 재기를 꿈꾸는 트럭장사로 소개됐다. 이 방송은 트럭장사 배 감독을 세상에 알리는 신호탄이었다.

이 일은 한 명의 손님에게서 시작됐다. 자주 가는 아파트에 점잖아 보이는 50대의 남자 단골손님이 있었다. 그분은 물건을 사 가면서 "요즘은 경기가 어떤가요?" 같은 질문을 했고, 나는 길거리 장사꾼으로서 보고 느낀 것에 대해 성의껏 답했다. 그러다 내 이야기를 하게 됐다. 강남에서 과일 가게를 하다가 망한 이야기, 지금은 재기를 위해 열심히 뛰고 있다는 이야기, 힘들지만 목표가 있는 만큼 열심히 달리고 있다는 이야기……. 그분은 묵묵히 이야기를 들었다.

알고 보니 방송국의 국장님이었던 그분이 다큐멘터리 제작팀에 나를 소개했다. 당시 방송국에서는 자영업자들의 높은 폐업률에 초점을 맞춰 자영업자에 대한 방송을 준비하고 있었다. 취재는 몇 달에 걸쳐 진행됐는데, 모두 무수히 많은 자영업자들이 꽃도 피워보지 못하고 실패의 쓴잔을 마신 내용이었다. 편의점, 피자집, 치킨집, 세탁소, 한정식집, 유명 프랜차이즈까지 시작했다가 망한 사람들의 이야기가 끝도 없이 반복되자 몇 달간의 촬영은 거기서 제자리걸음을 하고 있었다. "이 방송에서 무엇을 보여줄 수 있는가? 다 망하고 실패했다면 무슨 희망을 이야기할 수 있는가?" 고민에 빠진 제작팀에게 '몇 번의 실패에도 다시 일어나 재기를 위해 열심히 일하는 장사꾼'이 있으니 한번 찾아가보라고 내 이야기를 하셨단다.

이야기를 들은 작가는 내 장사이야기 블로그를 보고 연락해왔다. "그동안 촬영한 것들은 망한 이야기만 나와서 너무 암담했으니, 배 감독님이 다시 딛고 일어나는 과정을 마지막에 넣고 싶다."는 제안에 나는 흔쾌히 수락했다.

이런 전후 사정으로 2014년 4월에 방영된 MBC 다큐 스페셜 〈자영업 쇼크, 봄은 오는가?〉에 출연하게 됐다. 촬영은 하루 내내 진행됐다. 2월, 영하 15도의 추운 날씨에 표고버섯을 팔기 위해 길거리에 선 내 모습을 찍기 위해 카메라 네 대가 나왔다. 따로 밥 먹을 시간이 없어 두 명씩 교대로 식사를 하던 촬영팀은 "우리만 밥을 먹어 미안하다."며 만두를 사다주기도 했다.

늦은 저녁 시간, 치킨집 옆에 트럭을 세우고 장사를 했다. 냄새가 진동했다. 냄새로 영업을 하는 치킨집의 특성상 어쩔 수 없는 노릇이었다. 마음 같아서는 치킨 반 마리라도 먹고 싶었지만 차마 그러지 못했다. 촬영팀 때문이 아니었다. 식구들이 떠올랐기 때문이다. 혼자서는 절대로 먹고 싶지 않았다. 그때 제작진이 물었다.

"통닭 드시고 싶지 않으세요?"

"먹고 싶지요. 먹고 싶은데 절대로 안 먹을 겁니다. 전 식구들이랑 같이 먹을 겁니다."

그게 방송에 나갔다. 아내는 방송에서도 궁상을 떤다고 한마디했지만 눈시울이 벌게져 있었다. 이 방송을 본 이름 모를 치킨집 사장님이 무료 치킨쿠폰을 보내오기도 했다.

"며칠 전에 방송 잘 봤습니다. 가족들하고 드세요. 어렵다고 불평만 했는데 방송 보고 다시 힘내기로 했습니다."

나를 보고 다시 힘을 내겠다는 그 마음에 되려 가슴 뭉클한 고마움을 느꼈다. 그밖에도 방송이 나가고 주변에서 여러 인사를 들었다. 대부분은 "그렇게 힘들게 일하는지 미처 몰랐다."는 얘기였다. 새삼스러울 것도 없는 일에 그런 인사를 들으니 송구하기 그지없었다. 고생이 많다며 따뜻한 음료를 내미는 손님을 만날 때는 코끝이 시큰해지기도 했다. 유명세 덕에 나를 행복하게 해주는 손님들이 많이 생겼으니 고마운 일이고, 그 덕에 내 삶도 행복해졌으니 감사할 따름이다.

2장

안 파는 시간은 있어도 못 파는 시간은 없다

장사에 꿈을 담는 '꾼'의 노하우

Chapter 1
:: ::
트럭장사 유통기한은 3년

가장 먼저 하는 일, 계획

〈국가대표 과일촌〉 일원들의 지갑에는 명함 크기의 종이가 하나씩 끼워져 있다. 힘들 때마다 꺼내보며 초심을 상기할 수 있도록 꼭 몸에 지니고 다닌다. 그 종이에는 자신만의 목표와 계획이 분명하게 적혀 있다.

트럭장사를 시작하려면 가장 먼저 해야 할 일이 '명확한 목표와 꽉 짜여진 계획을 세우는 일'이다. 더도 덜도 말고 3년짜리의 계획이 필요하다. 3년 동안 내가 이루고 싶은 것, 배우고 싶은 것, 얻고 싶은 것!

나도 처음 트럭장사를 시작할 때 3년의 목표와 계획을 세웠다. 첫째 목표는 빚을 다 갚는 것이었다. 둘째는, 없었다. 셋째도, 없었다. 처음에는 그저 3년 안에 무조건 빚을 다 갚는다는 것이 유일한 목표였고, 매년, 매달, 매일 얼마를 갚아나가야 할지 계산해 계획을 세웠다. 그 덕에 목표를 달성했고, 그다음 꿈을 갖게 됐다.

트럭장사를 하려고 찾아올 때 가슴에 자기의 꿈을 품고 오는 사람은 있어도 3년 동안의 계획까지 갖고 오는 사람은 거의 없다. 〈국가대표 과일촌〉 일원들 중 어려움 없이 온 사람은 드물다. 마지막이라는 생각으로 이곳을 찾은 이들이 대부분이다. 그래서 3년 동안 이룰 목표와 계획은 면접 때부터 진지하게 고민해 만들어낸다. 이들에게 이 3년이라는 시간은 인생에서 가장 길고도 짧은 시간이 될 것이다.

지금까지 〈국가대표 과일촌〉 일원들이 들려준 3년짜리 목표는 이런 것들이다. '번듯한 가게를 차릴 목돈을 마련하고, 노하우를 배우는 것', '아내와 함께 문구공장을 시작하는 것', '부동산 사업을 할 수 있는 기틀을 마련하는 것', …….

그러나 여기서 끝나면 그건 계획이 될 수 없다. 계획은 아주 구체적이고 실제적이어야 한다. 실행할 수 없다면 그건 계획이 아니다. 자신이 원하는 것을 이루고자 방향을 잃지 않고 꾸준히 실행하기 위해 필요한 게 계획이니까 말이다.

트럭장사는 디딤돌이다

"트럭장사는 직업이 아니다."

〈국가대표 과일촌〉 일원들에게 항상 하는 이야기이다. 트럭장사는 평생 직업이 아니라 원하는 삶의 밑천을 마련하게 해줄 디딤돌이다. 벽돌을 열심히 모아 아파트를 짓든 공장을 짓든 건물을 지어야지 벽돌 모으는 일에 머물러 있으면 삶이 허무해진다. 마찬가지다. 트럭장사를 열심히 해서 내가 원하는 일을 해야지 트럭장사에 머물러 있으면 그다음 삶이 사라진다.

그러나 초심을 잃지 않고 열심을 다하는 이들은 많지 않다. 단단한 의지 없이는 흔들리기 쉬운 게 트럭장사의 일상이다. 작은 마음의 유혹에 자리를 내주기 시작해 하루쯤 일찍 접게 되고, 며칠쯤 쉬게 되고, 귀찮은 건 안 하게 되기 쉽다. 그러다 보면 다음 꿈을 위해 일어설 기반을 마련하지 못해 트럭장사가 생계형 직업이 되는 것이다.

모든 일은 꿈과 멀어진다고 생각되면 더 하기가 싫어진다. 트럭장사는 특히 더하다. 장사를 나가면 경쟁 상인도 많고 단속도 많은데다 육체적으로 막일 버금가게 힘이 드는데 3년 뒤 아무런 꿈도 희망도 없다면 누가 이 일을 계속하고 싶겠는가? 하고 싶은 마음이 없는데 열심히 할 리 없고 그러면 악순환이 계속된다.

그러니 처음 계획을 세울 때부터 트럭장사는 직업이 아니라 디딤돌이라는 것을 명확히 새겨야 한다. 우리가 꿈을 꾸고 목표와 계획을 세워 하루하루를 헛되이 보내지 않으려고 노력하는 이유는 결국 자신이 원하는 모습으로 당당히 살기 위해서이니까 말이다.

계획의 유통기한은 3년

"배 감독님 왜 3년이에요? 이왕이면 10년짜리 계획을 세워보지요."

10년이라는 말에 숨이 턱 막혔다. 강산도 변한다는 10년은 듣기만 해도 긴 세월이다. 갈수록 변화의 속도가 빨라지는 시대에 계획의 유통기한은 3년 정도다. 1년은 꿈을 이루기에는 부족하고 5년은 꿈을 잊어버릴 정도로 너무 길다. 3년이면 족하다. 꿈을 찾고 이루기에, 디딤돌을 쌓기에 충분한 시간이다. 단 미친 듯이 꾸준히 보낸 3년이어야 한다. 그래서 난 미친놈이라는 소리를 좋아한다. 미친 듯이 일을 하는 오늘이 3년의 계획에 포함된 꼭 필요한 하루라는 것을 알기 때문이다.

그래서 〈국가대표 과일촌〉 일원들은 3년에 맞는 계획을 세운다. 목표가 달성되면 그것을 바탕으로 다시 3년의 계획을 세우면 된다.

계획은 세부적이어야 한다

목표가 정해지면 아주 세분화된 계획이 필요하다. 레고 블록처럼 하나하나 맞춰질 수 있게 꼼꼼하게 세워야 한다. 그래서 반드시 오늘의 실천계획이 나와야 한다.

3년 뒤 목표가 정해지면 1년 후에는, 6개월 후, 3개월 후, 한 달 후, 일주일 후에는 어떤 목표를 달성할지 구체화시킨다. 그러면 1년 안에 무엇을 해야 할지가 그려지고, 다시 6개월, 3개월, 한 달의 계획을 세울 수 있다. 그다음에 바로 실행할 수 있는 세부적인 일주일의 계획과 오늘의 계획을 세운다.

이렇듯 세세하게 계획을 짜는 이유는 간단하다. 3년 중의 어느 하루도 허투루 쓰지 않기 위해서이다. '오늘 하루쯤이야.'라는 병이 내 몸을 망가뜨리고 정신을 망가뜨린다. 그런 하루가 모여 한 달을 헛되이 보내게 만들고 1년을 별 소득 없이 보내버리게 만든다.

마라톤 42.195킬로미터를 하루아침에 뛰는 사람은 없다. 최소한 몇 년은 준비를 하고 차근차근 단계를 밟아나간다. 오늘은 4킬로미터를 뛰지만 한 달 뒤에는 10킬로미터를 뛸 것이다. 1년쯤 뒤에는 하프 정도는 뛸 수 있을 것이고 이런 과정 끝에 3년 뒤에는 완주도 가능할 것이다. 마라톤이라는 목표가 세워지면 오늘 해야 할 실천계획이 반드시 따라 나와야 한다.

트럭장사도 마찬가지다. 3년 뒤 목표도 중요하지만 아주 잘게 잘려진 오늘의 계획이 사실은 더 중요하다. 확실한 목표 뒤에는 확실한 실천계획이 따라붙는다. 이렇게 짜여진 목표와 계획은 나를 끌고 가는 한 쌍의 바퀴와 같다. 바퀴가 잘 구르면 하루도 허투루 쓰지 않고 성실하게 꾸준히 나의 일을 할 수 있게 된다.

Chapter 2
:: ::

한계는 항상
내 눈높이에 걸려 있다

트럭장사꾼은 자기가 자기를 부린다

 트럭장사를 하면서 아주 쉽게 찾아오는 유혹이 '오늘 하루 쉬지, 뭐.'이다. 오라는 곳은 없어도 갈 곳은 많은 것이 트럭장사지만, 가는 발걸음이 가볍지만은 않다. '오늘은 또 어떤 이를 만나서 자리 싸움을 하게 될까?', '단속이라도 걸리면 어쩌나?', '물건 다 못 팔고 돌아오면 안 되는데…….' 하는 걱정이 산더미 같다. 마땅히 해결 방법이 있는 걱정도 아니건만 사람인지라 잘 떨쳐버리지 못한다.
 이런 걱정이 커지면 가벼운 비에도, 옅은 눈보라에도, 눈비가 내릴지 모른다는 일기예보 하나에도 장사를 접게 된다. '오늘 하루쯤이야.'라는 변명을 해대면서 말이다. 그러나 이렇게 시작된 하루는 절대 하루로 끝나지 않는다. 서면 앉고 싶고, 앉으면 눕고 싶고, 누우면 자고 싶은 게 사람 마음이다.

힘들고 고된 일을 하기 싫은 마음이야 매한가지다. 하루이틀 쉬다 보면 점점 트럭장사 나가기가 싫어지고, 결국에는 장사를 접게 된다. 처음에 가졌던 마음이 무너지는 것은 한순간이다. 그래서 처음이 중요하다. 쉬고 싶은 유혹이 마음에 똬리를 틀지 않도록 세부적인 계획으로 철통수비를 해놓아야 한다.

나는 그래서 작심삼일이라는 말을 좋아한다. 계획을 세워놓고 삼일도 못 지킨다고 자책하는 이도 있겠지만 자기가 자기를 부리는 사람은 다르게 운용할 수 있다. 삼 일 뒤에 또 작심삼일 계획을 세우고, 또 삼 일 뒤 작심삼일 계획을 세우면 되니 멈출 일이 없는 것이다.

머슴으로 살 것인가 주인으로 살 것인가

트럭장사의 기본은 꾸준함이다. 9시, 10시에 눈떠서 12시가 넘어 일 나가고, 며칠 매출이 좋았다고 돈 다 쓰기 전까지는 안 나가고, 애써서 번 돈으로 허튼 데 쓰고 다니면 이미 장사꾼으로 살기는 글러먹었다. 꿈이나 비전 그리고 변화와는 담을 쌓고 평생을 살아갈 것이다.

장사를 하기로 마음을 먹었으면 그때부터는 스스로가 주인이 되어야 한다. 머슴은 시켜야 하지만 주인은 자기 스스로 한다. 장사는 평생이 자기와의 싸움이다. 머리는 주인이 되어야 하고 몸은 노동자가 되어야 한다.

스스로를 주인으로 만들기 위해서는 꿈과 비전이 있어야 한다. 이런 것들이 없다면 생계를 위해 근근이 살아가는 수준에서 절대로 벗어날 수 없다. 돈을 아무리 많이 벌어도 마찬가지다. 자기관리가 되지 않으면 돈이 오히려 자신의 생활을 망치는 화근이 될 수도 있다. 정신과 몸이 머슴으로 살면 평생 주인이 될 수 없다. 머슴이 되어 시키는 대로 하며 살 것인지 주인이 되어 내가 나를 부리며 살 것인지는 자신만이 선택할 수 있는 일이다.

기본을 지켜라, 출근은 성실하게 용모는 단정하게

사람들은 트럭장사하면 흔히 삼디다스 슬리퍼를 신고 트럭 옆에 앉아서 신문을 보는 아저씨를 떠올린다. 고춧가루 낀 이에 지저분한 머리, 거기다 절은 담배 냄새를 풍기는 사람이 떠오르기도 한다. 남한테 뭔가를 팔겠다는 사람이 이런 모습으로 다닌다는 것은 사실 참 어이없는 일이다. 어떤 사장이 회사에 이러고 출근을 하겠는가? 어떤 사장이 자기 회사에서 이런 식으로 근무를 하겠는가?

〈국가대표 과일촌〉 일원 중에 대기업에 오래 다니다 명예퇴직을 하고 온 분이 있다. 오랜 직장생활을 한 덕에 성실함이 몸에 밴 분이다. 대신 길에서의 생활이 녹록지 않아 처음에는 몸이 좋지 않았다. 특히 겨울에는 감기 때문에 컨디션이 좋은 날이 없을 정도였다.

"형님, 하루 쉬시는 게 어떠세요. 몸도 안 좋은데 무리하시면 큰일나요."

'비가 오나 눈이 오나 출근은 꼭 해야 한다.'고 입에 침이 마르도록 잔소리를 해대던 나였지만 그날은 진심으로 걱정이 되었다. 그런데 그분이 뜻밖의 말을 들려주었다.

"배 감독, 힘들다고 쉬는 건 아니잖아. 힘들다고 쉬고, 일 있다고 쉬고, 아프다고 쉬어봐. 그렇게 회사 다니면 대번에 잘려. 이 일도 회사에 출근하듯이 하는 거라고 했잖아?"

자리를 잡고 물건을 내놓고 손님들을 끄는 일 모두가 서툰 형님이었지만, 그 말씀을 들으니 '이 분은 꼭 해내시겠구나.' 하는 믿음이 생겼다. 아니나 다를까 몇 달 후부터는 여느 장사꾼 못지않게 하루 매출을 올렸다.

"담배는 피더라도 자기 트럭 옆에서는 피지 말고 떨어져서 피세요. 트럭이라고 해도 엄연히 내 가게인데, 가게 안에서 담배 피는 사장이 어디 있습니까? 담배 피고 나면 치약 칫솔 갖고 다니면서 닦으시든가, 그게 안 되면 가글이라도 하세요. 손님들이 담배 냄새 얼마나 싫어하는데요. 옷은 깔끔하게 입고 다니시고요. 밥 먹고 나면 고춧가루 떼고, 머리도 깔끔하게 하고 다니고. 절대로 장사치들처럼 조끼 하나 덜렁 입고 그러지 마시고요. 신발은 절대 슬리퍼는 안 됩니다. 슬리퍼 찍찍 끌고 발가락에 때 껴서 다니면 안 좋잖아요. 용모는 단정하게, 장사치 냄새 안 나게 말이죠. ……"

"아고 배 감독님, 일 절만 합시다! 장사 나갑니다. 파이팅!"

〈국가대표 과일촌〉 일원들이 창고에 모였다가 장사를 나갈 때면 나는 늘 이렇게 기본 중의 기본에 대해 열심히 잔소리를 해댄다. 각자의 목표가 명확한 일원들은 이제 이런 이야기를 스스로 실천할 준비가 돼 있다. 성실하게 출근하고 단정한 외모로 손님을 만나는 게 왜 중요하고 어떤 영향을 미치는지 알기 때문이다.

한결같이 기본을 지킨다는 건 그만큼 자기관리가 잘 되고 있다는 의미이다. 성공은 하루아침에 뚝 떨어지는 기적이 아니다. 아주 작고 사소한 일에 기본을 지키는 데서 시작해 그것이 신뢰로 쌓이고 열매로 맺어지는 것이다. 기본에 충실한 한 걸음이 곧 성공을 향한 한 걸음이다.

장사는 체력전, 건강도 컨디션 관리도 내 몫이다

장사에도 프로와 아마추어가 있다. 프로와 아마추어의 차이는 '자기관리'에서 크게 드러난다. 나는 운동선수 중에서 박지성 선수를 가장 좋아한다. 스캔들이나 사고 없이 선수생활을 참 잘했다는 생각이 든다. 프로 장사꾼의 롤모델이라고 해도 손색이 없다. 장사꾼도 박지성 선수처럼 철저하게 자기관리를 한다면 성공하지 않고는 못 배길 거라는 생각을 하기도 한다.

〈국가대표 과일촌〉 일원들의 매출과 수익성을 생각하면, 한 사람이 '걸어다니는 중소기업'이라는 수식어가 아깝지 않다. 한 명 한 명이 그만한 가치가 있는 이들이다. 그래서 더 자기관리가 중요하다. 건강도 컨디션도 자기관리가 확실해야 하기 때문이다.

그 이유로 나는 아침마다 두 가지 잔소리를 빼놓지 않는다. "오늘 아침밥 분명히 먹었습니까? 절대 늦게까지 게임하거나 술 마시지 마세요!"

〈국가대표 과일촌〉 일원들은 무슨 일이 있어도 아침밥은 꼭 먹어야 한다. 필수 점검사항이다. 물론 이른 아침이라 집에서 먹고 나오기 힘드니 주변 밥집에 가서 먹도록 한다. 영 시간이 없으면 사무실에서 사발면이라도 말아 먹고 나가게 한다. 물도 꼭 가지고 다녀야 한다. 여름에는 탈수를 막기 위해, 겨울에는 감기를 막기 위해 물을 수시로 마셔야 한다. 최소 하루에 2리터 이상 계속 마셔야 길거리 먼지에도 목이 상하지 않는다.

늦게까지 게임을 한다거나 술을 마시는 일은 절대로 해서는 안 되는 일이다. 트럭장사꾼에겐 자기를 대신해줄 직원이 없다. 책임질 것은 자기 몸뚱이 하나지만 그것이 전부이기도 하다.

현실적으로 장사는 체력전이다. 트럭장사꾼에게 몸은 바로 내 가게이자 내가 가진 가장 큰 자산이다. 최상의 컨디션을 유지해야 좋은 결과가 나온다. 과음을 한 다음 날은 아침이 힘들고 하루 장사가 힘들어진다. 체력 관리를 안 하고 먹고 자고만 반복하면 오랫동안 서서 하는 장사를 감당할 수 없다. 감기나 장염 같은 사소한 병도 장사꾼에게는 큰일이다. 당장 몸이 힘들면 서 있는 것조차 곤욕이기 때문이다. 감기 기운이 있다면 병원에 가서 처방을 받고 차라리 하루쯤 푹 쉬는 것이 좋다. 몸이 좋지 못한데 장사를 계속하다 보면 오히려 역효과가 난다. 건강이 크게 상해 장사를 하고 싶어도 못 할 수도 있다.

무엇보다 술자리를 자중해야 한다. 과음을 하게 되면 다음 날 피로가 배로 증가해 하루를 망치게 된다. 입에서 술 냄새를 풍기며 장사하는 건 내 차에 물건을 사러 온 손님에게 실례가 되는 일이다. 술이 내 인생을 변화시켜주는 것은 없다. 일시적인 위안을 구해보지만 아침이 되면 또다시 꼬이는 일의 연속일 뿐이다. 1,300원 녹색병에 인생을 맡기지 마라. 기분 좋을 때 마시는 술은 약이 되기도 하지만, 그렇지 못할 때 마시는 술은 독이 되어 나를 망친다.

장사꾼은 건강을 잘 지키고 관리해야 장사도 잘할 수 있다. 평생 내가 부릴 몸이자 가족에게 소중한 가장의 몸이기 때문에 내 몸을 스스로 잘 챙겨야 한다.

꿈의 모양대로 스스로 자기를 단련해라

결혼을 하고도 트럭장사를 하기 전까지 나는 '친구 좋아하고 술 좋아하는' 부족한 가장이었다. 친구가 부르면 아무리 늦은 시간이라도 달려 나갔고, 밥값이며 술값은 꼭 내가 내야 직성이 풀리는 사람이었다. 장사를 하는 사람으로서 사람을 제일로 뒀지만 사람들에게서 쓰라린 일도 많이 겪었다. 이런 나 때문에 힘들어하는 것은 아내와 아이들이었다.

트럭장사를 시작하고부터는 술친구도, 술 약속도 다 없앴다. 피곤한 몸으로 집에 오면 술 생각이 나곤 했지만 '이것도 못 이겨내면서 내가 무슨 성공을 하겠나!'라는 생각에 꾹 참았다. 그때까지만 해도 친구라고 생각했던 지인들한테서 자주 연락이 왔지만 나와 같이 술을 먹겠다고 내 장사가 끝나는 밤늦은 시간까지 기다려주는 사람은 없었다. 때로 장사 접고 오라는 요청이 집요할 땐 내 물건 다 사주면 간다고 으름장을 놓고 진짜 물건을 다 사게 하니까 다음부터는 부르지 않았다. 나도 내 마음을 다지기 위해 독한 수를 썼던 것이다. 이런 과정을 거쳐 내가 친구라고 생각했지만 친구가 아니었던 사람들이 정리되었다. 그리고 친구들로부터는 그렇게 듣기 원했던 '트럭장사에 미친놈'이란 소리까지 듣게 됐다.

지금도 나는 외부에서 술을 마시는 일이 거의 없다. 가끔 집에서 아내와 한잔씩 하는 것 말고는 특별한 날이 아니면 술을 멀리 한다. 굴곡진 삶의 경험을 통해 술에 대해서도, 관계에 대해서도 나름의 지혜를 얻었고 그 뒤로는 달라지기로 결심했기 때문이다. 나는 공허한 유희 대신 장사꾼의 꿈을 선택했다.

꿈을 실현하기 위해서는 하고 싶은 것을 참아야 할 때가 있다. 또 내가 되고 싶은 모양으로 나를 단련시켜야 한다. 이미 잘 알고 있던 내용들이다. 하지만 실천을 하지는 못했다. 곤궁함이 목 끝까지 차올랐을 때, 스스로가 변하지 않으면 다른 길은 없다는 걸 깨달았을 때 비로소 나는 스스로 변화하기 시작했다.

슬럼프에서 스스로를 구하는 법

어떤 일을 시작하고 일정한 시간이 지나면 법칙처럼 너도나도 하는 말이 있다. 바로 슬럼프다! 하지만 슬럼프라는 것은 자기가 스스로 만든 한계의 울타리에 불과하다. 그러니 슬럼프를 무너뜨릴 수 있는 것은 오직 자신밖에 없다.

〈국가대표 과일촌〉에 있는 30대 중반의 정재는 면접을 보는 내내 걱정이 됐던 친구였다. 젊은 나이에 이 힘든 일을 견딜 수 있을 것 같지 않아 이런저런 말로 우려를 표하는데 정재가 딱 한마디를 했다.

"제게는 이제 갓 돌이 지난 아이가 있습니다. 뭐든지 열심히 할 각오가 돼 있습니다."

그 모습에 모든 말을 접고 함께 일하기로 했다.

실용음악학원 원장으로 있던 정재는 일찍 결혼도 하고 안정도 찾으려고 했지만 생각만큼 쉽지 않았다. 높은 임대료와 유지비를 감당할 수 없어 몇 달 만에 학원을 접고, 장사를 해보겠다는 생각에 채소 가게도 다녀봤는데 자기 일처럼 잘 되지 않았다.

정재의 장점은 나이도 생각도 젊다는 것이었다. 체력도 좋고 긍정적으로 생각할 줄도 알았다. 궂은일도 마다않고 씩씩하게 해냈다. 그런데 고질적인 단점이 있었다. 멘탈이 약해서 한 번 무너지면 회복하는 데 시간이 오래 걸렸다. 멘탈이 붕괴되는 시점은 며칠 연속 장사가 잘되지 않을 때인데, 슬럼프에 빠지면 장사할 자리를 잡지 못하고 불안한 마음에 수시로 자리를 옮겨 다녔다. 장사꾼이라면 좀 기다리는 맛도 있어야 하는데 그렇게 길에서 시간을 다 보내니 매출은 더욱 바닥으로 떨어졌다. 매출이 좋지 않아 멘탈이 붕괴되고, 슬럼프에 빠지면 판단력도 흐려져 장사에 집중을 못하니 또 매출이 오르지 않는다. 악순환이 계속 되는 것이다.

"원인을 파악해야지. 다른 장사꾼이 전날 왔다 갔는지, 물건이랑 연령층이 안 맞는지, 외출하는 사람만 많은 곳인지 잘 파악해서 움직여야지 매출이 안 오른다고 메뚜기처럼 옮겨 다니는 데 시간을 다 쓰면 장사는 언제 하나?"

판단력이 흐려질 때는 수시로 전화를 해서 살 길을 같이 찾는 것이 〈국가대표 과일촌〉의 방법이다.

"어차피 12시부터 2시, 이 시간에는 장사 안 되는 거야. 조금만 더 파면 물이 나올 자린데 삽 두 번 파고 자리를 옮기면 안 되지. 매출 안 오른다고 바로 장소 옮기는 거 몇 번 하다 보면 하루가 다 간다고. 조금만 기다려보고 손님 응대 잘하고!"

이런 식의 전화를 하루에 열 통씩 했다. "거기부터 50미터만 뒤로 움직여.", "조금만 기다려. 매출 올라오니까 기다려.", "시장 입구를 잘 파악해야 돼. 손님들 어때?" 마치 프로농구팀 감독처럼 움직일 동선을 지시하는 일은 매출이 다시 정상 궤도에 올라 슬럼프가 끝날 때까지 계속됐다. 가끔은 힘들어하는 것을 뻔히 알면서도 강공을 휘두를 때도 있다. "오늘 물건 다 넘기기까지 들어가지 마. 10시, 11시까지는 장사를 해봐야지."라며 그날의 목표량을 채우도록 압박하는 것이다. 욕은 먹을지언정 슬럼프에 빠진 선수가 스스로 빠져나오도록 돕는 감독의 역할을 제대로 하고 싶어서이다.

그러다 마감이 걱정되던 어느 날, 미리 연락을 하지 않은 채로 정재에게 나가봤다. 우려했던 대로 정재는 한여름 더위에 파김치가 된 모습으로 트럭에 기댄 채 손님들에게 맛보기를 하고 있었다. 순간 머리에서 불이 나고 얼굴이 붉으락푸르락해졌다. 매출이 오르지 않아 기운이 빠지고 의욕이 사라진다는 핑계로 손님들을 막 대하는 것 같아 참을 수가 없었다.

"지금 장사를 못해서 안 하는 게 아니야. 하고 싶은 마음이 없는 거야. 안 하고 싶은데 잘될 턱이 있냐? 그런 태도로 장사하려면 당장 때려치워!"

"배 감독님 그게 아니고요. 너무 힘들고 매출도 안 나오니까……. 저 옆으로도 과일 장사가 널렸어요. 오늘 안으로 이 물건 다 못 팔 것 같아요."

"야, 해봤어? 끝까지 해봤어? 해보지도 않고 무슨 소리야. 내가 이 물건 다 팔면 어떡할래? 잘 봐. 내가 이 물건들 다 팔면 너 내일부터 〈국가대표 과일촌〉 그만두는 거야, 알았지?"

그러고는 옆에 서서 내가 물건을 팔기 시작했다. 날개 돋친 듯은 아니었지만 물건은 잘 나갔다. 지나가는 아주머니 붙잡아 맛을 보이고, 할머니 손 끌어다가 향을 맡게 하고, 목이 터져라 소리치니 두세 시간 만에 남아 있던 물건을 다 팔 수 있었다. 그때 정재는 눈이 동그래져서 입을 다물지 못했다.

"이런 식으로 장사하고 핑계만 댈 거면 앞으로 나오지 마라."

쓴소리에 정재는 자신이 부족했다는 반성을 하며 또 한 번 자신의 한계를 깨고 슬럼프에 마침표를 찍었다.

그때부터 심기일전한 정재는 지금 〈국가대표 과일촌〉의 교육팀장이 돼 있다. 자신이 배운 대로, 때로는 그보다 심하게 후임들을 가르치고 닦달한다. 스스로 깨닫고 나오기 전에는 어떤 슬럼프에서도 빠져나올 수 없다는 걸 잘 알기에 지레 포기하려 드는 마음에 쓰고 아픈 소리로 처방전을 달아주는 것이다.

문제를 해결하는 방법은 제각각이다. 가끔은 몸에 에너지를 넣어주는 달달한 것이, 가끔은 보살펴주는 따뜻한 손길이, 또 가끔은 입에 쓴 약이 필요하다. 사정이 제각각이니 처방전도 다르지만 "스스로 하고자 하면 끝내는 길이 열린다."는 것만은 깨닫고 가야 한다. 한계는 항상 내 눈높이에 걸려 있다. 자기를 다스릴 수 있다면 언제든 스스로 깨뜨릴 수 있는 것이다. 필요한 건 포기가 아니라 열정이다. 한계를 넘지 않고 성공의 길을 달릴 수는 없다.

Chapter 3

:: ::

트럭장사, 이것만은 알고 시작해라

준비된 시작이 안전하다

"트럭장사를 시작하려고 합니다. 어떻게 해야 할까요?"

참 뜬금없는 질문이지만 의외로 이렇게 질문하는 분들이 많다. 지식이란 내가 무엇을 질문해야 할지 아는 것이라고 했던가. 얼마나 답답했으면 이런 질문을 하겠냐는 생각도 들지만 거기까지다.

트럭장사를 하려면 트럭장사에 대해 알아야 한다. 중고차를 취급하는 사람이 아무것도 모르고 중고차 딜러를 한다면 어떨까. 외관이 좋아 보인다고 차 이력도 살피지 않고 덜컥 샀다가는 낭패를 보기 십상이다. 딜러라면 초보라도 차에 대한 기본 지식과 최소한 이 차가 사고차인지 아닌지 정도는 알 수 있어야 한다. 그래야 적정한 가격으로 매입해서 적정하게 팔 수 있다.

마찬가지다. 트럭장사로 나선 사람이 트럭장사의 특성을 모르고, 손님과 물건을 모르면 실전에서 시행착오를 거듭하게 된다. 트럭 세팅에 대해 알지 못하면 이 말 저 말에 휘둘려 돈과 시간만 더 들어갈 수 있다. 과일 장사를 한다면서 어떤 과일이 좋은 상품인지, 철마다 무슨 과일을 팔아야 하는지도 모르고 덜컥 장사를 시작했다가는 자칫 음식쓰레기만 쌓일 수도 있다.

트럭장사도 일종의 창업이다. 트럭이면 트럭, 과일이면 과일, 채소면 채소, 가게 주인이든 농부에게든 찾아가서 배우고 시작하는 것이 안전하다.

트럭장사의 발, 트럭 구입

트럭장사를 처음 생각하는 초보라면 어떤 차를 구입해야 하는 건지부터가 고민이다. 차량을 구입할 때 염두에 두어야 할 것이 있다.

'내 차에 진열한 물건이 잘 보이겠는가, 많아 보일 수 있는가, 손님들이 쉽게 볼 수 있겠는가.'

이 점을 고려해 자신의 목적에 맞는 차량을 고르면 된다. 라보라는 조그만 트럭도 좋고, 1톤 트럭도 좋다. 하지만 1톤 트럭을 넘어서는 것은 권하지 않는다. 차체가 너무 높아 장사에 불편하다. 간혹 1톤 트럭에 윙바디로 차체를 해서 다니는 분들이 있는데 트럭장사에게 최악의 선택이다.

차량마다 장단점이 있는데 우선 라보의 가장 큰 장점은 차체가 작아 어느 공간이든 차를 세우기에 좋다는 점이다. 반면 물건을 많이 실을 수 없고 실내공간도 좁아 활용도가 떨어진다.

1톤 트럭은 먼저 매대의 높이를 살펴야 한다. 트럭의 양대 산맥인 기아와 현대 둘 중에 선택하라면 현대 차를 권한다. 현대의 트럭이 짐 싣는 칸이 좀 낮게 설계되어 있어 물건을 진열하는 데 장점이 있다. 경험해보니 인도에서 손님이 물건을 집을 때 그 정도 높이가 가장 안정적이었다. 너무 높으면 물건 집기에 불편해진다. 덤으로 현대 차가 중고차로 다시 팔 때도 더 높은 값을 받을 수 있다.

효과적인 트럭 세팅법

매장을 열면 인테리어에 신경 쓰듯이, 트럭이 정해지면 장사를 할 수 있게 차량을 세팅해야 한다. 트럭은 짐만 실을 수 있으면 되는 게 아니다. 사소한 것부터 나만의 세팅법을 정리하는 것이 중요하다. 초기에 차량 꾸미는 데 드는 비용은 대략 80만 원 안팎이면 적당하다. 처음 트럭장사를 시작할 때는 잘 몰라서 서울 시내에서 차를 세팅해 주는 싸다는 집은 다 골라 다니며 시행착오를 겪었다.

트럭장사 하면 가장 먼저 떠오르는 게 천막이다. 트럭장사들은 천막 두른 차를 '호루차'라고 부른다. 천막이 있으면 비바람으로부터 물건을 보호할 수 있다는 생각에 트럭장사를 시작하면 너도나도 천막을 두른다. 하지만 〈국가대표 과일촌〉에는 호루차가 한 대도 없다. 내가 처음부터 절대 천막을 치지 못하도록 막기 때문이다.

호루차는 그늘을 유지할 수 있고, 바람을 막아줄 수 있고, 물건의 보관이 용이하다는 장점이 있다. 하지만 치명적인 단점이 있다. 번화가에 차를 세우기 힘들다. 자리 선점에서부터 뒤진다. 주변 상인들은 가게 앞에 호루차가 서 있으면 당장 쫓아 나온다. '간판을 가린다', '시야를 좁힌다'며 역정이 이만저만이 아니다.

더 큰 단점은 물건이 손님의 시선을 끌지 못한다는 것이다. 조금만 멀리 있어도 차양 때문에 물건을 알아보기 힘들어 호기심을 불러일으키지 못한다. 물건을 보며 지나가는 손님들에게도 호루차는 매력이 없다. 너무 장사꾼 냄새가 나기 때문에 선뜻 다가서지 않는다. 순박한 장사꾼의 이미지와는 영 어울리지 않는다.

천막을 대신할 만한 것으로 가장 좋은 것은 접이식 차양을 설치하는 것이다. 필요할 때 펼쳤다가 접는 형태가 가장 안정적이다. 이것도 힘들다면 차 위에 큰 파라솔을 설치하고 양끝을 끈으로 묶어 차에 고정시키면 된다. 바람이 불어도 파라솔이 날아가질 않는다.

하지만 주객이 전도되면 안 된다. 눈과 비, 햇볕을 막기 위한 차양은 되도록 크지 않은 것이 좋다. 크게 하면 차가 무거워지고 번잡스러워지기 때문에 물건과 손님이 젖지 않을 만큼의 크기가 적당하다. 소를 싣고 다니는 차처럼 완전히 차를 덮어버리면 손님들도 차에 가까이 오기 부담스럽고 장사를 펼칠 때도 불편하다.

물건을 잘 보관하려고 트럭장사를 시작한 것이 아니라면 공격적으로 장사를 해야 한다. 차양은 장사하는 나를 위한 것이 아니다. 물건이 비와 햇빛에 상하지 말라고, 손님이 비와 햇빛을 피해 두 손으로 물건을 고르게 하려고 치는 것이다. 우산이나 양산을 받쳐 들고 물건을 고르고 돈을 꺼내는 게 불편해서 그냥 가버리는 손님들을 잡기 위한 장치이다.

트럭장사는 밤에도 장사를 해야 하기 때문에 조명 세팅도 필요하다. 나는 처음에 멋모르고 서치라이트 같은 등을 두 개나 달았다. 그런데 써보니 배터리를 너무 많이 잡아먹어서 오래 켜놓고 있을 수가 없었다. 이후에 LED등으로 교체했다. LED등은 배터리가 크게 닳지 않아 야간장사에 부담이 없다.

다양한 집기를 넣는 수납공간도 필요하다. 차 위나 짐 싣는 아래, 바퀴 사이에 캐비닛을 달아두면 물이나 플랜카드를 넣고 수시로 빼 쓸 수 있어 요긴하다.

목적에 맞는 세팅이 최적의 세팅

세팅에 정석은 없다. 목적이 무엇인가에 따라 그에 걸맞게 세팅하는 것이 최적의 세팅이다.

도곡동에서 생선을 팔 때 아이들 손에 닿을 만한 높이의 어항을 제작해 가게에 비치한 적이 있었다. 엄마들과 장을 보러 온 아이들은 생선 가게에 들어서면 인상부터 찌푸렸다. 아이들이 다그치니 엄마들은 자주 사러 오지도 못하고 와서도 서둘러 생선을 사가지고 가야 했다. 그대로는 매출에 큰 변화가 없을 것 같아 개선할 방법을 고민했다. 엄마들이 서두르는 이유는 아이들 때문이니 '아이들이 물고기를 좋아하게 만들면 엄마들이 더 자주 편하게 생선을 사러 오게 될 것'이라는 생각에 미쳤다.

아이들의 관심을 끄는 것이 목표였기 때문에 아이들 눈높이에 맞춰 어항을 세팅하고, 그 어항에 아이들이 흥미 있어 하는 새우며 조개, 낙지 같은 생물들을 넣고 직접 만져볼 수 있게 했다. 엄마를 따라온 아이들은 물고기를 직접 보고 만지며 아주 좋아했다. 어떤 여자 아이는 산낙지를 애완용으로 키운다고 이삼일에 한 번씩 사가기도 했다. 아이들은 예전처럼 엄마를 쳐다보며 가자고 조르는 대신 자기들끼리 신나하며 놀이에 빠져들었다. 아이들이 물고기를 좋아하게 되자 예상대로 엄마들이 생선 가게에 자주 왔고 매출도 뛰었다.

트럭 세팅도 목적에 맞는 세팅이 중요하다. 〈국가대표 과일촌〉의 트럭들은 통일된 세팅법으로 차량을 꾸미고 다닌다. 여러 번의 시도 끝에 이게 우리 식으로 장사하는 데 가장 최적화된 방법이라는 판단에서였다. 그렇다고 이 방법이 모든 트럭의 세팅에 걸맞은 방법일 수는 없다.

한번은 안면 있던 트럭장수가 닭 대신 과일로 품목을 바꾸려 한다며 세팅을 도와달라고 찾아온 적이 있었다. 사람마다 장사 방식이 다른 게 우려되었지만 내 차의 세팅을 좋게 보고 여러 차례 부탁해 결국 차량 세팅하는 곳을 몇 군데 알려줬다. 그런데 두어 달 뒤 길에서 만난 그 사람은 날 보자마자 인상부터 썼다. "아 괜히 알려줘서 돈 두 번 들었잖아. 다시 세팅했어."라면서 타박까지 했다. 저마다 장사 방식이 다른데 내 목적에 적합한 걸 남에게 추천하는 건 오지랖에 불과하다는 것을 깨닫게 해준 일이었다.

트럭 세팅에 정석은 없다. 손님의 눈에 물건이 '가장 풍성하고 신선하게' 보일 수 있는 형태로, 손님이 수월하게 물건을 고를 수 있는 편안한 틀로, 필요한 물품을 제때 꺼내 사용할 수 있는 구조로 세팅한다면 그게 최적의 세팅법이다.

장사할 물건을 구입하는 세 가지 방법

트럭 세팅이 완료되면 본격적인 고민이 시작된다. 물건 구입이다. 물건을 구입할 수 있는 곳은 서울, 경기 주변의 도매시장이나 지방의 공판장 그리고 일명 '창고'로 불리는 트럭장사들의 물류창고가 있다.

그때그때 조금씩 물건을 구입해 장사하길 원한다면 도매시장을 이용하는 것이 낫다.

지방의 공판장은 사과만 전문으로 하는 곳, 배만 전문으로 하는 곳, 복숭아만 전문으로 하는 곳 등 각 지방의 특색 과일에 맞게 도매시장처럼 경매를 하는 곳이다. 물건을 보관할 곳이 있다면 한 번씩 지방에 내려가 공판장을 이용하는 것도 나쁘지 않다.

하지만 공판장을 이용할 정도의 수준이 되려면 어느 정도 물건 볼 줄 아는 눈도 있어야 하고, 가격 대비 물건의 질을 평가하는 기준도 있어야 한다. 워낙 많은 물량의 같은 과일들이 나오다 보니 어느 정도는 눈과 입이 길들여져 있어야 바가지를 쓰지 않고 물건을 구입할 수 있다. 또 지방을 오가는 일이라 시간도 많이 걸리는데다 물량이 적으면 왕복 기름값도 못 건질 수 있으니 어느 정도 비축하고 팔 수 있을 정도로는 가져오는 것이 합리적이다.

초보 딱지를 뗄 동안은 트럭장사들에게 전문으로 물건을 공급해주는 일명 '창고'를 이용하는 것도 방법이다. 초보들의 큰 고민거리는 시기마다 어떤 품목을 팔아야 할지 잘 모른다는 것인데, 여기서는 이 점을 보완할 수 있다. '창고'는 각 지방마다 몇 개씩 있고, 서울과 경기 지역에는 수십 개가 있는데, 아는 사람만 이용하다 보니 위치를 몰라 못 가는 사람도 많다. 모르면 물어보는 것이 가장 좋은 방법이다. 길에서 본 트럭장사들에게 어느 창고를 이용하냐고 물어보면 대부분 알려준다.

'창고'의 장점은 트럭에서 팔릴 수 있는 물건을 합리적인 가격에 가져온다는 점이다. 다만 창고마다 특색이 있어 과일 전문, 약재 전문, 수산물 전문 하는 식으로 구분되어 있으니 종류는 스스로 선택해서 가야 한다.

'창고'를 이용하다 보면 조금 싼 곳이 있다고 개구리처럼 폴짝폴짝 옮겨 다니는 사람들이 있는데 권할 일이 못 된다. 당장은 이익인 것 같아도 길게 보면 오히려 불리하다. 그렇게 옮겨 다니는 사람치고 장사 잘하는 사람 없고, 제대로 장사하는 사람도 없다. 한 곳의 창고를 이용했다면 당분간 계속 거기에서 물건을 구매하면서 친분을 쌓는 것이 도움이 된다. 그래야 히트 치는 상품이 나올 때도 지속적으로 물건을 받을 수 있다. 옮겨 다니는 사람들은 '뜨내기'라고 해서 히트 치는 상품이 나와도 단골에게 먼저 주고 남는 것밖에 받지 못한다. 어느 창고를 이용하든지 그곳에서 배울 것은 분명히 있기 마련이니 진득하게 배우고 자기 것으로 소화하는 기회로 삼는 게 도움이 된다.

품목 선정도 전략이다

트럭에 물건을 갖다 놓는다고 다 팔리는 것은 아니다. 팔리는 품목이 있고 안 팔리는 것이 있다. 생물장사 하는 사람들이 흔히 하는 말에 물건이 귀가 열렸다느니 귀가 먹었다느니 하는 표현이 있다. 말 그대로 귀가 열린 품목은 트럭이든 가게든 어디서나 잘 팔리지만, 귀가 먹은 품목은 아무리 싸게 준다 한들 절대 팔리지 않는다.

도매시장이나 산지에 가보면 귀가 먹은 품목을 싸게 줄 테니 팔아보라는 유혹이 많다. 이때 싼 맛에 덜컥 샀다가는 손실을 볼 수 있다. 귀가 먹은 품목은 아무리 싸도 팔리지 않기 때문이다.

초보에게는 이것을 아는 게 힘든 숙제 중 하나이다. 프로 장사꾼에게도 숙제이긴 마찬가지다. 매장을 운영하든 트럭장사를 하든 언제나 중요한 고민거리인 게 매년 똑같지가 않기 때문이다. 작년에는 잘 팔렸는데 올해는 안 팔릴 수도 있고, 이게 과연 팔릴지 고민했던 게 의외로 잘 나가기도 한다.

몇 년 전에 꼬시래기라는 해초류를 팔 때다. 그게 뭔지도 잘 알려져 있지 않던 꼬시래기는 생각 외로 마진도 좋고 잘 팔리는 대히트 품목이었다. 하지만 그 다음 해 꼬시래기를 구입하기 위해 산지에 갔을 때는 상황이 완전히 달라져 있었다. 전해에 꼬시래기가 히트하자 산지에서 수매가격을 두세 배나 올려버려 가격적인 이점이 없어진 것이다. 그래도 혹시나 하는 마음에 구입해 싣고 나갔지만 반응은 전해와 사뭇 달랐다. 실패였다. 시장은 구매 패턴도 항상 움직이기 때문에 품목을 변경할 때는 신중하게 판단해야 한다.

트럭장사를 몇 년 해보니 이제는 대충 어느 시기에 뭘 팔아야 할지 감이 오지만 처음 시작할 때는 그런 감이 별로 좋지 못했다. 창고 주인이 실으라고 하는 물건을 주로 싣다 보니 손님들의 이야기에는 거의 귀를 닫고 살다시피 했다. 당연히 낭패를 보는 경우가 많았다.

현장에 나갔는데 지난주까지 잘 팔리던 참외가 갑자기 매출이 반토막이 난다거나, 하루이틀 사이에 내 물건을 찾는 손님의 발길이 뚝 끊기는 일이 벌어지면 대략 난감이다. 이때는 우선 원인을 찾아야 한다. 나는 시장 상인이나 트럭장사를 하는 동료들에게 많이 물었다.

"요즘 맛없는 참외가 한 번 돌았잖아. 그 뒤로 손님들이 참외를 안 사.", "참외에서 네다섯 번 수확을 했으니 이제 끝물이야. 올해 농사 끝났다고 봐야지." 등의 대답을 듣고 나면 원인을 알게 되어 자연스럽게 품목을 바꿔서 장사를 나갈 수 있었다.

최상의 경지는 손님의 귀가 열리고 닫히는 때를 미리 알아서 물품을 바꿔주는 것이지만, 최소한 시기와 주변 상황, 관련된 뉴스 등을 살펴 왜 손님의 귀가 닫혔는지는 알아야 한다. 만일 "요즘 복숭아며 옥수수며 수박이며 먹을 게 많아졌잖아. 이제 참외는 물린 거지."라는 대답이라도 듣게 된다면 다음에 팔아야 할 품목을 정하기 위해 말품을 파는 수고까지도 덜 수 있다.

장사의 목을 잡아라

트럭장사 초보나 일 년 정도 된 사람들의 최대 고민은 '자리'이다. 자리에 따라 팔리는 품목이 있고 안 팔리는 품목이 있다. 어떤 자리는 참외가 잘 나가는데 다른 것들은 영 안 팔리고, 표고버섯은 잘 팔리는데 다른 것들은 전혀 나가지 않는다. 자리에 따라 팔리는 품목이 바뀌다 보니 둘 중 하나는 선택해야 한다.

매일 같은 자리에 들어가는 스타일의 장사라면 그 동네에서 잘 팔리는 품목을 빨리 알아야 하고, 매일 가는 장사 스타일이 아니라면 잘 팔리는 곳을 찾아다녀야 한다. 자리 고민은 트럭장사를 해나가면서 계속 고민해야 될 숙제이기도 하다.

단속반 때문에 자리 잡는 게 영 힘들다면 아파트 부녀회나 앞도바 또는 깔세를 알아보는 것도 나쁘지 않다. 처음 이 일을 시작하는 이들에겐 생소한 단어들이지만 장사하는 사람들에게는 어느 정도 익숙한 단어들이다.

아파트 단독장이라고 해서 아파트 빈 공간을 관리비 조금 내고 하루 얻는 방법이 있다. 아파트 부녀회에서 운영하는 것으로 관리사무실에 말하면 된다. 새로 지은 아파트보다는 조금 오래된 아파트에 기회가 더 많다.

앞도바는 가게 앞 여유 공간에 난전을 펼치고 장사하는 것이다. 인터넷에서 검색해서 앞도바를 전문으로 하는 사람을 연결하면 자리를 얻을 수 있다. 이것도 하루 일정 금액을 내면 들어갈 수 있다.

깔세는 말 그대로 한 곳에서 한 달 내내, 때론 몇 달 동안 장사를 하는 것인데 약간의 뭉돈이 필요하고 품목도 한 가지로 승부하기에는 무리가 있다.

봄부터 가을까지 지자체의 행사를 쫓아다니며 장사를 하는 행사장장사도 있다. 이것도 행사장을 전문으로 알선해주는 곳을 찾아서 연결하면 된다. 여기서는 몽골텐트 같은 부스를 얻어 장사를 하는데 품목만 잘 맞으면 대박 나는 일이 많다. 아무래도 지역 행사에 오는 사람들은 어느 정도 지출할 생각을 하고 오기 때문이다. 이런 곳은 특성상 먹거리가 유리하다.

지방 5일장도 있다. 여기도 전문으로 알선해주는 곳이 있다. 팀을 이루어 품목이 겹치지 않게 조율해서 들어가는데 여기엔 몫돈이 필요하다. 때론 5일장에 자리가 빌 경우 대타로 들어가서 장사를 하는 것도 있는데 큰돈은 필요치 않고 자릿세만 내면 되지만 품목의 제약이 많다.

트럭장사로서 자신에게 맞는 방식을 쫓아 장사의 목을 잡으면 되는데, 이 모든 것을 관통하는 대원칙은 '고객이 있는 곳으로 찾아가라!'는 것이다.

"제발 빚내지 마세요!"

내가 트럭장사를 해온 과정을 아는 분들 중에 가끔 그 많은 대출을 받고 어떻게 살았느냐고 묻는 사람들이 있다. 사실 1억 5,000만 원이라는 빚은 평생 내 집 한 번 가져본 적 없는 내게는 꽤 큰돈이었다. 가진 것 하나 없는 내가 1억 5,000만 원의 빚을 지게 되기까지는 곡절도 많고 부조리도 많았다.

공식적으로 돈을 빌릴 수 있는 제1금융권은 일반은행, 지방은행, 특수은행 등 보통 시중 은행들이고, 제2금융권은 증권회사, 보험회사, 저축은행, 새마을금고, 투자신탁회사, 종합금융회사, 신용협동조합을 말한다. 공식적인 용어는 아니지만 실제로 통용되는 제3, 4금융권은 대부업체, 사채업체를 말하며, 속칭 제5금융권은 일수나 차담보 대출 등을 말한다.

제1, 2금융권은 사업을 시작하기 직전에 이용했다. 그나마 4대 보험에 가입이 돼 있어 신용대출이라도 받을 수 있었다. 이율은 기본적으로 12% 안팎이어서 1억을 빌리면 이자로 120만 원이 나갔다. 당시 월세로 가게를 차린 처지라 가게를 담보로 대출을 받을 수도 없었다. 이런 상황에서 받을 수 있는 대출을 최대한으로 받아서 가게를 차렸다.

강남 매장을 인수하는 데 5,000~6,000만 원이 들어갔다. 거기다 오픈 세일 적자가 3,000~4,000만 원이나 됐다. 그렇게 1억 원을 깔고 시작했다. 이후의 빚은 소위 제3, 4, 5금융권에서 받았다. 물건 대금을 지불하지 못한 상회에도 빚이 깔렸다. 그렇게 빚이 이자를 낳고 이자가 다시 빚을 만드는 악순환이 시작됐다.

압권은 제3금융권 이상의 금융권에서 적용하는 기이한 이자계산법이었다. 제3금융권에서 대출을 받을 정도의 사람이면 이자를 내는 데도 허덕이는 사람들이다. 그걸 전제로 제3금융권은 합법적인 폭리를 취한다. 트럭장사 1년 만에 큰 빚은 거둬냈지만 나는 여기에다만 한 달에 300만 원씩 꼬박 3년을 납부했다.

다 갚았다고 여겨졌을 때 확인차 금융회사를 찾아갔다. 그런데 회사로부터 원금이 반 이상이나 남아 있다는 이야기를 들었다. 이들의 이자계산법은 매우 독특해서 나 같이 장사하는 사람도 도통 이해를 할 수가 없었다. 내가 매달 갚은 300만 원 중에 이자는 270만 원, 원금은 고작 30만 원이라는 것이었다. 그건 그렇다 치고 왜 원금이 절반이나 남아 있는가 하면 내가 36회 상환 중 18회차를 연체한 때문이었다. 짧게는 하루 이틀, 길어야 일주일을 연체했는데 18회차는 원금 상환이 되지 않았다고 설명했다. 이자에 이자가 붙어서 원금분에 해당하던 30만 원도 이자로 고스란히 빠져나갔다는 것이 그네들의 설명이었다. 할 말이 없었다.

빚을 차례로 갚다가 마지막으로 자동차담보대출을 갚으러 갔다. 돈을 치르고 나와 담배를 피우다가 우연히 나를 담당했던 사람과 이야기를 나누게 됐다. 금융권의 신기한 이자계산법에 대해 이야기를 하자 그 사람은 하루에도 수십 명씩 돈을 빌리러 오는데, 그들 중에 자신이 얼마의 이자를 내는지 정확히 알고 가는 사람은 절반도 되지 않는다는 이야기를 해주었다.

"생각해보십시오. 차를 담보로 대출을 받으러 올 정도면 제 날짜에 돈을 갚기 어려운 사람이란 말이지요. 그러니 우리 같은 사람들은 담보로 맡긴 차를 바로 우리 차라고 생각합니다. 연체가 시작되면 주소지에 가서 차를 확인합니다. 일주일 더 지나면 경고장 보내고 차 가져가는 거죠. 선생님처럼 한 번에 갚으러 오지 않으면 평생 못 갚는다고 봐야죠."

세상은 어려운 사람들한테 더 박하기 마련이다. 없는 사람들은 형편이 안 좋으니 더 부당한 대우를 받는다.

"선생님 다음에는 이런 곳 절대로 이용하지 마세요. 한 번에 못 갚으면 못 갚는 곳이에요."

내가 겪지 않았으면 크게 관심 두지 않아 알지 못했을 요지경 세상의 이야기다. 빚을 갚아야 되는 당사자 입장에서는 그야말로 갈수록 태산이요, 블랙홀에 빠진 것과 진배없다.

여유 자금이 충분치 않은 이상 장사를 하면서 빚을 얻게 되는 경우가 생길 수도 있다. 빚을 질 때야 잘해서 금방 갚을 계획으로 그리하지만 뜻대로 되지 않는 경우 닥칠 일을 염두에 두고 감당할 수 있는 선에서 멈춰야 한다. 특히 제3금융권 이상에서는 절대 빚을 내서는 안 된다. 웬만한 벌이로도 감당이 안 되는 계산법에 생활 자체가 안 된다. 장사를 시작하며 반드시 명심할 부분이다.

빚은 절대 인간을 돌아보지 않는다. 다른 모든 가능성들이 빚에 짓눌려 휘발되고 내 삶이 휘둘릴 수도 있다. 트럭장사를 해도 빚에서 허덕이고 빚을 지고 살아간다면 다시 한 번 트럭장사를 생각해보는 것이 좋다. 나는 이젠 머리 빗는 빗만 봐도 고개를 돌릴 정도로 빚이 싫다.

Chapter 4
:: ::
첫 번째 장애물, 차대기

차대기의 두려움

트럭장사를 시작할 때 가장 두려웠던 것은 차대기였다. 길거리에 내 자리 네 자리가 어디 있겠냐 싶지만, 그래서 아무 자리도 아닌 것 같지만 막상 차를 대려고 하면 심장이 두근거렸다. 여기에 차를 대면 앞 가게의 상인이 나와서 뭐라고 할 것 같고, 저기에 차를 대면 옆의 트럭장사가 다가와 장사를 망친다고 싫은 소리를 할 것 같았다. 거리에 차를 대면 단속반이나 교통경찰이 단박에 나타나 벌금이라도 물릴 것 같아 자리를 정하지 못한 적도 많았다.

차대기에 가장 필요한 건 '배짱'이다.

"어이! 내가 여기서 10년 장사했어. 지금 어디다 차를 대는 거야?"

처음에 이런 소리를 들으면 일이 더 커지기 전에 차를 빼려고 허둥댄다. 어느 정도 배짱이 생기면 그러거나 말거나 조용히 내 장사를 시작할 수 있게 된다. 고수쯤 되면 한마디 보태기도 한다.

"거 참, 거기도 노점이고 나도 노점인데, 먼저 왔다고 자기 자리라고 나가라는 겁니까? 아, 그 정도 했으면 좀 벌었겠구먼. 이제 좀 쉬어요. 오늘부터 내가 할 테니까."

트럭장사를 하려면 내 장사를 위해서 내 몫을 할 뿐이라는 생각으로 밀리지 말고 버텨야 할 때도 있다. 열에 한 번은 평탄하게 마무리되지 않는 일도 벌어지니 상황에 맞춰 때론 강단 있게, 때론 눈치껏 대처하는 방법을 알아두면 도움이 된다.

고객이 있는 곳을 찾아가야 하는 트럭장사로서는 시간을 오래 버틸 수 있는 곳에 차를 대는 것보다는 짧은 시간이지만 매출을 많이 올릴 수 있는 곳을 찾아 차를 대는 것이 중요하다. 손님들의 동선을 따라가다 보면 시장 안까지 차를 몰고 들어가게도 되고, 어떤 때는 과일 가게 앞에서 과일을 팔게 되기도 한다. 이런 때도 어김없이 실랑이가 벌어진다.

"상도도 없이 어디서 과일을 팔아?"

상대가 말이 짧으면 나도 길게 나갈 수가 없다.

"아고 나도 밥 먹으러 왔어. 손님들 가면 바로 갈 거야. 가다가 아줌마가 달라고 하는데 그냥 가나 그럼?"

그러고는 눈치껏 시장을 한 바퀴 훑고 차를 돌려 나오면 된다. 나오는 길에 아까 대거리를 했던 그 과일 가게 사장이 눈을 부라리며 서 있을 수도 있다.

"아, 이 양반아 오지 말라는데!"

그럴 땐 고수가 되어 배짱으로 눙치고 가는 수밖에.

"아까는 가는 길이고 지금은 오는 길이잖아. 갔으면 와야 될 거 아니야."

일이 벌어지고 걱정해도 늦지 않다

"미리 걱정부터 하지 마세요. 일어나지 않을 일도 많아요."

〈국가대표 과일촌〉 일원들이 처음 장사를 나갈 때 내가 꼭 해주는 말이다.

대부분 차를 댈 때는 일어나지 않은 일에 대한 걱정이 산더미이다. '이 자리에 차를 대면 저쪽 노점상이 와서 뭐라 그럴 거야.', '슈퍼마켓 사장이 와서 뭐라고 하면 어떡하지?', '단속이 와서 딱지를 떼면…….' 하지만 이런 걱정은 하나도 도움이 안 된다. 일이 벌어지고 걱정을 해도 늦지 않다. 구더기 무서워 장 못 담근다는 말이 딱 맞다.

뒤집어 생각해보자. 사람들은 대부분 옆에 마트가 있으니까, 과일 가게가 있으니까 차를 대면 안 될 거라고 생각한다. 하지만 좋은 자리이기 때문에 마트도 있고 과일 가게도 있는 것이다. 사람 많이 다니고 물건 잘 팔리는 곳에 마트며 가게가 없는 게 이상한 일이다. 과일 가게 앞에서 과일 장사 하지 말라는 법은 없다. 다만 안 하는 것뿐이다.

'장사가 잘되는 곳'이란 판단이 섰다면 '일이 벌어지면 그때 고민한다.'는 다짐으로 꼬리에 꼬리를 물고 이어지는 걱정들을 끊어내야 한다. 일단 장사를 시작하면 생각했던 것만큼 어렵지 않게 일이 풀리는 경우가 많다. 일이 벌어지기도 전에 걱정하느라 기회를 날리는 것보다는 벌어지고 난 다음에 수습해보겠다는 생각으로 밀고 들어가는 것이 백 배 낫다.

상인들도 10분은 참아준다

배짱을 가지고 차를 댔다가도 막상 상인들과 대거리가 시작되면 마음이 바짝 움츠러들기 마련이다. 이때는 다투는 대신 짧게 치고 빠지는 형태로 장사를 하고 나오면 된다.

"여기 누구 허락받고 장사하는 거요?"

"나도 여기 밥 먹으러 왔어요. 이 손님들 가면 나도 차 뺄 거예요."

주변 상인들도 처음에는 좋게좋게 해결하려고 한다. 주변에 손님들도 있는데 얼굴을 붉히며 싸우면 그쪽도 손해이기 때문이다. 이때 장사하러 온 게 아니라고 하면 물건을 사 가는 손님들을 봐서 상인들도 그 정도는 참아준다. 이때 참아줄 수 있는 선은 10~15분 정도이다. 그 시간 동안 매출을 반짝 올리고 바로 이동하면 된다. 주변 상인과 크게 마찰을 일으키지 않고도 실속을 챙길 수 있는 방법이다.

왕도는 없어도 이기는 기술은 있다

사실 차대기에 왕도는 없다. "일어나지 않을 일을 걱정하기보다는 일단 배짱으로 밀고가라."는 정도이다. 하지만 차대기에서도 이기는 기술은 통한다.

8월 삼복더위에 지금은 CGV로 이름을 바꾼 미아리 대지극장 앞에서 과일을 팔 때였다. 아스팔트 위에서 푹푹 익어가는 더위에 불쾌지수가 상당히 높은 날이어서 나도 상인들도 분위기가 좋지 않았다.

"어! 이 사람, 여기는 우리 회원들이 하는 곳이니까 오지 말랬더니 왜 또 왔어?"

몇몇 재래시장 상인이 나를 둘러싸더니 행패를 부리기 시작했다. 전부터 오지 말라는 이야기는 몇 번 들었지만 나 역시 장사를 해야 하는 처지라 말을 들을 리 없었다. 그날은 실력행사를 하겠다며 내 물건을 집어던지고 심한 말들로 나를 몰아세웠다. 가뜩이나 더운 날씨에 물건이 아스팔트에 내동댕이쳐지니 화가 나기 시작했다. 하지만 참았다. 난 싸움을 잘하는 기술, 그 지치지 않고 계속하는 기술을 배우지 않았던가.

'그래, 누가 이기나 해보자!'

난 다음 날도 또 갔다. 물론 전날과 똑같이 여러 명이 와서 욕을 하고 뺨을 때리기도 하고 멱살을 잡기도 했다. 그래도 버티고 장사를 했다. 다음 날도 또 다음 날도 계속 갔다. 그렇게 5일 정도를 했더니 이제는 아예 내 차에 올라가서 물건을 길바닥에 던지고 욕을 했다. 내가 맞는 것은 참을 수 있지만 내 물건에 또 손대는 것은 참을 수 없었다. 트럭을 돌려 길을 막고 "물건 값을 달라!"고 소리를 질렀다. 사람들이 모여들고 경찰이 오고 난리법석이었다.

"이렇게 차 대놓고 있으면 차량소통방해로 딱지 끊습니다."

경찰관이 와서 차를 빼라고 했으나 나 역시 물러설 수가 없었다.

"끊으세요. 끊고 내 물건 값 받아주세요. 나 억울해서 그냥은 못 갑니다."

분을 삭이지 못해 밀고 나갔다. 결국 재래시장 상인 몇 명과 경찰서까지 가게 됐다.

"거 형씨 독하네. 보통 우리가 이렇게까지 얘기하면 알아들을 줄 알았더만……."

"나도 내 물건 귀한 줄 아는 사람입니다. 먹고사는 길에 임자가 어디 있습니까?"

"그거야 뭐……. 우리도 오죽하면 그리 했겠습니까?"

경찰서 안에서 이런저런 이야기를 하다 보니 나도 상인들도 흥분이 가라앉았다. 길에서 장사하며 살아가는 고단한 인생이라는 동질감까지 느껴질 무렵, 행패를 부린 사람이 지역 노점상연합회의 총무라는 것을 알게 됐다. 회원들을 위해 어쩔 수 없었다며 함께 사는 방법을 찾아보자는 이야기로 진전됐다.

"그래, 또 언제 오세요?"

"내일이고 모레고 매일 올 겁니다."

"그러지 말고 2주일에 한 번 오는 걸로 합시다. 그리고 올 때는 전화를 주세요. 차 댈 수 있게 자리 마련해줄 테니까. 그 대신 품목을 정해야 합니다. 과일은 갖고 오지 마세요. 바로 옆에 우리 회원들이 팔고 있지 않습니까? 지부장과 얘기해서 정리해드리겠습니다."

험악한 분위기에서 시작된 실랑이는 결국 안정된 장소를 확보하는 것으로 정리가 됐다. 내 입장에서는 일종의 전화위복이었던 셈이다.

홈플러스 매장 앞에서도 비슷한 일이 있었다. 하도 자주 가니까 홈플러스 직원이 나와서 "2주일에 한 번 오는데 품목을 말해주세요. 우리가 발주를 좀 덜 넣겠습니다."라며 고정적인 자리를 마련해주었다.

직접 해보니 차를 대는 왕도는 없는 것 같다. 하지만 나를 타박하고 오지 말라고 막말을 하는 상인들도 사람인지라 지치게 마련이다. 한 번 때리고 두 번은 때려도 열 번은 못 때린다. 끈질기게 가다 보면 살 길이 생긴다. 그때까지 내가 지치지 않고 밀고 나가는 지구력을 갖는 것이 가장 중요하다.

트럭장사가 단속반을 만날 때

트럭장사에게 단속반은 어쩌면 가장 두려운 존재이다. 처음에는 단속반이 그렇게 미울 수가 없었다. 때로 어린 용역반원이 와서 겁을 주고 가는 날은 내 신세가 말이 아니었다. 한번은 단속반에게 걸려 30만 원 정도 되는 과태료 처분을 받았다. 속이 상해 하소연을 했다.

"취직을 할 수 있는 것도 아니고, 빚은 져서 하루하루 힘든데 어쩌란 말입니까? 우리 가족들이 모두 힘들게 보내는데 나라고 이런 일 하고 싶어서 하겠습니까?"

그런다고 한 번 끊은 과태료가 없어지지는 않았다. 그날 밤 늦은 시간에 장사를 하고 있는데 약간 술에 취한 분이 참외를 사러 왔다. 자세히 보니 낮에 과태료를 끊었던 단속반 아저씨였다. '장난치나, 병 주고 약 주게.'라는 생각이 들어 참외를 내주며 한마디했다.

"아저씨, 아까 너무 하셨어요. 저 하루에 얼마 번다고 30만 원을 끊어요. 서운합니다."

그러자 그 단속반 아저씨는 내 두 손을 잡으며 말했다.

"힘드니까 이런 일 하는 거 아는데 어쩌겠어요. 저희도 민원 들어오고 구청에서 지시 내려오니 나오는 겁니다. 저도 아들 같은 사람이 먼지 먹으며 부지런히 장사하는 것 보면 고맙기도 해요. 요즘 젊은 사람들 돈 벌려고 못된 짓 하는 사람들도 많은데. 하지만 우리 일이라는 게 단속이니까 이해해요. 우리도 그렇게 하고 돌아서면 마음이 편치만은 않아요."

단속반원의 손이 따뜻하게 느껴진 건 그때가 처음이었다. 서로의 입장과 상황에 대해 진심으로 이해하는 데서 나온 따뜻함이었다.

트럭장사를 하는 한 수없이 많은 단속반을 만날 수밖에 없다. 무조건 피해다니기만 해서는 장사를 할 수 없다. 어쩔 수 없는 상황에서는 절대 실랑이도 벌이지 말고, 싸우지도 않는 게 좋다. 〈국가대표 과일촌〉 일원들과 단속 이야기를 할 때마다 '눈치껏'이라는 말을 많이 한다. 그들이 하는 일은 단속이고, 우리가 하는 일은 팔아야 하는 일이니 어쩔 수 없다고 생각해야 한다. 그렇게 길 정리를 해줘야 그래도 장사할 곳도 생겨난다고 생각할 일이다.

Chapter 5
:: ::
장사가 안 되는 시간이란 없다

'남들과 똑같이 일하지 마라!'

지갑 속에 넣고 다니는 종이에 있는 말이다. 트럭장사는 다른 트럭장사들이 하는 그대로 장사를 해서는 절대로 성공할 수 없다.

사람들은 '트럭장사' 하면 으레 "비 오고 눈 오는 궂은날 장사되겠어?", "단속 때문에 장사하겠어?"라거나 "여름 한낮에 누가 물건을 사러 나와. 당연히 그 시간대에는 장사 안 되는 거지.", "트럭장사는 배달을 해줄 수도 없으니 경쟁력이 떨어지는 게 당연하지."라며 '장사 안 되는 이유'를 먼저 떠올린다. 하지만 트럭장사를 해보니 안 파는 날과 안 파는 시각은 있을지언정 못 파는 날과 못 파는 시각은 없다.

궂은날에는 궂은날의 특성을 역이용해라

궂은날에만 얻을 수 있는 기회

'비 오는 날'은 십상팔구 '장사 안 되는 날'로 꼽지만 나는 나간다. 이런 날은 목이 좋은 곳으로 간다. 그동안 쉽게 못 들어갔던 곳이다. 시장 앞 좌판이 대표적이다. 매일 한 곳에서 장사하는 붙박이들이 있는 곳으로, 이런 데 트럭을 잘못 세우면 십여 명이 떼로 와서 자기들의 터전에 함부로 들어왔다고 시비를 걸기 일쑤다. 담이 큰 나 같은 사람도 시장 상인들이 떼거지로 나오면 장사를 할 수가 없다. 꼬리 내리고 철수해야 한다.

하지만 비가 오는 날은 상황이 다르다. 붙박이들도 집에서 쉬는 날이라 마음껏 자리를 잡고 장사를 시작할 수 있다. 눈이 많이 온 다음 날도 비슷한 경우이다. 차 사고가 날까봐 조금이라도 경사진 곳은 단속반이 올라오지 않는다. 조심들 하느라고 경쟁할 장사꾼들도 나타나지 않는다. 궂은날은 단속도 경쟁자도 없이 목 좋은 곳에서 장사를 할 수 있으니 좋은 기회인 셈이다.

비가 멎는 잠깐의 매출을 노려라

비 오는 날의 하이라이트는 비가 멎는 잠깐 동안이다. 우리나라 호우 특성상 비가 하루 종일 오는 날은 드물다. 장마 기간에도 하루에 한두 시간은 해가 나기 마련이다. 이때가 장사의 하이라이트다.

한번은 한여름 태풍에 날씨가 요동치는 날, 참외를 150박스나 신고 거리로 나갔다. 비가 쏟아지는 중에도 장사를 계속했다. 그러다 오후 한때 내가 있는 지역이 태풍의 눈에라도 들어갔는지 잠깐 비가 멎었다. 그날 그 시간에 나는 시간당 매출 기록을 경신했다.

어디서 튀어나왔는지 손님들이 1톤 트럭을 에워싸고 장사진을 이뤘다. 혼자서 물건을 담아 돈을 받고 내주기에 역부족이었다. 그래서 트럭 옆에 봉지를 걸었다.

"이모, 여기 봉다리 있어. 작은 거는 3,000원, 큰 거는 5,000원짜리야. 어떤 걸루 줄까?"

돈을 받고 봉지를 내주면 손님들이 봉지에 참외를 있는 대로 담고 확인만 시켜주면 됐다. 나는 봉지를 내주면서 돈 받는 게 일이었다. 순식간에 트럭의 참외가 동이 났다. 한 시간 반 만에 참외 150박스를 다 팔아치운 것이다.

비를 맞지 말아야 할 것은 돈!

비 오는 날 비를 맞으면 안 되는 것 딱 하나는 돈이다. 웬만한 과일은 사실 비를 맞아도 괜찮다. 먹는 데 하등 이상이 없다. 하지만 돈은 안 된다. 돈은 비를 맞으면 뭉텅이로 붙어서 좀처럼 떨어지지 않는다. 그러다 잔돈 바꿔줄 때 몇 천 원이 붙어가는 수도 생긴다. 그래서 돈은 꼭 락앤락 통에 보관해 비를 안 맞게 해야 한다. 화장실 갈 때도 돈 통만 챙기면 그만이다.

날씨가 궂은날 손님들이 두서넛 찾아오기 시작하면 불안해서 쉽사리 자리를 뜨지 못하는 트럭장사들이 많다. 나는 돈 통만 들고 화장실도 자주 다녀온다. 내가 화장실에 다녀오는 걸 본 한 트럭장수는 그러다 손님들이 기다리다 가버리면 어떡하냐고 걱정을 한다. 하지만 궂은날 내 물건을 사러 온 손님은 절대 다른 가게로 가지 않는다. 갈 곳이 없는 날이기에 더욱 그렇다.

고정관념을 깨고 시간의 제약에서 벗어나라

여름 한낮, 나만의 특급 판매장소

한여름 12시부터 4시까지는 프로 장사꾼들도 다 파리를 날릴 시간이다. 더워서 사람들이 밖에 나올 생각을 않는다. 이때 나는 잠깐 눈을 붙였다가 2시 반쯤 늦은 점심을 먹으러 간다. 밥집은 고급 한정식집이 그만이다. 2만 5,000원에서 3만 원 정도면 적당하다. 이때 차는 딱 '장사모드'이다. 천막도 깔끔하게 올려놓고, 과일도 눈에 잘 보이도록 진열을 해놓는다. 판매용 비닐과 시식대까지 완비해서 한정식집 주차장으로 향한다.

이 정도 가격대의 음식점이면 보통은 발레파킹해주는 아저씨들이 따로 있는 곳이 많다. 이분들은 보통 트럭을 갖고 온 나를 보며 "어떻게 오셨어요?" 하고 의아한 표정을 짓는다. 성질 급한 분들은 "여기에 차 대면 안 돼!" 하고 언성부터 높인다. 하지만 이때는 느긋하게 대답하면 된다.

"저 밥 먹으러 왔어요."

첫 번째 고객은 바로!

아무리 고급 음식점이라도 2시 반 정도 되면 주차장의 절반은 비어 있기 마련이다. 하지만 절대로 손님이 끊기지는 않는다. 그게 고급 음식점의 특징이다. 발레파킹하는 아저씨에게 차 열쇠를 줄 때 먹음직한 참외 한 봉지를 같이 건넨다. 이 발레파킹 아저씨가 나의 첫 번째 고객이다. 이왕이면 특급 혹은 최상급이 좋다. 이것이 첫 번째 마중물이 된다.

"사장님 참외 좀 드세요."

"아 괜찮은데……."

"더위에 고생하시는데 드세요. 참외가 새벽에 올라왔는데 맛있네요. 우리 밭에서 캔 거라 그런지 더 맛있네."

"그럼 잘 먹을게요."

이때 아저씨한테 음식점 안에서 제일 잘 보이는 곳을 가리키며 "저기다 차 좀 세워주세요." 부탁을 한다. 그렇게 차를 세워두고 식당으로 들어간다.

보통 비싼 한정식집은 1인분을 안 해주지만 "제가 지방에서 왔는데 오늘이 생일이라서요."라고 볼멘소리를 하면 한상 내어준다. 그럼 천천히 즐기면서 맛있게 식사를 하기 시작한다. 그렇게 20분쯤 지나면 반드시 아저씨가 찾아오게 돼 있다.

고객이 팔게 해라

"어이 트럭장사! 손님이 참외 달라고 하는데…… 빨리 나와봐요."

장사를 처음 하는 사람들은 거기서 뛰어나간다. 팔아야 하기 때문이다. 하지만 나는 그냥 앉아서 밥을 먹는다.

"사장님, 이거 식으면 맛이 없잖아요. 왼쪽 거는 3,000원이고 오른쪽 거는 5,000원이에요. 잠깐 좀 팔아주세요. 제가 배가 고파서 그래요."

발레파킹 아저씨는 그 가게에서 내 참외를 처음 먹은 사람이다. 이미 받은 것이 있는 아저씨는 순순히 참외를 팔아준다. 그런데 거기서 대박 장사가 시작된다. 아저씨는 손님들에게 좋아 보이는 물건을 골라서 팔아준다.

음식점 손님 입장에서 트럭장사인 나는 뜨내기장사꾼이지만 음식점 직원인 아저씨는 그곳 직원이고 자주 보던 사람이다. 이미 보이지 않는 믿음이 있으니 그가 파는 물건을 더 믿는다. 거기다 아저씨는 이미 내가 골라준 '상품 중의 상품'을 맛봤기 때문에 트럭에 실린 물건들이 얼마나 좋은 물건인지 알고 있어 더욱 믿고 팔게 된다. 나의 첫 번째 고객이 알아서 물건을 파는 상황이 되는 것이다.

트럭 주위에 손님이 세 명만 되면 사람들이 자석처럼 끌려오게 돼 있는 3의 법칙을 활용하기 위해 나는 최대한 천천히 밥을 먹는다. 서툰 아저씨가 참외를 천천히 팔수록, 손님들이 기다릴수록 장사는 더 잘되게 돼 있다.

"사장님, 빨리 먹지 뭘 그렇게 오래 먹어요?"

"제가 원래 밥을 천천히 먹어요. 집에서도 엄청 눈치 보여요. 삼식이를 못한다고."

너스레를 떨며 발레파킹 아저씨가 건네주는 뭉텅이 돈을 받는다. 이때는 꼭 입으로 인사를 해야 한다. 적당히 띄워주는 것도 필요하다.

"어휴~ 사장님, 하루 종일 판 나보다 사장님이 한 시간 판 게 더 많아요. 사장님이 이거 하고 내가 저거 해야겠네."

으쓱으쓱한 아저씨에게 고맙다고 다시 참외 두 봉지를 골라준다. 그럼 아저씨는 절대 그걸 혼자 다 먹지 않는다. 장사 2탄을 시작할 마중물을 부으러 간다.

담배 한 가치를 피우고 기지개를 펴고 있으면 발레파킹 아저씨에게 참외를 얻어먹은 식당 이모들이 트럭으로 모이기 시작한다. 3시 반쯤 되면 음식점 주방은 숟가락 정리까지 마치고 딱 한가할 시간이다. 내가 들어간 식당의 이모들은 이미 손님들이 나갈 때 내 트럭에서 참외를 사 가는 것을 봤다. 거기다 맛까지 보았으니 슬슬 퇴근할 때 집으로 가져갈 장을 보러 나온다.

생각을 바꾸면 '어딜 가도 장사 안 될 시간'이란 없다

정오부터 오후 4시까지, 흔히들 트럭장사에게는 '어딜 가도 장사 안 될 시간'이라고 한다. 하지만 전략만 잘 세우면 그 시간에 30만 원 장사를 거뜬히 해낼 수 있다. 물론 단속 걱정도 없고, 귀한 밥상을 느긋하게 즐길 수 있는 여유도 부릴 수 있으니 일석삼조다.

새벽 5시는 또 어떤가. 그 시간에 누가 물건을 사겠냐고 물을 것이 뻔하지만 있다, 살 사람들이. 새벽 5시에는 신림동 곱창 골목으로 가면 된다. 곱창집 이모들의 퇴근 시간은 보통 새벽 5시 반에서 6시 사이다. 7시 넘어서까지는 일을 시키지 않는다. 밤새 일을 한 직원들이 출근 시간에 끼어서 퇴근하지 않도록 점주들이 시간을 맞춰준다. 이 모들은 가정주부가 대부분이라 트럭에서 파는 채소나 과일에 관심을 갖는다. 이때 사 가면 오후에 일어나 다시 장을 보지 않아도 되기 때문에 쉽게 물건을 사 간다. 게다가 그 시간대에는 내가 세우고 싶은 목 좋은 곳에 얼마든지 차를 댈 수 있다. 단속도 없다. 온 천지가 다 내 자리다.

고정관념을 깨고 생각을 바꾸면 새로운 길이 보인다. 내 입장에서 팔릴 만한 곳이 아니라 고객 입장에서 살 이유가 있는 곳을 찾아가면 시간의 제약에 얽매일 이유가 없어진다. 언제든 어느 곳이든 갈 수 있는 게 트럭장사의 매력이다. 그곳에선 너무 조급해하지 말고 느긋하게 장사를 즐길 수 있어야 한다. 이왕이면 누구도 시도해보지 않은 곳일수록 승산이 있다.

트럭장사라고 배달하고 AS하지 말란 법 없다

트럭장사의 특별 서비스, 배달

트럭장사는 배달을 해주지 않는다는 고정관념이 있다. 그야말로 고정관념이다. 장사를 나간 지역이나 상황, 손님의 연령을 고려해 배달이 필요할 때는 직접 배달에 나설 필요가 있다. 특히 물건을 한 번에 많이 사주는 손님은 특별 서비스를 해줘야 한다.

"에이, 너무 많이 샀네. 이거 다 못 들고 가. 반만 갖고 갈게."
"엄마는 무슨, 내가 배달해드릴게. 내가 그럴 줄 알고 배달 서비스도 해주잖아."
"에이 무슨. 정말?"
"이 엄마가 속고만 살았나. 앞장 서봐. 집이 어디야?"

입주민들만 주로 다니는 단지 내에서는 손수 배달까지 해줘도 장사에는 지장이 없다. 이렇게 손님을 따라 나설 때는 전화번호만 남기고 가면 된다. 그러면 어디 갔냐며 전화를 걸고 빈 트럭에서 물건을 고르며 대신 장사까지 해주는 분들이 생기기 마련이다.

마트도 아니고 혼자 하는 트럭장사에서 배달은 불가능한 일로 여겨 시도조차 하지 않는다. 손님들도 트럭에서는 값싸고 좋은 물건을 사는 데서 만족하고 들고 갈 양 만큼만 산다. 그런데 배달을 해준다면 조금 달라진다. 손님은 한 번에 넉넉히 사 갈 수 있어 좋고 기대도 안 했던 서비스를 받으니 기분도 좋아진다. 이 손님이 다음번에 어떤 트럭에서 구매를 하게 될지는 미루어 짐작할 수 있다. 트럭장사에게 배달만큼 확실한 서비스도 없다.

신뢰를 되쌓는 '트럭도 AS!'

트럭장사는 한 번 팔고 나면 끝이라고 생각하는 게 일반적이다. 손님을 다시 안 볼 사람으로 여기며 물건을 속여 팔거나 바가지를 씌우는 장사치도 그렇지만 속았던 손님들도 트럭에서 반품을 할 수 있을 거라는 기대는 하지 않는다.

나는 생각이 달랐다. 눈앞의 작은 이익을 탐해 일회성 거래를 하는데 다시 올 손님은 없다. 물건도 사람도 믿고 찾을 수 있게 만들어야 다음이 있다. 신뢰가 재산이라는 생각에 내가 택한 방법은 '트럭도 AS!'였다.

트럭에도 단골이 있다. 그런 방식으로 장사하며 주기적으로 서울과 경기권을 돌다 보니 내게도 단골들이 제법 생겼다. 넉살 좋고 이야기 나누는 걸 즐기는 덕에 지역마다 나를 알아봐주고 물건을 사 가는 손님들이 있다. 나를 믿고 찾아주는 손님들에겐 어떤 상황에서든 AS를 확실히 해주었다.

"총각, 이거 아까 사 갔는데 맛이 좀 이상해."

"네 그래요? 어 진짜, 이게 왜 이러지. 이모 제가 미안해요. 돈으로 돌려드릴까, 물건으로 다시 드릴까?"

물건에 하자가 있다는 것을 순순히 인정하면 손님들은 대부분 기분이 상하지 않은 상태에서 물건으로 다시 가져간다.

"그럼 이모, 내가 골라줄게 이거 한번 봐봐. 물건 들고 나왔으니까 고생한 다리 품삯은 줘야지." 하고 물건을 더 주면 손사래를 치기도 한다.

"아니 이러려고 갖고 나온 건 아닌데……."

"아니야, 내가 마음이 불편해서 그래. 이모, 이거 갖고 가서 맛있게 드시고 맘 풀어."

이런 과정을 거치면 하자 있는 물건 때문에 손님도 나도 맘 상하는 일 없이 장사를 할 수 있다.

손님을 적으로 돌리지 마라

트럭장사를 하면서 손님과 싸우는 사람들이 많다.

"아저씨 이거 물건이 안 좋아요."

"뭐요? 뭐가 이상해. 멀쩡하구만."

"보세요. 제가 지금 없는 말 해요?"

"멀쩡한 물건 갖고 생트집은. 갖고 가기 싫으면 놓고 가슈."

"아저씨 환불은요?"

"갖고 간 것 중에 얼마나 갖고 왔어요?"

"아저씨, 까본 것도 다 이상했어요."

"그걸 내가 어떻게 믿어요. 갖고 온 것만 돌려주는 거지."

이런 식의 대화가 오고가면 장사를 하는 사람도, 물건을 샀던 사람도 기분이 좋을 리 없다. 불쾌해질 대로 불쾌해진 손님은 '지금은 너한테 5,000원 썼지만 다음부터 네 물건 절대 안 사준다. 다른 사람한테도 저런 데서는 사지 말라고 말해줘야지.'라고 이를 갈며 적으로 돌아선다. 돈 잃고 손님 잃는 가장 안 좋은 대처법이다.

손님이 물건이 안 좋다고 하면 내 눈에는 어떠할지언정 즉각 인정하고 보상해주는 게 낫다. 손님을 이기려고 하면 할수록 궁극적으로 손해를 보는 것은 장사 쪽이다. 소탐대실이다.

"이상하면 꼭 다시 오세요!"

손님에게 돈을 받을 때면 늘 남기는 인사가 있다.

"엄마 내가 매주 화요일 이 시간에는 오거든. 혹시 물건 이상하면 꼭 얘기해줘요."

개중에는 진짜로 물건이 이상했다고 하는 분들도 있다.

"지난 번 자두 좀 이상하더라."

"그랬어 엄마? 오늘은 내가 좋은 걸로 골라줄게."

"집에 그것도 아직 남았어."

"엄마 갖고 와. 내가 버려줄게. 다시 갖고 가."

"먹었는데 뭘 갖고 와."

"엄마 그럼 그냥 그거 화채 해먹고 이거 새로 줄게 갖다 먹어."

AS를 할 때는 확실하게 해주는 게 낫다. 미안해하는 마음으로 두 말 없이 물건을 새로 주면 뒤끝도 없이 끝날뿐더러 물건에 대한 신뢰도 잃지 않게 된다. 거기다 대고 "내 물건이 어때서?"라고 맞받아친들 서로 기분만 상하고 말 뿐이다.

간혹 손님이 보관을 잘못해 상한 경우인데도 물건에 문제가 있어서라고 여겨 찾아오는 분들이 있다. 그럴 때도 일단은 물건을 새로 내주는 게 낫다. 그리고 나서 의심쩍은 부분을 물어 잘못된 방법이 있으면 유용한 정보를 알려준다. 그러면 손님들은 열이면 열, 되려 고마워하며 다시 찾는다.

이런 과정을 겪어본 손님들은 내 물건을 믿고 사주는 확실한 단골이 된다. 적절한 AS는 신뢰가 없어질 뻔한 상황에서도 오히려 신뢰를 쌓는 계기를 만들어낸다.

트럭장사라고 반품이 안 되고 AS가 안 된다는 법은 없다. 남들이 다 그렇게 한다고 해서 나도 그렇게 한다면 평생 뜨내기장사치로 남을 뿐이다. 트럭장사라도 돈 주고 산 물건이고 돈 받고 판 물건인 만큼 하자가 있다면 반품도 해주고 AS도 해줘야 한다. 물건에 대한 자부심이 높은 장사꾼일수록 AS도 확실하게 해줄 수 있다.

고정관념에 따라 다들 어렵다고 생각한 걸 뒤집어 생각해보면 바로 그 어려운 지점에서 새로운 접근방법을 찾아낼 수 있다. 그게 바로 발상의 전환을 통해 새로운 기회를 여는 방법이다.

Chapter 6

:: ::

장사는 물건이 아니라
말을 파는 일이다

'손님에게 말하기'가 두려운 두 가지 이유

물건을 팔기 전에 말을 먼저 팔지 못하는 장사꾼은 백이면 백 성공하지 못한다. 그런데 트럭장사 초보자들이 차대기 다음으로 잘 못하는 것이 '손님에게 말하기'이다. 말할 때 자신이 없고 모기소리만 한 목소리로 웅얼웅얼하는 경우도 많다. 이런 장사꾼을 좋게 볼 손님은 많지 않다.

"영 말을 못하겠어요. 손님이 뭘 물어볼지 겁부터 나고요."

"그럼 말 거는 연습을 좀 하고, 물건에 대해 공부를 좀 해보세요."

"공부요?"

"네. 그리고 물건이 아니라 말을 파는 연습을 하셔야 해요."
"말을 팔아요? 물건이 아니고요?"
초보자가 손님에게 말하기 두려운 이유는 크게 두 가지다. 하나는 팔아야 할 물건에 대해 모르기 때문이고, 다른 하나는 먼저 말을 팔아야 한다는 걸 모르기 때문이다. 물건을 알고 말을 팔기 시작하면 손님 대하는 것도 쉬워지고, 나아가 손님이 물건을 팔게 할 수도 있다.
여름 한낮 뙤약볕에서 시장 어귀에 차를 대고 기다려도 손님을 만나기가 쉽지 않을 때는 우선 지나가는 아주머니를 붙잡고 사정을 한다. 물건을 사라는 게 아니다.
"엄마 이리 와봐. 내가 참외 5,000원어치 줄게. 내 부탁 좀 하나 들어줘."
"아고 뭘 해달라고?"
"오늘 어지간히 장사가 안 되네. 엄마 여기 옆에 딱 있어. 내가 보니까 엄마가 기가 좋아. 엄마가 있으면 딱 장사가 잘 될 것 같아. 기를 좀 빌려줘."
이렇게 이야기를 주고받으며 참외를 깎아서 먹여준다.
"이게 오늘 내가 직접 따온 상주 참외야. 어때 맛있지? 참외는 한 줄기에서 네다섯 번밖에 수확을 못 해요. 그런데 이게 딱 맛 좋을 때 중간에 딴 거란 말이지. 오늘 따 와서 냉장고에 넣으면 일주일은 먹는다니까."
참외의 단맛을 확인한 아주머니의 표정이 좋아진다. 그리고는 슬슬 자신이 장사를 해준다.

"아고 진이 엄마야 이리 와봐. 여기 참외 맛있네. 한번 먹어봐."

처음에 참외 5,000원어치를 위해 발길을 멈췄던 아주머니는 맛돌이도 자청해 아는 얼굴들에게 참외도 직접 먹여준다. 손님들 입장에서 나는 뜨내기장사지만 아주머니는 동네 이웃이다. 나는 못 믿어도 이웃은 믿는다. 그렇게 점차 트럭 근처에 손님이 몰리게 되면 그날 장사도 성공이다.

물건을 팔기 전에 말을 먼저 팔아라

트럭장수는 절대 물건을 팔려고 다가서면 안 된다. 손님들한테는 말을 먼저 팔아야한다. 단지 물건만 팔려고 하는 순간 손님들은 가던 길을 그냥 가버리고 만다.

"아줌마 표고 들여가세요."

"얼마예요?"

"1킬로그램에 1만 5,000원 하던 건데 만 원씩 가져가요."

이 상황에서 손님은 표고를 사 가게 될까? 그렇지 않다. 손님 중 열에 일곱은 가던 길을 가버린다. '여기는 만 원 달라는군.' 손님으로서는 필요한 정보를 다 얻었으니 아쉬울 게 없다. 혹여 다른 곳에서 표고 가격을 듣고 '그 트럭이 좀 더 싼데.'라는 생각이 들어도, 자신이 직접 물건을 주의 깊게 본 것도 아니기 때문에 굳이 그 트럭까지 돌아가는 수고를 하지는 않는다. 대개는 '물건이 안 좋았으니 그 가격이겠지.' 하고는 다른 표고를 사는 게 일반적이다.

트럭장수는 일단 지나가는 손님을 내 앞에 서게 하는 일에 집중해야 한다. 그러려면 물건이 아닌 말을 들이밀고 팔아야 한다.

"표고 얼마예요?"

"표고 맛 좀 봐 이모."

"아니 얼마예요?"

"맛보면 알려준다니까. 가격 알려주니까 다 가, 미치겠어 내가. 안 사도 되니까 오늘은 맛만 봐."

이렇게 말을 팔면 손님을 트럭 앞에 불러세우는 일이 훨씬 쉬워진다.

"장흥 거야. 표고 맛있지?"

표고에 대한 정보를 주면서 말을 이어나간다. 장사는 이렇게 시작되는 것이다.

트럭장수 중에는 손님이 먼저 물건에 관심을 갖고 섰을 때 다짜고짜 "얼마치 드릴까요?"라며 봉투부터 뜯는 이들도 있다. 그러면 손님은 한 발 물러난다. 밥물이 끓지도 않았는데 솥뚜껑을 여는 형국이다. 표고의 원산지라든가 맛이라든가 요리법 등에 대한 이야기를 들려주며 정보를 주고 기다리는 것이 원칙이다. 말을 팔면서 느긋하게 기다리다 보면 열에 여덟은 물건을 꼼꼼히 보고는 원하는 만큼 사 가지고 돌아간다.

장사도 엄연한 심리싸움이다. 물건을 팔려고만 덤벼들면 손님은 한 발 물러나게 돼 있다. 관심을 끌고 멈춰 서게 만들어야 물건도 팔 수 있다. 그러기 위해 필요한 게 바로 말을 먼저 파는 일이다.

좋은 말이 손님을 끌어당긴다

옛날에 가정방문판매업계의 전설적인 세일즈맨이 있었다. 많은 사람들이 그에게 판매 잘하는 비결을 물었다. 그의 대답은 간단했다.

"별다른 비결은 없습니다. 그냥 초인종을 누를 때 문 열고 바라보는 사람이 아주머니라면 나이와 상관없이 이렇게 질문했습니다. '아가씨, 어머니 계세요?'"

트럭장사도 마찬가지다. 나이가 좀 들어 보이는 할머니라도 '누님'이라고 불러드리면 "에잇! 총각이 어른을 놀려!" 하면서도 웃는다. 어머니, 이모와 같은 정을 담은 호칭도 듣기 좋은 말 중 하나다. '예쁘다, 잘생겼다, 고맙습니다, 또 오세요' 이런 말들을 싫어할 사람은 없다.

"어! 안 살 거야? 안 살 거면 만지지 마."

"안 사도 괜찮아유. 이모 맛 좀 보고 가요."

어느 쪽이 편하게 느껴지는가? '컨디션이 좋지 않아서, 진상 손님을 만나서, 매출이 안 올라서' 인상 쓸 이유가 제아무리 많다 해도 손님을 결코 함부로 대해서는 안 된다. 지금 내 눈앞에 있는 손님이 또 다른 손님이 되고 또 다른 기회가 되는 것이다.

아무리 뜨내기장사라도 '일단 차를 세웠으면 여기가 내 가게다.'라는 생각으로 주변을 살펴주는 자세를 가져야 한다. 목 좋은 곳을 찾다 보면 사람들이 오가다 서게 되는 횡단보도 앞인 경우가 많다. 그럼 아이들이 횡단보도를 잘 건너는지 정도는 장사꾼의 오지랖으로 살펴줘야 한다. "조심해서 건너."라는 말 한마디면 족하다. 애가 딴 데 보고 가면 "엄마 손 잡고 가야지."라는 한마디도 좋다. 엄마가 아이를 안고 가면 "아이가 참 똘똘하게 생겼네요."라는 말 정도는 건넬 줄 알아야 한다.

손님의 귀도 내 귀와 다르지 않다. 좋은 말을 듣게 되면 사람이 달라 보이고 마음이 간다. 마음이 가야 발길도 멈춘다. 여기는 내 가게, 오가는 사람들은 내 손님이라는 생각을 가지면 팔 수 있는 말들이 많아지기 마련이다.

알아야 말을 팔 수 있다

일을 해서 먹고사는 사람이라면 누구라도 자기 분야에 대해 알아야 한다. 알기 위해서는 공부가 필요하다. 트럭장사도 마찬가지다. 생선을 팔 때는 생선박사, 사과를 팔 때는 사과박사, 참외를 팔 때는 참외박사가 되겠다는 마음으로 물건에 대해 공부를 해야 한다.

"요즘 나오는 귤은 조생귤이지요?"라는 물음에 "아, 네······. 조생 맞아요, 조생."이라고 대답하는 장사치와 "어머니, 이게 조생이 아니고 극조생인데 원래 색깔이 녹색이에요. 극조생은 녹색이 좋은 거예요. 색깔이 노란 거는 약품을 처리해서 노화가 된 것이기 때문에 맛이 좋지 않아요."라고 말하는 장사꾼 중에 누구에게서 물건을 사고 싶겠는가?

"어머니, 귤 드실 때 조물락 조물락 해서 드시는 이유가 있어요. 귤은 스트레스를 받아야 단맛이 나와요. 귤은 가급적이면 냉장고에 넣지 마세요. 냉장고에 넣으면 신맛이 더 느껴져요."

간단한 정보와 사소한 지식이라도 알려주면서 손님에게 말을 파는 장사꾼에게 더 믿음이 가고 사고 싶지 않겠는가?

"어머니 지금 나오는 사과는 부사가 아니에요. 생긴 건 부사처럼 생겼는데 요까예요. 잠깐 나오고 마는데요. 요까는 저장이 안 돼요. 조금만 사 가세요, 많이 사 가지 마시고."

아마 이런 이야기를 해주는 장사꾼에게 '장삿속으로 나쁜 물건 팔아먹게 생겼네.'라는 선입견을 가질 사람은 없을 것이다.

물건을 팔려면 사람을 끌어야 한다. 사람을 끌기 위해서는 말을 팔아야 하고 말을 팔려면 물건에 대해 잘 알아야 한다. 알기 위해 필요한 것은 공부이다. 지식은 책을 통해 얻을 수도 있고, 산지를 다니거나 거래처를 다니면서 배울 수도 있다. 선배들에게서 배울 수도 있고, 필요하다면 스승을 찾아가 배울 수도 있다. 누구나 자기 분야에서 최고가 되려면 그만큼 시간과 노력을 들여야 한다. 트럭장사도 마찬가지다. 어떤 형태 어떤 방식으로든 공부를 통해 내가 다루는 물건에 대해 알아야 한다.

Chapter 7

:: ::

깔아놓은 만큼, 맛 보여준 만큼, 외친 만큼 팔린다

물건을 겁내지 마라

13년 전 처음 장사를 배우겠다고 ○○○야채가게에 갔을 때 일이다. 사장님이 바나나 한 팔레트를 내주며 팔아보라고 했다. 열 상자도 아니고 한 팔레트 앞에 서니 걱정이 앞섰다. 한 상자에 바나나가 열 송이 가까이 들어가는데 그런 상자 수십 개가 쌓인 바나나 한 팔레트를 어떻게 다 팔지 감이 오지 않았다. 사장님은 그런 내 표정을 읽었는지 이렇게 말했다.

"장사 배우겠다고 온 놈이 물건을 겁내면 어떡하냐. 물건에 겁먹지 마라. 팔면 되지."

처음에는 너무 쉽게 말하는 사장님의 이야기에 어안이 벙벙했는데 들고 보니 '그래 팔면 되지.'라는 생각이 들었다. 그러고는 리어카에 바나나를 싣고 나가서 팔기 시작했다.

"바나나가 왔어요, 바나나가 왔어요. 방금 필리핀에서 따서 비행기 타고 온 바나나, 맛 좋고 값싼 바나나 들여가세요!"

그날 리어카를 끌고 저녁까지 동네를 샅샅이 돌아다닌 덕에 정말 한 팔레트의 바나나를 다 팔아치웠다.

장사불변의 법칙

긴 시간 장사를 해오며 보고 배우고 전수받아 활용해온 장사의 비법을 한 문장으로 요약하면 이렇다.

'물건은 깔아놓은 만큼, 맛 보여준 만큼, 외친 만큼 나간다.'

트럭장사에게 덧댈 것이 없는 완벽한 설명이다. 물건은 많을수록 싸고 신선해 보인다. 맛을 많이 보여주면 많이 사게 돼 있다. 좋은 물건이라는 확신과 입을 댔다는 미안함에 사주기도 한다. 트럭장사에게 특별한 광고는 없다. 소리를 지른 만큼 광고가 되는 것이다.

물건을 많이 깔고, 맛 보이고, 외치는 일의 중요성은 아무리 강조해도 지나치지 않다. 문제는 장사라고 해서 모두 물건을 깔아놓고, 맛 보여주고, 외치지는 않는다는 것이다. '물건을 겁내지 말라'는 조언을 듣고도 물건을 많이 받길 두려워하고, 장사의 비법을 듣고도 '성격 때문에, 안 될 것 같아서, 귀찮아서' 자신이 하기는 어렵다고 생각하고 아예 시도조차 하지 않는다.

"팔면 되지!"

트럭장사를 시작하고 도매상을 돌며 내가 가장 많이 했던 말이다. 사람들은 "에이 그걸 오늘 안에 어떻게 다 팔아요?"라고 못 미더워했다. 그러면 나는 답하곤 했다.

"해봤어? 일단 해보고 이야기 하자."

당장에라도 누구에게나 확신을 갖고 저 간단한 장사의 비법을 말해줄 수는 있지만, 실제로 깔아놓고 맛을 보여주고 외치지 않는다면 그 누구도 성공할 수 없다. 그래서 진짜 비법이 되려면 '물건은 깔아놓은 만큼, 맛 보여준 만큼, 외친 만큼 나간다.'에다가 '실행한다'는 비법 하나를 더해야 한다. 그것이 장사불변의 법칙이다.

차별화된 방법으로 고객의 시선을 사로잡아라

물건은 깔아놓은 만큼 나간다는 것은 그걸 다 팔 수 있도록 적극적으로 손님의 시선을 끌라는 메시지다. 조금 낯선 물품이라 해도 손님의 시선을 사로잡을 수 있다면 손님의 마음도 잡을 수 있다. 생각을 조금만 달리 하면 낯선 물품의 특성을 강조하는 방식으로 차별화하여 눈길을 끌 수도 있다.

강원도 평창군 진부에서 당귀를 실어오던 날이었다. 당귀는 원래 제천과 강원도가 유명한데 평창에 갔다가 우연히 어린 당귀를 보고 그 자리에서 계약한 뒤 물건을 실었다. 당귀는 한약재로 잘 알려져 있지만 어린 당귀는 잘 모르는 손님들이 많다. 늦봄이 되면 당귀 잎이 자라는데 이때 수확하면 잎까지 쓸 수 있어 좋다. 어린잎이 야들야들

해서 쌈으로 싸먹어도 좋고 즙을 내 먹어도 그만이다. 손님들이 낯설어 할 수 있지만 설명을 잘 하면 장사도 잘되리라는 생각에 망설임 없이 이 물건을 샀다.

그런데 문제가 생겼다. 뿌리째 뽑은 걸 옮겨야 하는데 그대로 차에 실으면 금방 시들어버릴 것이 뻔했다. 그렇다고 냉장포장을 할 수도 없었다. 열이 많은 뿌리식물이라 냉장보관으로도 오래 보관할 수 없기는 마찬가지였다. 난감하던 찰나에 아직 다 뽑지 않은 당귀가 눈에 들어왔다. 농부에게 작업비를 드리고 차에 흙을 싣고 그 위에 당귀를 다시 심어달라고 부탁했다. 흙에 심어서 가면 보관하는 데도 좋고 시선도 끌 수 있고 일석이조의 효과가 있으리라는 계산에서였다.

흙의 두 번째 기능은 홍보 효과를 극대화시키는 것이었다. 약재상이 많은 시장 어귀에 차를 세우자 효과는 바로 나타났다. 지나가던 아주머니들이 차의 흙을 보고 한마디씩 하기 시작했다.

"어머 이게 뭐야? 뭔데 흙을 팔아?"

"이모, 당귀 알아? 예쁜 이모들에게 가장 좋은 약초가 당귀라잖아. 여자한테 제일 좋은 약초, 당귀! 당연히 20대로 돌아온다 해서 당귀!"

"이게 당귀야? 어머, 이 귀한 걸 왜 흙에 이렇게 묻었어?"

"이 귀한 걸 그냥 싣고 다니면 먼지 묻고 뭐가 좋겠어? 이 흙 말이지, 세 시간 전에 진부에서 실은 거야. 강원도 흙에 그대로 묻어서 이모한테 주려고 가져왔지. 이모 들었어? 옆 8단지 아주머니도 이거 한 달 먹고 사고쳤다잖어."

"에잇, 젊은 사람이 나이 든 사람 놀리면 못 써!"

이렇게 말이 오고가는 사이 당귀를 비닐에 담아 팔기 시작했다. 그리고 그 팔기 힘들다는 당귀를 반나절 만에 다 팔아치웠다. 시선을 빼앗으면 마음의 절반은 빼앗은 것이다. 이미 반은 내게 넘어온 손님에게 물건을 파는 일은 훨씬 쉬워진다. 이론은 그러하니 실전으로 확인해볼 일이다.

맛보기도 전략이 필요하다

맛을 보여주는 것은 손님들에게 물건의 품질을 확인시켜주는 좋은 방법이다. 손님 입장에서는 '먹었으니 하나 사줘야지.' 하는 생각이 들기도 한다. 그래서 나는 맛을 보여주는 물건에는 절대 인색하게 굴지 않는다. 또한 맛보기를 할 때 손님이 '사고 싶은 마음이 들도록' 나름대로 전략을 세워서 나선다.

한번은 우엉을 떼다가 파는데 손님들이 다들 손이 작았다.

"김밥 싸고 남으면 조림할 거라 많이 안 사요."

손님들이 한 번에 많이 사 가게 할 수 없을까 고민하던 중 지나가는 사람들이 커피나 차를 테이크아웃해서 들고 다니는 것을 보다가 번뜩 아이디어가 떠올랐다. '그래, 우엉차다!'

손수 우엉을 씻어 말려서 차를 끓여 먹어보았다. 맛도 향도 좋았다. 그래서 우엉 열 개를 말린 뒤 덖어서 들고 나갔다. 큰 보온병과 뜨거운 물, 주전자와 이동식 가스레인지도 함께 실었다.

"이모, 이거 한번 마셔봐. 이게 여기 있는 이 우엉으로 끓인 차인데 맛이 아주 그만이야."

그 자리에서 손님에게 보온병에 있던 뜨거운 물을 붓고 닦은 우엉을 한두 개 넣어서 차를 만들어 먹였다. "이렇게 해드시면 됩니다." 하고 손수 몸으로 보여주고 싶었다.

"이모 근데, 영 귀찮으면 그냥 주전자에 말린 우엉 넣고 끓여 먹어. 이리 와봐. 10분 정도 끓였는데 보리차보다 색이 좋잖아."

주전자 뚜껑을 열어서 보여주고 향을 맡게 했다. 차로 끓여 마시면 건강에 좋다는 이야기와 함께 간편하게 끓여 마실 수 있다는 것까지 보여주자 판매가 늘기 시작했다. 한두 개씩 사 가던 우엉을 열 개씩도 사 갔다. 우엉만으로 하루 매출이 200만 원까지 뛰었다. 매출이 오른 것에 잔뜩 흥분한 나는 우엉으로 할 수 있는 다른 요리를 생각해보았다. 그리고 며칠 뒤 우엉밥을 해서 트럭에 싣고 나갔다.

"이모, 우엉차가 50을 먹는 거면 우엉밥은 100을 다 먹는 거야. 우엉으로 밥을 해서 먹으면 영양소를 다 먹는 거라니까. 이거 한번 먹어봐. 맛있지?"

한번 뛰어오르기 시작한 매출은 정점을 찍었다. 차로도, 밥으로도 우엉을 활용할 요리가 많다는 것이 알려지자 손님들이 먼저 트럭으로 몰려들었다.

맛보기도 손님의 관심을 끌기 위한 방법이다. 고정관념이 있는 물건에 누구나 하는 방법으로 맛보기를 한다면 손님의 관심도 그 정도에서 그친다. 변별력을 갖기 위해서는 자신만의 전략이 있어야 한다. 물건의 특성에 대한 충분한 이해를 바탕으로 조금은 다른 시각으로 손님의 필요에 접근해보는 것이 도움이 된다.

소리의 맛이 사람을 끈다

어릴 적에 두부 장수가 있었다. 저녁 시간 리어카를 끌고 나온 두부 장수는 대부분 종을 치면서 "두부 사려!"라고 외쳤다. 두부 장수의 종소리가 들리면 엄마들은 밥을 하다 말고 길거리로 나왔다.

○○○야채가게에서 점원으로 과일과 채소를 팔 때, 마감 시간이 다 됐는데 물건이 남아 있으면 다른 점원들과 함께 물건을 갖고 거리로 나갔다. 그때는 이미 ○○○야채가게의 브랜드가 많이 알려진 시기라 사람들은 티셔츠 하나만 보고도 물건을 사 갔다. 장사를 배우겠다고 마음먹었던 그때 나는 좀 다르게 해보고 싶었다. '가게 브랜드가 아니라 나를 보고 물건을 사 갈 수 있게 해보자.' 그래서 가게 유니폼을 벗고 물건을 가지고 거리로 나갔다.

그때 내가 선택한 도구는 리어카와 종이었다. 소형 봉고를 타고 골목을 다니자니 교통 체증에다 교통경찰이 걸렸다. 퇴근 시간에는 차를 대지 못하게 하는 곳도 많았다. 그래서 생각해낸 것이 리어카였다. 처음에는 이색적인 모습에 의아해했지만 일주일 정도 지나자 다들 익숙해졌는지 종소리만 듣고 물건을 사러 나오는 손님들이 있었다.

"이 총각 오늘도 물건 떨이하러 왔네. 영희 엄마 왔어? 이 총각이 파는 물건 괜찮아."

아줌마들 사이에서는 입소문도 났다.

"장가갈 만큼 싱싱한 오이가 왔어요. 부끄러운 새색시 같은 파프리카가 왔어요."

찰진 소리가 더해지면 돌아보는 사람들이 늘어나고 그만큼 더 많은 손님들이 좀 더 쉽게 리어카를 찾아왔다. 확실히 외친 만큼 물건은 잘 나갔다.

확성기가 아닌 장사꾼의 목소리로 고객을 만나라

〈국가대표 과일촌〉의 트럭에는 확성기가 없다. 트럭장사들은 확성기를 앵무새라고도 부른다. 이 기계를 설치하고 스피커를 설치하면 30초~1분간 녹음된 소리가 무한 반복된다. 내 차에도 이것이 달려 있다. 하지만 아직까지 두어 번 사용한 것을 제외하면 쓴 일이 없다.

확성기에서 반복적으로 흘러나오는 소리를 듣다 보면 그저 소음이라는 생각밖에 들지 않는다. 장사하는 나도 이렇게 듣기 싫은데 손님들이라고 그 소리가 좋을까 싶다. 더구나 확성기 소리는 장사에 성의가 없어 보인다. 장사꾼의 진짜 목소리는 정겹기도 하고, 그때그때 달라지는 찰진 멘트는 맛깔스럽기도 해서 듣는 사람을 웃게 만드니 좀 더 관심을 끌 수 있다.

말을 하는 것이 힘들고 어색하다고 장사하는 사람이 확성기를 달아서는 안 된다. 어색한 건 익숙해지면 그만이고, 힘든 건 극복해야 한다. 확성기에 의존해서 장사를 하는 것은 무인 판매대나 진배없다.

경험상 나는 차 위에 올라가서 소리치며 장사할 때 매출이 잘 올라왔다. 좀 더 적극적으로 말을 팔고 그때그때 손님들과 즐거운 실랑이를 하다 보면 손님도 나도 그 왁자지껄한 활기에 감염되고 마는 것이다.

품목에 따라 외치는 정도가 다르다

'외치는 만큼' 장사는 되게 되어 있지만 '외치는 정도'는 '품목'에 따라 차이를 둘 필요가 있다.

사과나 배, 귤이나 바나나 같이 대중적인 과일은 목이 터져라 외치지 않아도 나가는 기본 매출이 있다. 손님들이 물건을 볼 줄도, 고를 줄도 아는 것들이기 때문에 막 떠들지 않아도 트럭으로 오게 돼 있다.

반면 꼬시래기나 피꼬막같이 조금 생소한 것들은 많이 외치고, 많이 맛을 보여주어야 한다. 처음 꼬시래기를 팔 때는 꼬시래기가 뭔지 모르는 손님이 하도 많아 꼬시래기에 대한 설명도 곁들여야 했다. 상대해야 하는 손님이 너무 많아서 나중에는 상품 설명만 해주는 아르바이트로 아주머니 한 분을 모시고 장사를 할 정도였다. 그런데도 물건을 다 팔고 집에 갈 때쯤 되면 입에서 단내가 날 정도였다.

하루에 내게서 물건을 사는 손님이 보통 300~400명인데, 그건 곧 내가 하루 동안 이야기를 나눈 손님이 600~800명은 된다는 말이다. 이 정도 손님이 다녀가야 물건을 다 팔 수 있다. 물건은 안 사고 말만 하고 가는 사람까지 포함하면 곱절은 된다. 거기에 더해 덜 대중적인 품목을 선택했다면 다른 날보다 몇 배로 손님을 만나고, 말을 한다는 각오로 시작해야 한다.

해보고 나서 포기해도 늦지 않다

가끔 "배 감독한테는 뭔가 특별한 장사 비법이 있겠지? 나도 한 수 좀 가르쳐줘." 하며 찾아오는 이들이 있다. 나는 주저 없이 '깔아 놓은 만큼, 맛 보여준 만큼, 외친 만큼 나간다'는 비법을 알려준다. 내 말대로 실천한 덕분에 장사가 한결 수월해졌다는 이들도 많이 생겼다. 내가 배운 것을 경험에 녹여 알려주는 일, 누군가에게 도움이 되어 다시 확산되는 일은 보람 있는 일이다.

그런데 모두가 그와 같지는 않다. 장사의 노하우만 알려주면 너도 나도 금세 따라와 잘할 것 같지만 막상 똑같은 걸 알려줘도 성공하는 사람과 그렇지 않은 사람이 생긴다. 그 차이는 실제로 '해봤느냐 안 했느냐'의 차이에서 온다. 자신의 한계를 깨지 못하고 '안 된다, 못 한다'는 생각으로 아예 실행하지 않는다면 그 어떤 노하우도 무용지물이 될 수밖에 없다.

"그래서 해봤더니 매출이 좀 뛰었어?"

"형, 그게 어디 말처럼 그리 쉬운가요. 저는 아직 초짜라 그런지 쉽지 않네요."

"그래서 안 해봤단 소리야?"

"그게……."

표고버섯 장사를 나가는 후배가 하도 걱정하기에 내가 성공했던 아이디어를 전해줬다.

"표고를 제일 잘 즐기는 건 밥에 넣어 먹는 거야. 그런데 대부분 밑동은 안 먹고 버려. 윗부분만 써. 그럼 그게 좋은 걸 알려줘야지. 데쳐서 한번 시식을 시켜줘봐. 간장으로 버무릴지 참기름만 찍어서 먹일지는 고민을 해보고. 맛보기도 해보는 거야. 안 될 수도 있지만 해보는 거야. 손님들이 선택하는 거야. 어때?"

그 이야기를 듣고 나서도 후배는 그 어떤 시도도 하지 않았던 것이다. 머리를 긁적이고 앉은 후배를 보며 답답하고 안타까웠다. 장사가 안 된다고 걱정은 하면서도 장사를 잘되게 하려는 노력은 전혀 하지 않는 후배에게 화가 나고 속이 상했다.

"해보지도 않고 장사가 되네, 안 되네 하고 있는 거야?"

내가 직접 시도해보고 성공했던 방법을 골라 성의껏 가르쳐주어도 특별히 매출이 좋아졌다는 이야기가 없는 사람들이 있다. 아무리 생각해도 의아해서 물어보면 원인은 여지없이 이 후배와 같았다. 아예 시도조차 해보지도 않은 것이다. 직접 해보면서 자기 것으로 만드려는 노력을 하지 않는다면 아무리 좋은 절대비법을 알려준다고 해도 얻을 것이 없다. 장사를 잘되게 하려면 잘 되도록 뭔가를 해야 한다. 머리만 쥐어짠다고 달라지는 것은 없다. 해보지도 않고 감히 안 된다고 하지는 말자.

걸들을 정리해야 하는 이유

사람들은 마음속에 참 많은 걸들을 가지고 있다.

'잘할걸……, 그때 할걸……, 해볼걸…….'

언제나 그 걸들은 후회라는 부메랑으로 나에게 되돌아온다. 그런데도 걸들을 정리하지 못하는 이유는 자꾸 미루는 마음에 있다.

이런 글귀를 읽은 적이 있다.

'여행을 갈까 말까 할 때는 무조건 가라. 할까 말까 하는 일이 있다면 무조건 해라.'

하지도 않고 후회하고, 해보지도 않고 포기하는 것은 내 앞의 문을 열어보지도 못하고 돌아서는 것과 다름없다. 내 안의 그 모든 걸들을 정리하고 지금 당장 행동으로 옮긴다면 그런 걸들이 다시는 내 인생에 끼어들지 못하게 될 것이다. 걸림돌이 있다면 딛고 올라서면 된다. 중요한 건 일단 해보는 것이다.

Chapter 8
:: ::

오라는 데는 없어도
갈 데는 많다

장사꾼은 눈치로 고객을 읽어야 한다

장사의 반은 눈치다. 눈치가 있어야 장사도 잘할 수 있다. 여기서 눈치란 바로 손님과 트럭장사의 특성에 대해 잘 아는 것이다. 장사하는 지역의 주변 상황에 맞게 손님의 특성을 파악하고, 분위기를 읽어내며 대체적인 성향이 어떤지, 뭘 원하는 건지 한눈에 살필 수 있어야 한다. 그래야 필요를 채워줄 수 있다. 특히 처음 가본 곳에서라거나 갑자기 벌어진 난감한 상황일수록 눈치가 필요하다. 엉뚱하게 대처했다가는 실리도 없이 인심만 잃는다.

그래서 먼저 트럭장사의 특성을 잘 아는 게 중요하다. 트럭장사를 찾는 손님들의 심리, 트럭장사에게 기대하는 정도, 트럭장사만의 곤란한 점과 강점을 잘 알고 있어야 상대에 융통성 있게 대처할 수 있다. 트럭장사의 특성을 잘 알지 못하면 상대인 손님을 만족시킬 확률도 낮아진다. 손님을 끌기 위해 장사꾼이 지닌 지식과 상식과 오감을 동원해 손님을 읽어내는 일은 장사의 기본이다.

트럭장사의 주요 고객은 50, 60대

새벽에 트럭을 끌고 나가서 많이 세울 때는 하루에 열 번도 넘게 세운다. 그때마다 가장 먼저 해야 할 일은 이곳에 어떤 사람들이 살고 있는지 파악하는 일이다.

트럭장사의 주요 고객은 50, 60대 어머니들이다. 이들은 차를 타고 마트에 가서 대량으로 물건을 구입하지 않고 그때그때 필요한 것들을 신선할 때 사서 쓰는 합리적인 소비를 하는 세대들이다. 이분들은 건강식품에도 관심이 많다. 주로 현금으로 물건을 사고, 경제적 여유가 있어서 씀씀이도 크고 자식이나 며느리를 생각해서 여유롭게 물건을 더 구입하기도 한다. 트럭장사에게는 안성맞춤인 고객이다.

나머지 연령대는 어떠한가? 젊은 사람들만 많은 곳은 트럭장사가 안 된다. 20대는 트럭에서 물건을 사는 경우가 거의 없다. 장을 보지 않는 대표적인 세대이다. 30대는 새댁인 경우가 많은데 자기 먹을 것이나 아이 이유식을 위해 조금씩 구입하기 때문에 매출이 확 오르지 않는다. 40대 어머니들은 혼자 살고 혼자 먹는 사람들이 대부분이다.

자식이고 남편이고 학원에서 직장에서 늦게 오거나 집에 들어오지 않으니 장을 많이 보지 않는다.

물건을 사줄 고객의 특징을 파악해라

50, 60대가 많이 모여 있다고 해서 모두 장사가 잘되는 곳은 아니다. 함정이 있다. 바로 어린아이들이 많이 있는 곳이다. 어느 오후에 아파트 앞에 차를 댔는데 어린이집 차들이 막 들어오고 할머니들이 아이들을 데려가는 풍경이 눈에 들어왔다. 물건을 내놓고 시식을 해 보았지만 매출이 생각만큼 잘 오르지 않았다. 왜 이럴까?

어린아이를 받으러 분주히 움직이는 할머니들은 대부분 경제권이 없이 육아를 도와주는 분들이다. 맞벌이 부부가 많이 사는 곳에서 할머니가 아이를 봐주는 경우, 할머니들은 대부분 며느리에게 용돈과 생활비를 타 쓰는데 카드로 생활비를 주는 경우가 많다. 당연히 할머니들은 돈을 쓰는 데도 눈치가 보이고 카드로 써야 하기 때문에 트럭에서 파는 물건을 선뜻 살 수가 없다.

젊은 맞벌이들이 사줄 것이라는 기대는 접어야 한다. 맞벌이들은 바쁘다. 트럭에서 물건을 보고 살 시간이 없다. 주말에 차를 타고 대형마트로 가서 한꺼번에 장을 보는 것이 주요 생활패턴이라 트럭장사의 고객이 되기 어렵다.

그 지역의 상황이 파악됐다면 서둘러 고객이 많은 곳으로 차를 옮겨야 한다. 트럭장사의 고객이 많은 곳은 어떤 특징을 지닌 곳일까? 전체적으로 한가한데 어르신들만 움직이는 곳, 이런 곳이 손님이 많은 곳이다. 노인들이 부부끼리만 사는 조금 한적한 아파트에는 아들 딸네 장까지 봐주는 여유 있는 어머니들이 많다. 시간도 많고 경제적 여유도 있으니 트럭에서 물건을 사는 데 거리낌이 없다.

"엄마, 이거 표고버섯 사다가 말려서 며느리나 아들 줘봐요. 엄청 좋아해. 요즘 이런 거 잘 말릴 줄 아는 사람이 어디 있어? 다 파는 거나 사다 먹지. 엄마 보니까 이거 잘 말리시게 생겼네. 깔끔하게 한번 사서 해줘봐요."

그럼 으레 1만 원어치 살 것을 2만 원어치 사 간다.

물건을 팔아야 하는 곳에 있는 사람들의 경제적, 사회적 환경과 특징을 대략적으로 파악하고 있으면 내 고객이 될 수 있는 사람들과 그렇지 않은 사람들을 구분할 수 있다. 적중률이 높을수록 매출도 높아진다. 기동력이 생명인 트럭장사는 '누가 내 물건을 사줄 사람인가?', '누가 나의 고객인가?'를 잘 알고 항상 주시하며 변화를 파악하고 있어야 한다. 그래야 고객이 있는 곳으로 갈 수 있다.

안 되는 곳에서 1시간 있느니 되는 곳에서 5분을 버텨라

트럭장사의 가장 큰 장점은 손님이 많은 곳, 짧은 시간에도 매출을 많이 올릴 수 있는 곳으로 즉각 찾아갈 수 있다는 것이다. 이 장점을 살리려면 첫째, 어디에 가야 손님이 많은지를 알아야 하고, 둘째, 손님이 많은 곳으로 직접 들어갈 배짱도 있어야 한다.

월별, 일별, 시간별로 품목별 평균 매출을 뽑아 세부적으로 들여다 보면, 장사 조건에 따라 시간별 매출의 차가 매우 심하다. 어떤 경우에는 하루 매출이 한두 시간 안에 다 결정되기도 한다. 따라서 짧은 시간이지만 매출을 많이 올릴 수 있는 곳을 찾아가는 것이 중요하다.

일단 장사할 지역이 정해지면 손님들의 동선을 따라 골목골목까지 훑어서 다니는 편이 좋다. 예를 들어 강서구에 간다고 하면 골목골목을 훑으며 화곡동에서 방학동까지 강서구 일대를 다 돌아 하루 장사를 마칠 수 있다. 물론 차를 옮길 때는 손님들이 어디에서 어디로 이동하는지를 파악해 손님이 많은 곳으로 가야 한다.

장사꾼들은 장사를 하면서도 촉을 세워 사람들의 움직임을 재빨리 파악해야 한다. 아주머니들이 시장바구니를 들고 어디로 가는지, 빈손으로 갔던 이들이 검은 비닐봉지를 들고 어디서 오는지 파악해서 그리로 이동하는 것이다. 이들을 따라가다 보면 열에 아홉은 시장이 나온다. 특히 트럭장사 손님들의 동선은 대부분 재래시장에 닿아 있다. 이런 상황을 파악했다면 트럭장사꾼도 재래시장으로 가야 한다. 장사꾼이 손님을 따라가야지 손님 보고 장사꾼을 따라오라고 할 수는 없는 일이니 말이다.

그렇게 손님들을 따라 시장 안으로 들어갔다가 다시 들어왔던 입구로 되돌아 나오는 데는 20분도 걸리지 않는다. 눈치껏 치고 빠진다는 생각으로 시장을 훑고 나오는 것이다.

주택가 한복판에서 한 시간 팔 물건을 손님들이 많은 시장에서 팔면 5분 만에 다 팔 수도 있다. 안 되는 곳에서 1시간 있으니 장사가 잘 되는 곳에서 5분을 버티는 것이 훨씬 낫다. 고객이 있는 곳을 찾아가서 팔 수 있는 트럭장사의 장점을 그야말로 강점으로 만들어야 한다.

고객의 공감을 끌어내 감성을 자극해라

종교 시설 앞은 주말에 장사하기 좋은 장소이다. 보통 아침 7시쯤 트럭창고를 찾은 우리 일원들이 물건을 싣고 출발해 트럭을 세우고 장사를 시작하는 시간은 이르면 9시 늦으면 10시 정도이다. 주말 이 시간에 트럭장사의 고객층이 가장 많이 가는 곳이 어디일까? 종교생활을 하러 가는 교회나 성당, 절이다. 그래서 그분들이 일정을 마치고 집으로 돌아갈 때 장을 볼 수 있도록 종교 시설 앞으로 찾아가는 것이다.

교회 앞이나 사찰 앞에서 장사를 할 때면 나는 지나가는 사람들이 듣기 좋은 크기로 휴대용 라디오를 켜둔다. 언젠가 손님에게 버섯값 대신 받았던 라디오인데 아주 제격이다. 소리가 커서 지나가는 사람들에게도 잘 들린다. 라디오를 켜두면 분위기가 부드러워져 사람들 마음이 좀 더 느긋해지는 효과가 있다.

버섯이나 우엉 같은 것은 절 앞에서 팔면 인기가 높다. 장사를 시작하기 전에 라디오 주파수를 101.9헤르츠(서울 기준, 불교방송)에 맞추면 오가는 손님들이 쉽게 발을 멈춘다. 큰 교회 앞에서는 과일이나 신선한 채소가 잘 나간다. 라디오 주파수는 98.1이나 93.9헤르츠(서울 기준, 기독교방송)에 맞추어 둔다. 그 방송을 틀어두면 "기독교 방송이네." 하며 알아봐주는 분들이 꽤 많다. 그럴 때는 마음의 문도 더 쉽게 열리기 마련이다.

종교 시설 앞에서 장사할 때는 최소한 그 종교단체에서 쓰는 일상 언어나 상식적인 교리 정도는 알고 장사하는 것이 도움이 된다. 사찰 앞에서는 처사님, 보살님이라는 용어를 쓰고, 성당 앞에 가서는 미사, 교회 앞에서는 예배라는 말을 써야지 공감대가 생긴다. 최소한의 예의와 지식 없이 엉뚱한 용어를 써댔다간 언짢아진 손님들이 살 것도 안 사준다. 절 앞에 가서 "오늘 예배는 어떠셨어요?"라고 묻는다든가, 교회 앞에 가서 '법문' 타령을 해대는 일이 대표적이다. 신도들이 사주고 싶은 마음이 들 턱이 없다. 교회 앞에서 팔든, 성당 앞에서 팔든, 절 앞에서 팔든 눈치를 살펴 통하는 말을 해야 한다. 성당 앞에서 "저도 영세 받고 성당에 다녔었는데 요즘은 냉담해요. 오늘 신부님 말씀은 어떠셨어요?"라고 말을 붙이면 타박하고 돌아설 어머니들은 많지 않다. 먼저 손님과 공감대가 이루어져야 그다음이 있다.

크리스마스 날 성당 앞이나 교회 앞에 장사하러 가면 동정심 전략이 통하기도 한다.
"에구 오늘 같은 날 뭘 이렇게 일찍 나왔어, 크리스마스인데."
"안녕하세요. 이브 날 제가 물건을 다 못 팔아서 애 장난감을 못 사갔어요. 애한테는 산타할아버지가 다른 친구들 집에 다니다 늦어져서 오늘 온다고 했네요. 그래서 얼른 이거 팔아서 장난감 사 가려구요, 어머니."
"기다려봐. 내가 안에 들어가서 말해줄게. 얼른 팔고 들어가야지, 그래도 크리스마스인데."
그분의 말을 듣고 실제로 손님들이 와주었다. 사실 처음 트럭장사를 할 때는 말한 그대로였다. 버는 돈은 전부 빚 갚는 곳에 들어갔기 때문에 크리스마스라고 아이에게 장난감 하나 사줄 여유가 없었다. 내 사정을 그대로 말했던 게 손님의 감성을 건드렸던 모양이다. 그 뒤로 여러 경우에 맞춰 손님이 공감할 만한 이야기로 감성을 자극하는 방법을 활용할 수 있었다. 추석날 아침 같은 명절날도 이 방법이 통한다.

"아니 오늘이 명절인데 참외를 팔고 있네. 명절 보내러 안 가?"

"예, 아직 물건이 남아서요. 얼른 팔고 가야 하는데 좀 남았네요. 이거 팔아야 그래도 어머니, 아버지 용돈 조금이라도 드리죠."

단골이었던 어머니는 집에 들어가더니 송편이며 전을 싸가지고 나와 전해주고는 참외를 사들고 들어갔다. 명절에 장사하는 모습을 안쓰러워하던 한 어머니는 가족들이 참외를 좋아해서 그런다며 양손에 들기도 힘들 만큼 사 가기도 했다.

때론 늦은 밤 시간에 장사를 할 때도 도움이 된다.

"이 시간까지 장사를 하네, 젊은 사람이."

"예, 이모. 오늘 이거 다 팔아야 그래도 밀린 유치원비 좀 낼 수 있어서요."

"그래. 그럼 5,000원어치만 줘봐."

고객의 특성에 맞춰 공감을 끌어낼 수 있는 이야기로 감성을 자극하면 이런 기회는 언제든지 온다. 단 이 방법이 통하려면 누가 봐도 다른 트럭장사보다 더 성실하게 열심히 장사하는 모습이 바탕에 깔려 있어야 한다. 장사는 뒷전인 채 딴짓을 하고 있거나 거만하게 앉아서 손님을 기다리며 낚시질하는 장사에겐 통할 수 없는 방법이다.

연령대에 따라 공감대를 형성할 수 있는 이야기는 조금씩 다르다. 20대라면 "학비를 벌어 휴학한 대학에 다시 가야 돼서요.", 30, 40대라면 "취직이 안 되는데 애들 엄마 혼자 벌어서는 힘들어서요.", 50대는 "퇴직하고 그래도 아이들 대학등록금 마련하려고……." 등의 말로 공감을 얻을 수 있다. 손님들은 내 아들 같고, 또래의 아픔 같아서 지갑을 열어준다.

계절별 특성에 맞춰 고객의 필요를 채워라

트럭장사 하기에 가장 좋은 시기는 봄과 가을이다. 가을은 워낙 먹을 게 많아서 팔 수 있는 게 많다는 장점이 있고, 봄은 계절적으로 소비가 살아나는 시기라는 장점이 있다.

그중에서도 매출이 가장 잘 오르는 계절은 봄이다. 사람들의 심리가 그렇다. 겨울에는 잘 움직이지 않다가 봄을 맞으면 밖으로 나가려고 하고 뭔가를 사려고 한다. 밖에 나가 있는 시간이 많다는 것은 트럭장사와 마주칠 시간이 많다는 의미이기도 하다. 봄의 여심을 사로잡는 것도 트럭장사의 숙제 중 하나다.

반면 여름과 겨울은 더위와 추위 때문에 장사가 덜 된다. 여름엔 더우니까 사람들이 많이 안 나온다. 12시부터 2시까지 뙤약볕이 내리쬐는 한낮에는 길거리에 개미 새끼 한 마리 보이지 않는다. 이때는 트럭장사꾼들도 여유를 가지고 쉬는 게 좋다. 새벽 5시에 나와 자정이 다 돼 집으로 돌아오는 강행군을 계속하다 보면 지치기 마련인데, 이 시간에 한갓진 길에 차를 세우고 낮잠으로 부족한 잠을 보충하는 것이 도움이 된다.

겨울 장사는 조심해야 할 것들이 더 있다. 추운 날씨 때문에 팔 수 있는 물건들이 제한된다. 과일이나 채소류는 특히 주의해야 한다. 손님들도 추우니까 집에서 잘 나오지 않으려고 하고, 한 번 나왔을 때 집에서 먹을 수 있는 것들을 사 가려고 한다. 그래서 품목을 잘 고르면 매출도 괜찮게 올라온다.

집에서 먹을 주전부리가 가장 잘 나간다. 따뜻한 차로 먹을 수 있는 덖은 우엉, 할머니나 할아버지들이 좋아하는 곶감이나 편생강도 겨울에 잘 나가는 품목이다. 카레에 넣는 강황으로 알려져 있는 울금도 괜찮다. 몸에 좋다 하여 생으로 물에 타서 먹기도 하고 그냥 먹기도 한다. 울금은 더위에 녹아버리기 때문에 여름에는 길거리에서 팔 수가 없지만 겨울에는 괜찮다. 겨울철에만 팔 수 있는 특화 상품인 셈이다.

겨울에는 전반적으로 매출이 적지만 특히 평일 출퇴근 시간에 판매가 저조하다. 이 시간대에는 사람들이 물건을 잘 사지 않는다. 특히 퇴근 시간에는 거의 매출이 없다고 봐야 한다. 사무실에서 나온 사람들은 한시라도 빨리 집에 들어가기 바쁘다. 추우니까 절대로 발길을 멈추지 않는다. 예외는 있다. 늦게 술 한잔 먹고 귀가하는 아버지들은 물건을 잘 사 간다. 집에 있는 식구들에게 먹을 것들을 사다 날라주는 재미가 쏠쏠하기 때문이다.

생각을 바꾸면 어느 계절이나 장점은 있다. 트럭장사에게 필요한 건 매출이 오르는 계절만 기다리는 게 아니라 계절별 특성을 잘 파악해 그때마다 고객이 가장 필요로 하는 것을 찾아내고, 그 필요를 채워 줄 품목을 싣고 고객이 있는 곳으로 찾아가는 일이다. 그게 프로 장사꾼의 노하우이다.

Chapter 9

:: ::

트럭장사의 생명, 시선 끌기

트럭장사의 현실조건을 파악해라

장사꾼에게 물건은 가장 중요하다. 트럭장사꾼이 하는 실수 중의 하나가 '트럭'을 '매장'과 동일시하고 트럭의 물건을 매장의 물건과 비슷하게 맞추려고 하는 것이다. 결론부터 말하자면 이건 절대로 해서는 안 되는 실수이다. 매장부터 트럭까지 직접 10년 넘게 과일과 채소 등을 팔아본 결과 매장과 트럭장사는 180도 달랐다.

매장은 맛만 좋으면 가격이 조금 비싸도 물건이 팔린다. 이유는 카드로 결제를 할 수 있기 때문이다. 조금 부담이 되더라도 현찰이 나가는 것이 아니기 때문에 피부로 느껴지는 것은 크지 않다. 거기다 매장은 많이 사면 배달도 해준다. 손수 들고 가는 수고를 하지 않아도 된다.

그럼 트럭은 어떤가? 카드 결제나 배달은 시도조차 하지 않는다. 손님들도 트럭에서는 카드 결제나 배달이 불가능하다는 것을 알고 있다. 그럼 트럭에서 왜 물건을 살까? 맛도 좋고 가격도 저렴하기 때문이다. 따라서 트럭의 물건은 일단 좋아 보이고 저렴해 보여야 한다. 그렇지 않으면 지나치는 손님의 발길을 붙잡을 수 없다.

매장과 트럭장사의 차이를 잘 보여주는 대표적인 물품이 명절 때 잘 나간다는 '선물세트'이다. 트럭에서 선물세트를 사는 사람을 본 적이 있는가? 파는 이도 사는 이도 없다. 선물세트는 남에게 선물하는 고가의 제품이다. 요즘은 저렴한 것들도 많이 있지만 어쨌든 남에게 주는 물건에서 싸구려 냄새가 풍기는 것을 좋아할 사람은 없다.

결론적으로 트럭장사는 손님이 먹고 쓸 물건들 가운데 가볍게 지갑을 열어 현찰로 살 수 있는 '값싸고 좋은 물건'을 준비해서 거리로 나가야 한다.

트럭장사만의 전략, 품목 수는 최소한으로!

트럭장사꾼은 어떤 종류의 품목들을 어느 만큼씩 싣고 나가야 할까. 〈국가대표 과일촌〉의 하루 출고 품목 수는 기본이 하나다. 많아도 두 개를 넘지는 않는다. 이유는 간단하다. 트럭이 움직이는 과일가게라도 되는 양 이것저것 다 싣고 나가서 소매상처럼 물건을 팔아서는 승산이 없기 때문이다. 트럭장사만의 전략과 비법은 따로 있다.

장사를 할 때 기본적으로 가장 중요한 일이 품목의 종류와 가지 수를 현명하게 잘 관리하는 일이다. 조그만 매장에서 손님이 지나가는 말로 찾는 것을 하나둘 가져다 놓기 시작하면 종류도 많아지거니와 재고관리도 힘들어지고 버리는 물건도 많아지기 마련이다. 대형 매장이 아닌 이상 손님이 말하는 모든 것을 다 취급할 수는 없다. 그러다 보면 밑도 끝도 없어진다. 그러니 1톤 트럭은 어떻겠는가.

참외를 팔다가 지나가는 손님이 툭 던진 '수박 없어?'라는 말에 수박을 가져오고, '복숭아 요즘 맛있던데 복숭아는 없어?' 하면 복숭아를 가져오고 하다 보면 오만 가지 과일만물상이 되고 만다. 조그만 트럭 한 대에 참외, 수박, 복숭아, 포도, 바나나, 파인애플 등등 온갖 걸 조금씩 늘어놓고 파는 것을 보면 싸 보이지도 않고, 잘 안 빠지는 과일 한 가지 때문에 다른 물건들도 싱싱해 보이지 않으며, 무엇보다 시선을 끌 수가 없다.

트럭장사에게 생명과도 같은 것이 시선을 끄는 것이다. 딱 봤을 때 싸 보여야 하고, 구매충동을 일으킬 수 있어야 한다. 가장 좋은 방법은 '한 가지' 품목을 '많이' 싣고 다니는 것이다. 그래야 산지에서 바로 가져온 듯한 싱싱함을 느끼게 해줄 수 있고, 싸 보이게 할 수 있다.

손님들에게 '값싸고 좋은 물건'이라는 인상을 주기 위해서는 진짜로 값싸고 좋은 물건을 가져와야 한다. 그러나 적은 물건을 싸게 넘겨줄 도매상은 없다. 품목이 많아지면 내가 사오는 물건값도 올라갈 수밖에 없다. 싸게 구입하기 위해서는 많이 사야 하고, 그러기 위해서는 품목 수를 제한할 수밖에 없다.

반드시 기억해야 한다. 트럭장사는 여러 물건을 조금씩 싣고 돌아다니며 일반 매장과 경쟁하려고 해서는 안 된다. 트럭장사는 트럭장사의 방식으로 차별점을 만들어내야 한다. 손님들이 요구하는 것을 모두 충족시키려 하지 마라. 트럭장사만의 특색과 스타일로 손님이 끌려오게 만들어야 한다.

고객의 시선을 끄는 진열 노하우, 무조건 풍성하고 신선하게!
트럭장사에겐 손님의 시선을 끄는 것이 장사의 반이다. 눈에 확 띄게 시선을 끌려면 물건이 돋보이도록 진열하는 노하우가 필요하다. 물건이 돋보이려면 풍성하고 신선하게 보여야 한다. 그렇게 보이도록 진열하는 방법은 하나의 품목을 산처럼 쌓아 놓는 것이다.

트럭에 실린 산더미 같은 참외를 보면 왠지 산지에서 바로 올라왔을 것 같고, 싱싱할 것 같고, 값도 더 쌀 것 같은 선입견을 갖게 된다. 장사꾼은 그걸 활용하면 된다. 싱싱하고 싸고 좋은 물건을 쌓아놓으면 "제가 오늘 새벽에 저희 밭에서 걷어왔어요."라고 해도 손님은 믿어준다. 무조건 풍성하게, 무조건 신선하게 보이는 것, 이것이 진열의 첫 번째 원칙이다. 파리만 날리는 트럭의 공통점을 찾아보면 하나같이 진열이 산만하고 물건도 조금밖에 없다는 걸 알게 된다.

나는 차를 대고 물건을 정리하지 않는다. 차를 대는 그 순간부터 장사를 할 수 있도록, 지나가는 손님이 "어 저게 뭐야?" 하고 쳐다볼 수 있도록 눈에 확 띄게 많은 양의 물건을 부어서 나간다.

그런가 하면 물건의 종류와 판매 목적에 맞게 진열하는 위치를 바꾸는 것도 진열의 중요한 노하우이다. 즉 싼 물건은 더욱 싸 보이게, 값이 좀 있는 물건은 더 좋아 보이게 진열해야 한다. 참외와 토마토가 한창 쌀 때 프로 장사꾼은 물건을 바닥에 내려놓는다. 발에 채일 정도로 낮게 진열하는 것이다. 눈높이가 낮을수록 싸게 보이기 때문이다.

반면 비싼 물건은 절대 바닥에 내려놓아서는 안 된다. 역효과를 가져올 수 있다. 값이 좀 나가는 물건은 허리 바로 위 정도에 진열하는 것이 판매에 도움이 된다. 망고나 체리 같은 고가의 과일을 취급할 때 진열의 높이를 트럭적재함 높이에 맞추는 트럭장수가 많은 것은 다 이런 이유 때문이다.

〈국가대표 과일촌〉에서 시범적으로 운영하고 있는 오프라인 매장에서도 과일과 채소 진열 매대의 높이는 무릎 아래에서 무릎 정도의 높이가 대부분이다. 손님의 시선이 밑으로 가기 때문에 보기 편하고 부담이 없어진다. 무엇보다 시장에서 물건을 사는 느낌이 들어 판매에 도움이 된다.

트럭장사꾼을 믿고 사게 만들어라

과일이나 채소를 오래 두면 안 좋다는 건 상식이다. 트럭장사라고 해서 오래된 물건을 파는 것은 금물이다. 안 좋은 물건을 비싸게 팔면 당장의 이윤은 남길 수 있을지 몰라도 내일의 고객은 사라진다. 오늘 하루 장사하고 접을 게 아니라면 절대로 해서는 안 되는 일이다.

아무리 신선하고 상태 좋은 과일이라도 냉장고에서 4~5일을 보내면 신선도가 뚝 떨어진다. 냉장고에서 버틸 수 있는 것도 하루이틀 정도이다. 그래서 〈국가대표 과일촌〉에는 냉장고가 없다. 오로지 '당일 출하, 당일 판매'를 목표로 신선도 높은 물건을 공급하고 있다.

가끔 시세 변동이 심할 때는 내일이나 모레쯤 되면 물건값이 꽤나 오르리라는 게 눈에 보일 때가 있다. 그럴 때는 하루이틀치 물량을 더 받아놓고 싶은 욕심이 생긴다. 신선도가 떨어질 것이 뻔한데도 무리한 욕심을 내게 되는 것이다. 이런 실수를 원천적으로 막고자 창고를 임대할 때 아예 냉장고를 들이지 않았다. 사람 마음이 흔들리는 건 한 순간이기 때문이다. 그 덕분에 '당일 출하, 당일 판매'를 지금까지 실현하고 있다.

손님들은 몰라도 파는 장사꾼은 안다. 장사꾼의 자신감은 그날 파는 과일의 상태에서 나온다. 트럭에 싣고 나온 물건이 싱싱하지 않으면 자신감이 확 떨어진다. 설사 못난이 과일이라고 해도 지나치게 흠이 많고 오래 된 것을 싣고 나가면 손님과 눈을 맞추고 장사를 할 수가 없다.

'이 장사를 왜 하지? 손님을 속여가면서······.' 이런 고민을 해가면서까지 장사를 해야겠는가? 내가 당당하게 오래 장사하기 위해서는 믿고 사게 만들 신선도 좋은 물건은 필수이다.

트럭장사의 맞춤 상품, 못난이 과일

트럭장사들이 많이 파는 물건 중에 못난이 과일이라는 것이 있다. 과일의 분류 기준은 뭐니뭐니 해도 당도이다. 달고 맛있는 게 좋은 상품이다. 거기다 모양까지 좋으면 최상품이다. 길거리에서는 20개에

3,000원 하는 귤이 넘쳐나지만 가락시장에 가면 20개에 2만 원 하는 귤도 있다. 모양도 좋고 맛도 좋으면 그만큼 대접을 받는다.

'못난이 과일'은 못생겼지만 맛은 좋아서, 트럭장사의 주요 고객인 서민들이 사먹기에 안성맞춤인 과일이다. 대부분 사람들이 걸러내는 작업을 하기 때문에 못난이 과일들은 크게 찍히거나 먹기에 무리가 있는 것들은 섞이지 않는다. 안심하고 먹어도 된다.

사과를 예로 들면 당도 체크를 거친 사과들은 모양이 좋은 것과 좋지 않은 것으로 구분한다. 모양이 좋은 것은 다시 가락시장으로 나갈 것과 지방시장으로 나갈 것들로 구분되어 나가고, 못난이 과일들은 열과(優果)라 하여 열과쟁이들이 수거해간다. 여기에도 끼지 못한 것들은 주스 가공용으로 가고, 거기도 못 낀 것들은 사료용으로 쓰인다. 찢김이 많은 것들은 사슴 같은 동물들의 사료가 되는 것이다. 그야말로 버리는 것이 없다.

못난이 배도 인기다. 우리나라 배는 대만에서 인기가 많다. 그래서 잘 자란 놈들은 대부분 대만으로 수출된다. 그런데 이 과정이 굉장히 까다롭다. 1차로 농약 잔류물 검사를 해야 하고, 신선도를 유지하기 위해 까다로운 중간유통 과정을 거쳐야 한다. 포장도 따로 해야 한다. 그런데 이 과정에서 '못생겼다'는 이유로 수출길에 오르지 못한 놈들이 있다. 이 배들은 못난이일 뿐 맛도 좋고 신선해 트럭장사들이 팔기에 제격이다.

Chapter 10
:: ::
손님을 기다리게 하라

이름 있는 삼계탕집 줄은 왜 줄지 않을까?

어떤 날은 손님이 너무 많이 달려들어 무서울 때가 있다. 트럭을 둘러싸고 물건을 고르고 달라는 손님들 소리에 정신을 못 차릴 지경일 때도 있다. 하지만 이럴 때일수록 기다리는 손님이 걱정돼 서둘러서는 안 된다. 서두르는 순간 더 많은 손님을 맞을 기회가 날아가버리고 말기 때문이다.

복날이 되면 이름 좀 있다 하는 삼계탕집에는 긴 줄이 늘어선다. 매해 반복되는 일이다. 한 번쯤은 '왜 매번 같은 모양새일까? 이런 날은 텅텅 비는 옆의 장어집이나 돼지갈비집을 통째로 빌려서 삼계탕집에서 손님들을 받으면 될 텐데?'라는 생각도 해봤을 것이다. 하지만 인기 있는 삼계탕집은 그런 서비스를 하지 않는다. 옆 가게를 빌리는 게 복잡하고 힘든 일이라서가 아니다. 손님들이 긴 줄을 서고서야 삼계탕을 먹을 수 있게 하는 것이 바로 삼계탕집 주인의 전략이기 때문이다.

삼계탕집에서 "손님 옆에 자리 비었습니다. 모두 들어가십시오." 하고 30명쯤 되는 손님을 한꺼번에 받는다면 어떻게 될까? 손님들은 그 상황이 즐겁기만 할까? 그렇게 삼계탕을 먹고 다음에도 꼭 그 가게에 가서 삼계탕을 먹고 싶을까? 대답은 "전혀 아니올시다."이다.

가만 서 있어도 땀이 흐르는 여름날, 줄을 서서 기다렸다 먹는 삼계탕은 왠지 더 맛있다. 그냥 쑥 들어가 먹는 삼계탕과는 분명한 차이가 있다. 바로 '기다리는 맛' 때문이다. 맛있는 것을 먹을 생각에 즐겁게 기다리는 맛! 손님 입장에서는 기다리는 맛을 알게 되면 긴 줄에 서 있더라도 짜증이 올라오지 않는다. 삼계탕집 주인은 이런 '기다리는 맛'을 잘 알고 있는 것이다.

손님이 머무는 시간이 길수록 더 많은 손님이 온다

삼계탕집 주인 입장에서 '길게 늘어선 줄'은 발 없는 말이 천 리를 가는 중요한 광고방법이다. 사람들은 음식점 옆을 지날 때 길게 늘어선 줄을 보면 '줄을 설 만큼 맛있나 보네. 나도 한 번쯤 가서 먹어봐야지.'라고 생각한다. 그리고 주변 사람들에게 "○○삼계탕집 갔더니 사람들이 쭉 늘어서 있더라." 하고 자연스럽게 광고도 해준다. 평수를 넓히거나 가게를 빌려 손님을 받아버리면 돈 안 드는 광고를 할 수가 없다. 이런 이유로 일부러 평수를 넓히지 않는 것이다.

삼계탕집의 이런 전략은 트럭장사에도 그대로 적용할 수 있다. 사람들은 트럭 옆에 많은 사람들이 모여 있는 것을 보면 '저 트럭에서 파는 물건에는 특별한 것이 있나? 나도 한번 가서 봐야지.'라는 생각을 하게 된다. 손님이 많으면 많을수록 더 많은 손님이 모여든다.

내 트럭에 많은 손님이 서 있는 시간을 최대한으로 늘리는 것, 이것이 트럭장사에서 최고의 상술이자 전략이다. 그렇기 때문에 아무리 손님이 많아도, 아무리 바빠도 트럭장사꾼까지 두서없이 바빠져서는 안 되는 것이다. 트럭장사꾼은 최대한 여유롭게 최대한 침착하게 물건을 내주어야 한다.

간혹 사람들이 계속 오지 않을 때는 기술적으로 사람을 붙잡아두는 방법이 있다. 우선 맛있는 참외를 몇 개 골라 아이스박스에 넣어 시원하게 만든다. 그리고 일부러 이 빠진 칼이나 톱니 모양의 칼을 두어 자루 준비해둔다. 손님 한 명을 붙들고 "이모 한번 드셔봐요. 이게 옛날에 원두막에서 먹던 개똥참외야." 하면서 시원해진 참외와 이 빠진 칼을 내준다.

"총각 칼이 이게 뭐야, 이거 원 밥주걱보다 안 들어. 이걸로 어떻게 참외를 깎어?"

"이모, 나한테는 그것도 흉기야. 내 평생 칼질 한 번 못 해본 남자라고 마누라가 그런 칼을 줬어. 돈도 못 버는데 다치기까지 하면 어떡하냐고."

이가 빠진 칼은 흔한 말로 도끼보다 조금 못한 칼이기에 껍질이 잘 깎일 리 없다. 그러니 자연스럽게 내 차에 붙어 있는 시간이 길어진다. 그 시간 동안 손님에게 말을 팔며 한 명, 또 한 명 다른 손님들이 오기를 기다리는 것이다. 손님이 트럭에 오래 머물수록 손님은 더 늘고 장사는 잘 되게 돼 있다.

3의 법칙을 활용해라

〈3의 법칙〉이라는 다큐멘터리를 본 적이 있다. 동일한 행동을 하는 사람이 일단 세 명만 되면 사람들이 자석처럼 끌려오게 돼 있는 원리를 3의 법칙이라고 한다.

사람을 끄는 핵심 원리가 이 3의 법칙을 따른다. 장사에서도 이 3의 법칙을 잘 활용해야 한다. 세 명만 내 트럭에서 물건을 고르고 있으면 다섯 명, 열 명이 되는 것은 순식간이다. 그러나 그 세 명이 없으면 사람들은 내 트럭을 돌아보지 않는다.

문제는 '세 명을 어떻게 만드느냐'이다. 우선은 한 명이 중요하다. 어떤 장사를 막론하고 내 가게, 내 트럭에 맨 처음 한 사람을 오게 하는 것이 가장 힘들다. 배가 고파 식당에 들어갔는데 식당 안에 아무도 없으면 순간적으로 잘못 들어왔다는 생각이 든다. 트럭장사도 마찬가지다. 아무도 없는 트럭에는 사람들이 쉽게 오지 않는다.

한 명의 손님을 내 트럭에 붙이는 것이 시작이다. 손님을 잡기 위해서는 일단 눈길을 끌어야 한다. 부단히 '맛보기'도 해야 하고, 말도 계속 걸어야 하고, 구수한 사투리를 섞어가며 찰진 멘트로 재미있게 해주기도 해야 한다.

"엄마 와서 우엉 좀 먹어봐. 안 사도 되니까 맛만 보고 가."

손님의 발길을 붙잡았으면 이 손님이 우엉을 사든 안 사든 내 트럭에 오래 붙어 있도록 해야 한다.

"어때 엄마 우엉 좋아 안 좋아?"

"잘 모르겠는데."

"그럼 먹어봐, 생으로."

"우엉을 생으로 어떻게 먹어?"

"아 먹어봐 엄마. 속는 셈치고."

이렇게 실랑이를 하다가 딱 잘라서 먹여준다.

"어때 맛이?"

"어 맛있네."

"칡뿌리 같지? 아 이게 진짜 우엉이지 말라 비틀어져서 물도 안 나오는 거 그게 무슨 우엉이야 작대기지. 향이 어때? 다르잖아. 산지에서 캐자마자 가져온 거야. 어제 산지 내려가서 이거 캐는데 허리 부러지는 줄 알았어. 가긴 어디 가 이리 와봐."

실랑이 아닌 실랑이를 하면서 물건도 먹여주며 말을 이어가는 동안 아주머니들이 흘깃흘깃 물건을 보고 간다. 그러다 다른 한 명이 다가와서 물건에 손을 대보면 일단은 성공이다. 그럼 그 손님에게도 같은 방식으로 물건 맛을 보이면서 이야기를 계속해나간다. 그러다 한 명이 더 온다. 그렇게 손님 세 명이 붙어 있으면 굳이 살 마음은 없던 손님들도 안 사면 안 되는 줄 알고 자석처럼 내 차가 있는 곳으로 모여

든다. 이게 3의 법칙이다. 손님은 손님을 끌고 오는 마법과 같은 존재이다.

기다리는 손님은 절대 가지 않는다

초보 장사꾼에게 삼계탕집 이야기를 해주며, 손님들이 내 트럭에 머무는 시간을 되도록 길게 하라고 장사 비법을 알려주면 단박에 우문 하나가 튀어나온다.

"그렇게 손님을 기다리게 했다가 손님들이 가버리면 어떡해요?"

나는 가볍게 대답을 해준다.

"사겠다는 목표가 있는데 절대 딴 데로 안 가지."

손님 입장에서는 그렇다. 남들이 사는 좋은 물건을 나도 사야겠다는 욕심도 있고 목표도 있다. 그러면 절대 다른 데로 가서 다른 물건을 사거나 빈손으로 트럭을 떠나지 않는다. 마치 트럭이 자석처럼 손님을 끌어당기고 있는 것 같은 느낌이 들 정도이다.

물론 개중에는 정말 급한 일이 있거나, 기다리는 데 지쳐서 짜증이 나는 손님이 있을 수도 있다. 이를 간파해서 말을 파는 것이 장사꾼의 또 다른 전략이다.

"어이 빨리 줘. 애 데리러 가야 돼."

"이쁜 엄마, 내가 애 데리러 갔다 올게. 물건 고르고 있어. 내가 어린이집 갔다 올게."

웃으면서 말을 해주면 손님들도 웃으면서 이야기를 해준다.

"에이 또 장난친다."

"엄마 조금만 기다려줘. 순서대로 해야지. 엄마, 질서는 아름다운 거야."

이렇게 말을 계속 이어가면서 기다리는 시간을 지루하지 않게 해줘야 한다. 재미가 있으면 손님은 절대 다른 곳으로 가지 않는다. 즐겁게 기다리며 오가는 사람과 이야기를 섞고 장사까지 도와준다.

손님이 즐겁게 기다릴 수 있게 만들어라

손님이 세 명, 네 명 늘어나면 초보 장수는 정신이 없어진다. "아 예. 제가 담아드릴게요.", "금방 해드릴게요." 이런 식이다. 눈앞의 손님 일을 처리하기에 바빠 다른 데 신경을 쓰지 못한다.

하지만 프로 장사꾼은 절대 서두르지 않는다. 바쁠수록 여유 있게 말을 팔며 손님을 기다리게 만들어 내 차에 손님이 끊이질 않게 해둔다. 그러면서 사방에 귀를 열고 있다. 이 손님하고 이야기를 하다가도 저 손님이 내 물건을 쳐다보며 관심을 갖는 것 같으면 그 사람을 불러 말을 팔고, 또 다른 손님이 관심을 보이면 그 사람에게도 말을 판다. 손님들이 말을 섞고 물건을 고르며 즐겁게 기다릴 수 있도록 하는 방법이다.

간혹 트럭을 비울 일이 생길 때도 혹시라도 기다릴 손님 걱정을 하지 말고 전화번호만 남기고 가면 된다. 조금 있으면 전화가 온다.

"나 물건 사러 왔는데, 어디 가 있어?"

그럴 때는 미안해하며 발을 동동 구르지 말고 친근한 말로 손님에게 일을 나눠주며 손님을 잡아두는 전략을 쓰면 된다.

"엄마 나 지금 물건 배달 와 있는데, 10초 뒤에 도착해. 왼쪽 게 만 원이고 오른 쪽 건 2만 원. 팔아주고 있어봐. 내가 금방 총알처럼 날아갈게."

돌아와 보면 웬 아주머니가 진짜 물건을 팔아주고 있다.

"어 전화하신 분? 많이 팔았어?"

"아니, 어디를 갔다 지금 와?"

"갔다가 오는 길에 누가 말을 걸어서. 이 동네 오면 못 살아. 배달해달라 그래서. 근데 어떡해, 해줘야지. 10년 단골들인데 해줘야지. 그치 엄마?"

그러면 아주머니가 판 걸 보여준다.

"아고 엄마 장사 잘하시네. 내가 좋은 걸로 골라 더 줘야지. 어떤 걸로 드릴까?"

트럭에 장을 보러 오는 손님들, 특히 주인도 없는 트럭에서 물건을 고를 정도면 그렇게 바쁜 사람은 아니다. 기다릴 때 일을 좀 나눠주고, 칭찬도 하고, 인사를 해주면 기쁘게 내 일을 도와주기도 한다. 손님이 기다릴 때 지루하지 않게, 내 편이 될 수 있게 해줘야 한다. 좋은 말, 즐거운 말은 사는 손님도 파는 장사도 즐겁게 해주는 최고의 전략이다.

Chapter 11

:: ::

휴대용 의자는 버려라

기회를 잡으려면 휴대용 의자는 버려라

아무리 사람들이 많은 곳에서 장사를 한다고 해도 내 트럭에 사람이 붙지 않으면 의미가 없다. 내 트럭을 지나친 사람들은 절대로 돌아보지 않는다. 내 트럭을 지나치기 전에, 한 발자국 벗어나기 전에 손님을 붙들어야 한다. 기회는 순간이다. 그래서 기회는 준비된 자의 몫이다. 순간의 기회를 잡기 위해 트럭장사꾼도 항상 준비를 해야 한다. 언제든 지나가는 사람을 손님으로 맞을 준비, 내 트럭에 사람들을 불러 세울 준비!

장사를 나가보면 트럭을 세워두고 휴대용 의자에 앉아 핸드폰을 만지작거리는 이들을 자주 보게 된다. 휴대용 의자는 그나마 양반이다. 낚시 의자에 앉아 대놓고 낮잠을 즐기는 이들도 있다. 그런가 하면 트럭장수들끼리 모여 신나게 수다를 떠는 경우도 많다.

〈국가대표 과일촌〉 일원들의 트럭에는 휴대용 의자가 없다. 트럭 장수는 의자에 앉아 있는 만큼 손님들한테 집중할 수 있는 기회를 잃기 때문에 처음부터 구비하지 못하도록 단단히 교육한다.

다른 데 한눈을 팔고 있는 장사치에게 물건에 대해 묻고 싶은 손님이 어디 있겠는가? 그런 차에 실려 있는 물건에 믿음이 갈 리가 있겠는가? 손님이 내 차를 돌아보는 그 한순간의 기회를 잡기 위해 트럭 장사꾼은 항상 준비를 해야 한다. 그 첫 번째가 바로 쉬지 않고 지나가는 사람들에게 말을 팔면서 기다리는 것이다. 틈만 나면 DMB 보고, 다른 장사꾼들이랑 이야기하고, 전화 통화하고, 게임만 하는 트럭장수에게 돌아올 기회는 많지 않다.

내 가게처럼 깨끗한 흔적을 남겨라

내 트럭에는 길에서 장사를 하는 사람으로서 항상 잊지 않고 챙기는 도구가 하나 있다. 바로 빗자루이다. 트럭을 세우면 일단 주변 정리부터 한다. '오늘은 여기가 내 가게다.'라는 생각으로 쓰레기를 치우고, 눈이 오면 손님들이 오갈 수 있도록 길도 닦아 놓는다. 그렇게 정리가 다 되면 물건을 정리하고 손님 맞을 준비를 한다.

"저 사람이 오면 주변이 깨끗해져. 아침 일찍 나와서 장사하는데도 참 부지런하지."

트럭장사의 주요 고객인 50, 60대 어머니들은 성실하고 부지런한 모습이 사람 됨됨이의 기본이라고 생각하는 분들이다. 빗자루를 들고 한길을 쓰는 모습을 보면 항상 칭찬하고 인사도 해주신다. 한번은 한 아주머니가 다가와서 "우리 아들놈 데리고 올 테니까 그놈 정신 좀 차리게 해줘."라는 이야기를 꺼낸 적도 있다.

누가 알아봐달라고 시작한 일이 아니어도 손님들은 장사꾼의 성실한 모습을 금세 알아챈다. 이런 모습에 반해 단골이 된 분들도 여럿 있다. 장사꾼은 어디를 가든 깨끗한 흔적을 남겨야 한다. 이런 노력의 결과는 결국 나에게 돌아온다.

한번은 화장실이 급해 인근 건물에 가서 볼일을 보고 나오는데 나를 바라보는 한 60대 할아버지의 눈길이 심상치 않았다. 무슨 문제라도 있는지 여쭙자 대답도 없이 내가 나온 화장실로 들어갔다. 그리고 얼마 안 있어 트럭으로 나를 찾아왔다.

"어르신 무슨 일이세요?"

"여기서 장사하는 사람이야?"

듣기 좋은 말투는 아니어서 조심스러워했더니 할아버지는 자신이 이곳 건물주인데 외부 사람들은 화장실을 못 쓰게 하고 있다는 이야기를 했다.

"어르신, 제가 잘 몰랐습니다. 다음부터는 조심하겠습니다."

사과를 하고 이야기를 정리하려는데 할아버지가 이야기를 계속했다.

"그게 아니고, 화장실 들어갔을 때 혹시 청소하고 나왔어?"

"네, 어르신. 세면대가 조금 지저분하기에……."

할아버지는 인상을 조금 풀고 말씀을 계속했다.

"화장실 비밀번호를 알려줄 테니 다음부터는 잘 쓰고 나와서 잠그라구."

할아버지는 그렇게 화장실 비밀번호를 알려주고 자리를 떴다. 그 작은 일이 단초가 되어 건물주 할아버지와는 지금껏 좋은 인연을 이어가고 있다. 나중에는 자기 건물 앞에서 편하게 장사를 해도 된다며 자주 오라는 인사도 해주었다. 내가 곤란한 일을 겪을 때는 내 편이 되어 단속반원들을 나무라기도 했다.

"아니 젊은 사람이 하는 짓이 기특해서 내가 일부러 내 건물 앞에서 장사를 하라고 했는데 여기까지 와서 단속을 하면 어떡해. 젊은 사람이 도둑질하는 것보다 백 배 낫구먼."

어르신의 호통에 단속반원들도 어쩌지 못하고 돌아가는 일이 종종 있었다.

트럭장사는 스스로를 뜨내기장사치로 만들 수도 있고 건강한 이웃으로 만들 수도 있다. 항상 주변을 내 가게처럼 쓸고 닦아야 한다는 생각이 습관을 만들고, 습관이 기회를 만든다. 그 기회가 내겐 손님으로, 이웃으로 다가오는 것이다.

내가 버린 쓰레기가 내게 돌아온다

하루 혹은 잠깐 차를 세우는 곳일 뿐이라며 청소도 소홀이 하고 주변을 어지럽혀두면 그 흔적이 그대로 내게 되돌아온다. 뿌린 대로 거

둔다는 말이 그대로 적용된다.

"어차피 길장사인데 뭐, 대충 치우다 가면 되지."

얼굴만 알고 지내는 트럭장사 중에 항상 이렇게 말하는 김씨가 있었다. 그는 차에 쓰레기통도 갖고 다니지 않아서 차도 몹시 지저분했다.

"빗자루 꺼내서 좀 쓸고 그래. 손님들한테 맛을 보였으면 과일 껍질은 봉지에 담아 버려야지. 길에 그렇게 뿌려두면 누가 치우냐?"

잔소리를 해도 그때뿐이었다. 어느 날부터 같은 구역을 돌아도 김씨가 보이지 않더니 우연히 만난 식당에서 볼멘소리를 했다.

"자꾸 거기만 가면 민원이 들어오는 거야. 나 참. 목이 좋아서 매출도 잘 올랐는데 이제 그 자리는 아예 갈 수가 없다니까. 도대체 누가 자꾸 그러는지……."

처지야 안타까웠지만 그간의 행실로 봐서는 그래도 싸다 싶은 생각이 들었다. 그러다 사건의 전말을 알게 됐다.

"어이 배 사장 왔어? 오랜만이네."

이 구역 담당 청소원이 깔끔하게 정돈된 내 자리를 보고 흐뭇한 미소를 지으며 반갑게 인사를 했다. 내가 이곳에 올 때마다 휴일에 산에 다녀온 이야기며 살아온 이야기로 내 차에서 10여 분간 대화를 나누곤 하는 분인데 참외라도 깎아드리면 좋아했다. 이분이 담배 냄새를 싫어해서 그 자리에 간 날은 담배도 골목 후미진 곳에서 필뿐더러 피고 난 뒤에는 꼭 입도 가신다. 담배 핀 것을 알면 아들 같아서인지 호통을 치기 때문이다. 그래도 싫지 않은 것이 아버지같이 이것저것 신경써주는 게 고마운 까닭이다.

"배랑 사과 들고 자주 나오던 젊은 김씨 알지? 요즘 통 여기 못 와. 내가 아주 혼꾸멍을 내줬어."

알고 보니 매번 김씨가 버리고 간 쓰레기를 치우다 화가 난 청소원이 김씨가 트럭을 대기만 하면 민원을 넣었던 것이다. 자기 행동의 결과는 자기가 한 대로, 뿌린 대로 그대로 돌아오는 것이다.

게으름은 빌려 쓰는 편안함일 뿐이다

부지런함과 성실은 장사꾼의 기본이다. 장사꾼은 하루하루를 그렇게 살려고 노력하고 실천해야 한다. 그런 날들이 모여 또 다른 내가 되고 그런 준비가 되었을 때 새로운 기회를 얻게 되는 것이다.

'주변 청소를 잘 하면 좋다.'는 것을 몰라서 주변 정리를 안 하는 사람은 드물다. 대부분은 알고 있어도 그대로 실천하지는 못한다. 힘들고 귀찮다는 변명만 혀끝에 걸려 있다. 부지런해야 성공하고, 성실해야 뜻을 이룬다는 것도 몰라서 못 하는 사람은 드물다. 알아도 실행하지 못하는 것이다.

알고도 실천하지 못하는 것만큼 어리석고 안타까운 일도 없다. 세상에 대가 없이 거저 얻을 수 있는 것은 없다. 오늘 내가 피우는 게으름은 그저 빌려 쓰는 편안함일 뿐이다. 지금 게으름을 피우면 당장은 몸도 편하고 속도 편할지 모르지만 그 대가는 미래의 고통으로 돌아오게 돼 있다. 이자까지 쳐서 말이다.

"왜 당신의 인생이 힘들지 않아야 된다고 생각하는가?"

러시아 시의 한 구절이다.

우리는 힘들고 고통스러운 날은 굉장히 특이하게 생각하고 이 날들을 견디고 살아내는 것은 대단한 것이라고 생각하지만, 어쩌면 인생 자체는 모두가 힘든 것인지도 모른다. 그러니 나의 인생이 힘들지 않아야 할 까닭도 없다. 거창한 삶의 이야기까지는 필요치 않다. 게으르게 살면서 성공하는 방법을 찾았다는 이는 아직 한 번도 본 적이 없다. 내일의 꿈을 향해 달려가는 장사꾼이라면 내가 해야 할 일들을 오늘, 지금 바로 실행해야 한다. 그것이 습관이 되고 일상이 되어 성공을 부르는 삶의 태도가 되는 것이다. 그렇게 준비된 자에게만 새로운 삶으로 도약할 기회가 찾아온다.

3장

안 되는 건 없다.
못 하는 것뿐이다

성패를 좌우하는 '꾼'의 마인드

Chapter 1
:: ::

장사치가 아니라
장사꾼이 돼라

장사가 만만해 보인다고?

'50대인 내가 회사를 그만두고 나가면 무엇을 할 수 있을까?'

열의 여덟은 장사를 먼저 떠올린다. 그만큼 장사는 만만하게 느껴지는 일이다. 필요한 건 자본금뿐, 특별한 기술이 없어도 시작할 수 있다고 생각한다. 실제로 50대에 퇴직한 사람들이 가장 많이 준비하는 것이 장사다. 그중에서도 프랜차이즈가 가장 많다. 밑바닥부터 장사를 배우기보다는 프랜차이즈를 차려 바로 사장님이 되기를 꿈꾼다.

결론부터 말하자면, 경험도 없고 배움도 없이 시작한 이러한 장사는 굉장히 무모하고 위험하다. 회사에서도 경험을 쌓고 대리, 과장,

부장을 거쳐 임원이 되듯, 장사도 경험과 배움이 있어야 '사장님' 소리에 걸맞은 장사꾼이 될 수 있다.

수천만 원을 웃도는 창업 자금과 장사꾼으로서의 노하우를 두루 갖추고 현장에 뛰어드는 이들은 많지 않다. 덜컥 점포를 계약하고 가게부터 연 후 장사를 배우려는 이들이 대부분이다. 그래서 신규 사업장 세 곳 중에 두 곳이 1년 안에 문을 닫는다. "장사는 누구나 할 수 있어도 장사꾼은 아무나 될 수 없다."는 철칙은 변하지 않는다.

예전에 알고 지내던 한 레스토랑 사장님은 자신이 직접 체인점을 모집해 굴지의 프랜차이즈 대표가 되었지만, 본인이 운영하는 레스토랑 화장실 청소는 항상 직접 했다. 가장 힘들고 궂은일임에도 직원이나 아르바이트생에게 시키지 않았다. 그분을 보면서 '장사꾼에게도 철학이 있다'는 것을 처음 알았다.

그러나 직접 장사를 해보니 이렇게 되는 건 고사하고 주변에서 이런 분을 찾아보는 것조차도 힘들다. 다들 어설프게 장사를 시작해 어설프게 장사를 접고, 대충 장사를 시작해 대충 장사를 접는다. 만만하게 생각한 장사가 결코 만만하지 않다는 것을 직접 경험해보고서야 깨닫는 것은 몹시 안타까운 일이다.

장사가 안 될 때, 걱정만 하는 장사치

'장사가 안 된다'는 말을 입에 달고 사는 세 사람이 있다.

첫 번째는 아내의 음식 솜씨를 믿고 밥장사를 시작한 사람이다. 워낙 음식 솜씨 좋기로 소문이 난데다 자기가 먹어봐도 훌륭하기에 장사를 해도 망하지는 않을 거라고 확신했다. 그런데 예상만큼 손님이 찾아주지 않았다. '아내의 음식에는 아무 문제가 없는데 왜 손님이 오지 않는 걸까?' 의아한 마음뿐이다.

두 번째 사람은 문구업을 크게 하다가 요즘은 장사가 안 돼 손가락만 빨고 있다. 예전에는 백화점에 입점한 대규모 문구점을 몇 개나 가지고 있었다. 그런데 점차 수입이 감소했다. 문구에 대해서는 나만큼 아는 사람이 없다고 자부하던 사람이다. 그런데 "불황이라 그런가. 요즘 장사가 너무 안 돼."라는 말을 입에 달고 살고 있다.

세 번째 사람은 사진관을 운영하다 디지털 사진기와 핸드폰으로 누구나 사진을 쉽게 찍을 수 있게 되면서 망해 전업한 경우이다. 장사를 하기로 했는데 뭐부터 해야 할지 몰라 프랜차이즈를 선택했다

"저 아는 게 없는데 시작해도 될까요?"

"본사에서 다 해줍니다. 걱정하지 마십시오."

시장 한 편에 특별한 인테리어도 없는 가게자리에서 과일과 채소를 팔기로 했다. 첫날 매출이 80만 원을 찍었다. '가게만 열었을 뿐인데 80만 원이나 벌다니!' 신이 났다. 그런데 매출은 가게를 열고 며칠만 높았을 뿐 일주일이 지나자 20만 원도 나오지 않았다. '장사가 힘들다더니 진짜인가?' 난감한 생각에 울상이 되었다.

세 사람은 모두 '장사가 안 된다'는 공통점이 있다. 무엇이 문제일까?

장사가 안 될 때, 원인을 분석하는 장사꾼

장사가 안 되는 세 사람은 각각 다른 원인을 갖고 있었다.

첫 번째 음식 장사의 경우에는 '맛'을 알리는 노력이 없었다는 게 원인이다. 음식 장사는 '맛'이 생명이다. 하지만 처음부터 '맛만 있으면 손님은 알아서 찾아올 것'이라고 생각한 게 오산이었다. '소문'은 발없이 천릿길을 간다고 하지만 '시간'이 필요하다. 수익이 날 때까지는 적자가 나더라도 3개월이고 6개월이고 최소한의 기간을 유지해나가야 한다. 음식 장사도 초기 유지비를 고려해야 한다. 시간을 단축하고 싶다면 스스로 '맛'을 알리는 노력이 필요하다. 앉아서 한숨만 쉬고 있을 것이 아니라 나가서 시식회도 열고, 전단도 뿌리고, 하다못해 옛 동료라도 불러서 맛을 보여주어야 한다.

두 번째 경우는 시대에 맞춰 변화하지 못한 것이 원인이다. 어느 시대나 사양산업이라는 것이 있다. 기차가 등장하면서 마차는 사라졌고, 석유난로가 등장하면서 연탄난로도 사라졌다. 시대가 변해서 더이상 필요 없는 것들이 있는가 하면 시스템이 바뀌면서 망해가는 직종도 있다. 오늘날 문구업은 대표적인 사양산업이다. 학생들이 필요한 문구류를 학교에서 직접 제공하면서 학교 앞 소형 문방구들이 줄줄이 문을 닫았다. 아직도 생존해 있는 곳들은 사무용품 도매점이다. 세상이 변했다면 내가 바뀌어야 살아갈 수 있다.

세 번째 경우는 프랜차이즈를 선택한 데 원인이 있다. '장사를 해서 말아먹은 대표적인 경우'라 할 수 있다. 하던 일이 안 돼서 장사를 하기로 했는데 뭐부터 해야 할지를 모르는 경우 쉽게 빠지는 늪이 바로 프랜차이즈다. '본사에서 책임관리, 800만 원으로 당신도 사장님이 될 수 있다!'는 무책임한 광고에 속아 장사를 시작했다면 백이면 백

고전을 면치 못한다. 수익을 많이 남길 수 없는 시스템에 발을 담근데다 기본도 모르고 장사를 시작한 탓에 톡톡히 신고식을 치르게 된다. 대부분 뭔가를 제대로 해보지도 못하고 "장사 그거 아무나 할 게 못 돼!"라며 장사를 접고 만다.

장사치 vs 장사꾼

모든 일에는 원인이 있다. 장사가 안 되는 데도 그럴 만한 원인이 있다. 안 될 때는 안 되는 원인을 찾아 분석해야 대책을 세울 수 있다. 그런데 신기하게도 사람들은 장사를 시작할 때 '다 잘될 거야.'라는 무한 긍정에 쉽게 빠진다. 장사에 대해 아는 것이 없어도, 목이 안 좋아도, 준비가 미흡해도 왠지 다 잘될 것만 같다. 이때가 가장 위험하다. 기회는 언제나 내 길처럼 보인다는 게 함정이다. 무한 긍정에 눈이 멀면 눈앞에 있는 실패의 요인을 보지 못한다.

트럭장사도 마찬가지다. 실패의 요인을 분석하고 그에 대비해 준비하는 장사꾼이 있는가 하면 문제에 대한 파악도 없이 잘될 거라며 대충 긍정하고 마는 장사치도 있다. 트럭에서 장사를 하다 보면 별의별 사람을 다 만나게 된다. 그런 사람들을 상대하기 위해서는 사람에 대한 공부를 포함한 여러 가지 준비를 해야 한다. 트럭에다 뭘 갖다 놓고 팔지도 중요하다. 물건과 손님, 기본적으로 두 가지를 알지 못하면 장사를 할 수 없다. 아니 장사를 해도 성공할 수가 없다.

현장에서 장사하는 사람들을 봐도 장사치와 장사꾼이 구별된다. 장사치는 오늘 하루를 때우는 정도로만 일을 하고 배우려 들지 않는다. 하지만 장사꾼은 자기 분야에서 최고가 되겠다는 마음으로 열정적으로 일하고, 자신의 부족한 부분을 메우기 위해 노력하며, 오늘보다 나은 내일을 맞기 위해 잠을 아껴 공부한다. 세상에는 장사치는 많지만 장사꾼은 드물다.

장사꾼은 많이 묻고 많이 배운다

〈국가대표 과일촌〉에서는 아침마다 작전회의를 갖는다. 오늘 팔 물건과 하루 동선, 최근의 물건 시세와 분위기 등에 관한 얘기를 나눈다. 이때는 서로서로 궁금한 것을 묻고 답을 한다. 당연히 질문을 많이 하면 할수록 많이 배우고 많이 얻어갈 수 있다. 경험해보니 관심이 많고, 욕심이 많은 친구들이 질문도 많고 궁금한 것들도 많다.

신기하게도 장사꾼의 눈에는 자기가 취급하는 품목과 관련된 것만 보인다. 사과를 취급하면 사과농사 짓는 사람만 보이고, 곶감을 취급하면 감 말리는 사람만 보인다. 자신이 다루는 품목에 관심이 집중되어 있기 때문에 그 방면에 조금이라도 더 아는 사람이 있으면 저절로 묻고 배우게 되는 것이다. 물류창고를 운영하다 보니 산지에 갈 일이 잦아진 나는 갈 때마다 반드시 산지 농민들을 만나 그간 궁금했던 것들을 묻는다. 직접 물건을 보고 이야기를 들으면 하나라도 건지는 것이 생긴다.

"오늘 참외는 별로 맛이 없는데요?"

"어 그게 요즘 기후가 들쭉날쭉하잖아. 날이 가물고 비가 안 오니까 별로 안 좋아."

"그래도 지난번에는 괜찮았는데요."

"이번에 딴 놈들이 그래. 참외는 보통 네 번 정도 수확하는 건 알지? 이번에 딴 놈들이 네 번째 정도 되는데, 맛이 좀 덜하더라고."

직접 농민들의 이야기를 들으면 시장에 물건이 풀리기도 전에 반응이 어떻게 나올지 알 수 있다. 거기다 손님들한테 팔 수 있는 말도 잘 챙겨들을 수 있다.

"아저씨, 배에 이거 뭐에요? 까만 몽고반점 같은 거. 이거 상한 거 아니에요?"

"올봄에 비가 많이 내렸잖아. 열리는 시기에 비가 많이 오면 그렇게 돼."

장사를 하는 사람이 질문이 많지 않은 경우는 두 가지로 나눌 수 있다. 첫째 마음이 없거나, 둘째 아는 게 없는 경우이다. '이거 하기 싫어. 어쩔 수 없이 하는 거야, 직장 구하면 빨리 때려치워야지.' 이런 생각을 품고 있는 사람들은 장사에 관심이 없다. 관심이 없으니 질문도 없다. '이게 망고야, 감자야?' 하는 수준의 사람들도 질문을 할 수 없다. 아는 것이 없으니 궁금해할 것도 없다. 두 가지 경우 모두 장사꾼으로서는 좋지 않다.

다양한 경험이 장사꾼을 만든다

대부분의 중요한 정보는 사람 아니면 경험에서 나온다. 초반에는 사람보다는 경험이 더 믿을 만하다.

처음에 장사를 배우러 ○○○야채가게를 찾아갔을 때 기대와는 달리 반갑게 맞아주며 이것저것 가르쳐주는 사수는 없었다. 다들 자기 업무에 바빠서 신입에게는 아무 관심도 없었다. 물어보고 싶은 것이 많아도 어디에 물어야 할지 막막하기만 했다. 어쩔 수 없이 혼자 알아가기로 마음먹고 과일의 기본은 무엇일까부터 골똘히 생각했다. '맛! 그래 맛이다! 그렇다면 모든 과일의 맛을 다 경험해보자.'는 마음으로 과일 맛을 보기 시작했다.

업무가 대충 정리될 즈음 칼을 들고 과일을 쪼개 맛을 보았다. 처음에는 상해서 버려진 것들, 다음에는 가게에서 잘 나갔다가 떨이하고 남은 것들을 먹어보았다. 직접 먹어보니 미세한 맛의 차이를 알 수 있었다. 겉으로 봐서는 모두가 그럴싸해서 좋은 것인지 나쁜 것인지 잘 모르는 경우가 많았지만 향을 보고 맛을 보면 단박에 상품인지 하품인지 구분이 갔다. 과일이 단순히 달기만한 것이 아니라 여러 가지 향과 풍미가 있어야 한다는 것도 알았다. 종마다, 산지마다, 수확한 시기마다 달라지는 맛들도 알아차릴 수 있었다. 이렇게 입이 먼저 떠지고 나니 눈은 저절로 떠지는 것 같았다.

철저한 준비는 장사의 기본

'장사의 기본'은 철저한 준비이다. 밑바닥 생활부터 최고 경영까지 다 해본 사람이 유리할 수밖에 없다.

만일 내가 식당을 하겠다고 마음을 먹었다면 일단 빗자루를 들고 식당 청소부터 해봐야 한다. 설거지도 해보고, 손님에게 서빙도 해보고, 카운터까지 봐가면서 손익계산을 익히는 것이 순서다. 치킨집을 하려고 맘을 먹었다면 계란이 몇 달 만에 닭이 돼서 몇 호의 닭이 되는지는 알아야 한다. 농장도 가보고, 맛있다는 치킨집을 돌며 맛도 살펴야 한다. 이렇게 손님을 알고, 물건을 알고, 경기도 알면 기본은 하는 가게를 차릴 수 있다.

"내가 돈이 있는데 왜 설거지부터 시작해?" 하는 생각으로 가게를 차린 사람들이 1년 이상 가는 것을 보지 못했다. "난 설거지도 할 수 있고, 불판도 닦을 수 있어." 이런 마음으로 일도 배우고, 상권도 알아본 이들은 장사를 시작해도 쉽게 망하지 않는다.

경험과 지식은 장사꾼의 재산이다. 그간 보고 들은 것이 많은 장사꾼은 최소한 망하지는 않는다. 장사야말로 공부가 필요하다. 철저하게 배우고 경험해본 뒤 시작해도 늦지 않다는 생각으로 준비를 해야 한다.

장사치를 솎아내라

트럭장사는 쉽게 시작해서 쉽게 포기하는 직종이다. 쉽고 만만하게 보여 준비 없이 시작해 대충하다가 성공은커녕 돈만 까먹고 힘만 드니 얼마 가지도 못해 포기하고 마는 것이다.

"이 장사 어때요?"

"이거 힘들어요."

"사장님 보니까 장사도 엄청 잘되고 돈도 잘 버시는 거 같은데요?"

"아고, 못 벌어요. 오늘은 운이 좋아서 그런 거예요."

"근데 왜 이거 해요?"

"마흔 넘으니 이력서를 안 받아줘요. 할 거 없어서 이거해요."

"나도 놀고 있는데 할 거 없어서, 트럭장사 해볼까 하고……."

"하지 마요. 단박에 손해 봐요. 트럭 사려면 최소 몇 백은 들죠. 물건 못 팔면 200은 금방 날아가요. 석 달 하면 500은 까먹어요. 500 벌려면 죽어라고 6개월은 고생해야 하잖아요."

장사꾼들은 질문하는 사람이 의욕적으로 해볼 욕심에 묻는 건지 그냥 떠보는 건지 금방 안다. 떠보는 사람들에게는 안 되는 이유에 대해 술술 이야기해준다. 장사치들의 불평불만을 몇 개만 읊어주면 금방 포기하고 다른 곳을 어슬렁거리게 돼 있다.

물론 현직 트럭장사 중에도 불평불만을 늘어놓으며 마지못해 트럭장사를 한다고 토로하는 이들이 많다. 이런 사람들에게도 옆에서 한 술 더 떠 말을 보탠다.

"장사 하지 마. 나도 집에 언제 들어갔는지 몰라. 차라리 막일 뛰는 게 나아. 핸드폰 조립 공장 가면 300은 준대."

불평이 많은 장사치일수록 이런 말에 혹해서 쉽게 반응을 한다.

"한 달에 얼마 벌어? 때려치워, 때려치워. 나도 지금 때려치우고 핸드폰 조립 공장 갈라고."

팔랑거리는 귀를 갖고 있는 장사치들은 이 정도 이야기로도 쉽게 트럭장사를 접는다. 이런 장사치들이 장사를 접을수록 장사꾼들은 갈 곳도 많아지고, 팔 것도 많아지고, 손님도 많아진다. 그러니 '장사치여, 쉽게 포기해줘서 고맙다.'고 할밖에.

Chapter 2
:: ::

트럭장사도 기본은
사람을 남기는 일이다

먼저 손님을 믿어야 한다

장사는 무엇을 하는 것일까? 맞다, 돈을 버는 일이다. 돈은 어떻게 버는가? 바로 손님들의 주머니에서 나와 내게로 온다. 그러니 손님을 남기지 않고 돈만 남기려고 하면 오래 장사할 수 없다. 트럭장사에게도 이 원칙은 항상 옳다.

트럭은 지나가다가 사게 되는 곳이다. 트럭에서 물건을 살 목적으로 장을 보러 나오는 이들은 많지 않다. 그러다 보니 손님 중에는 꼭 이런 사람이 있다.

"어? 사고 싶은데 돈을 안 가져와서 못 사겠다."

그러면 나는 물건 가져가고 계좌이체를 해달라고 한다. 생전 처음 본 사람에게 그리하니 손님이 더 낯설어한다.

"에이, 날 뭘 믿고 물건을 줘요?"

"전화번호 주세요. 제가 계좌번호 찍어드릴게."

통장사진을 받고 고개를 갸웃거리며 돌아간 손님들은 틀림없이 돈을 보내준다. 하루이틀 늦은 적은 있어도 안 보내준 적은 없다. 그리고 다음에 올 때는 인사도 반갑게 하고 손님도 데려와 그때 얘기를 한다.

"이 총각이 그 총각이야. 그때 나 표고 그냥 줘서 고마웠어. 뭘 믿고 나한테 물건을 줬어?"

장사꾼은 손님을 믿어야 한다. 손님이 이야기하면 일단은 믿어주고 그에 맞춰 반응을 해줘야 한다. AS도 철저히 해주는 것이 좋다. 손해 보는 셈치고 믿어주면 대부분은 배신하지 않고 충성 고객이 되어 돌아온다.

안 되는 일도 되게 해주는 사람들

내가 처음 사람의 소중함을 느낀 것은 볼트를 만드는 중소기업에서였다. 나야 사무실에서 펜대나 굴리는 일을 했지만 공장에서 땀을 흘리는 이들이 많았다. 원래부터 생산직에 가고 싶었던 나는 사무가 끝나면 공장으로 가서 볼트너트가 만들어지는 과정을 지켜보았다. 남의 일터에 무작정 얼굴을 들이미는 것이 미안해 수박이나 냉커피를 사들고 다녔다. 여름날 공장 안은 쇳덩어리들을 열로 녹여 볼트와 너트, 베어링을 만들어야 했기에 무척 더웠다. 언제나 화상의 위험이 있어 현장에서는 그 더운 여름에도 긴 작업복을 입어야만 했다. 젊은 놈이 현장에 자주 와 잘도 물어본다고 타박을 하던 공장장님도 냉커피를 타주면 "고놈 커피 하나는 잘 타네." 하며 예뻐해주셨다.

그런데 입사 후 얼마 지나지 않아 수출이 갑자기 늘어나 공장이 엄청 바빠졌다. 국내 건설경기도 참 좋은 때였다. 24시간 기계를 돌려도 주문을 대기에 벅찼다. 나도 수출 물량을 맞추느라 진을 빼고 있었다.

"왜 오늘은 얼굴이 쌜쭉해?"

"아, 네. 독일에 납품하기로 한 물건이 안 나와서 과장님한테 혼났어요. 오늘 실어 보내야 한다는데……."

"물건이 뭔데?"

공장장님은 작업지시서를 살펴보더니 라인을 멈추고 금형을 바꾸어 물건을 뽑아주었다. 사실 현장에서 금형을 바꾸고 새로 물건을 찍으려면 반나절 이상이 더 걸린다. 물건을 찍어내는 것보다 샘플이 제대로 나오는지 확인하는 데 시간이 더 걸리는 탓이다. 공장장님이 그 번거로운 작업을 직접 해주시니 입사한 지 얼마 안 된 신참으로서는 감개가 무량한 상황이었다.

"네놈 커피가 맛있다 했더니 아주 비싼 거였구먼."

이후에도 공장장님은 내가 힘들고 어려울 때 웃으면서 일들을 도와주셨다.

내가 기억해준 고객은 나를 잊지 않는다

도곡동에서 물고기 아저씨로 나름 이름을 날리던 시절, 단골이 참 많았다. 그분들이 개인적으로 어떤 일을 하고 어떻게 사는지는 알지 못해도, 그분들이 어떤 생선을 좋아하고 어느 정도 급의 생선을 찾는지는 훤히 꿰고 있었다. 새로 시작한 일터에서 한 분 한 분이 너무 소중한 손님인지라 감사한 마음으로 대했다.

도곡동 가게 생선코너를 그만두고 한 달쯤 지났을 때 모르는 번호의 전화가 걸려왔다.

"안녕하세요. 저 상훈이 엄만데요. 기억하세요?"

"아! 네, 렉슬유치원 다녔던 상훈이요?"

"맞아요. 제가 부탁이 있어서 이렇게 실례를 무릅쓰고 전화를 드렸네요."

상훈이 엄마의 부탁은 집에 와서 상훈이를 좀 만나달라는 것이었다. 전화 속에서 상훈이는 "아저씨 언제 올 거예요?"라면서 서럽게 우는 것이 아닌가.

도곡동 가게에서 생선코너를 담당할 때 동네 아이들과 참 친했었다. 엄마들과 함께 오는 아이들을 위해 수족관을 만들어주어 아이들이 수시로 생선 가게에 놀러오게 했다. 아이들은 수족관 옆에 앉아 숙제를 하고 놀다가곤 했다. 그중에 상훈이도 있었다.

"물고기 아저씨가 안 보인다고 밥도 안 먹고 저래요."

상훈이는 물고기를 유독 좋아했는데, 생선이 없으면 밥을 안 먹을 정도였다. 그런데 내가 생선코너를 그만두고 수족관도 없어지자 생선은 물론 밥도 안 먹고 엄마 속을 어지간히 태운 모양이었다.

상훈이는 한 달 새 제법 말라 있었다.

"상훈아, 아저씨랑 약속 하나 할까? 상훈이가 엄마 말씀 잘 듣고, 밥 잘 먹고 있으면 물고기 아저씨가 또 놀러올게. 아니 물고기 가게 다시 할게. 알았지?"

상훈이의 집을 나설 때 상훈이는 눈물이 그렁그렁한 눈으로 "꼭 그렇게 할게요."라며 손도장을 찍어주었다.

장사를 하면서 내가 기억했던 손님들이 나를 기억해주는 것만큼 가슴 뿌듯한 일도 없다. 더구나 아이의 순수한 마음에 내가 따뜻한 사람으로 기억되고 있다는 게 벅찼다. 그건 나도 그런 마음으로 사람을 대했다는 걸 알아주는 것 같았고, 그 덕에 장사의 길에서 귀한 것을 얻었다는 성취감마저 느껴졌다.

모든 관계가 그렇겠지만 사람을 남기는 일에는 관심이 필요하다. 장사를 하면서 나는 손님을 만날 때마다 되도록 마음을 열고 최선을 다해 만나려고 노력한다. 손님이 무엇을 좋아하고 원하는지부터 소소하게 알게 된 개인적인 작은 이야기들을 흘려버리지 않고 머릿속으로 기억하려 노력한다. 단지 잘 파는 기술만으로 승부하는 장사는 길게 가지 못한다.

장사꾼과 손님의 인연으로 베풀다

장사꾼과 손님은 팔고 사는 관계이기도 하지만 때론 그 이상의 정이 오가는 관계가 되기도 한다. 손님으로부터 뭉클한 감동을 받을 때도 있고, 장사로 생긴 인연이 삶의 어려운 고비 때 힘이 되어 준 일도 있다.

한번은 장염에 걸려 오도 가도 못 하게 몸이 아픈 적이 있었다. 속도 속이지만 몸살처럼 열이 올라 도저히 트럭 옆에 서 있을 수가 없었다. 타이어 옆에 쭈그리고 앉아 있으니 단골손님이 와서 물었다.

"어, 무슨 일이야, 어디 아파?"

"엄마, 내가 몸이 안 좋아서……."

"이런 몸으로 무슨 장사를 나왔어. 일단 병원부터 가봐."

"장사해야 하는데……."

"아고 장사는 무슨 장사야. 내가 봐줄 테니까 갔다 와."

손님을 두고 병원에 갔다. 의사는 "이런 몸으로는 돌아다니지도 못할 텐데, 대단하다."고 했으나 장사꾼으로는 어쩔 수 없는 일이었다. 일단 링거주사를 맞고 좀 쉬어야 한다며 병원 침대에 눕게 했지만 아직 내 차에 물건이 남아 있는 한 그럴 수는 없었다. 간단한 주사만 맞고 트럭이 있는 곳으로 몸을 끌다시피 갔다.

한참 뒤 트럭에 가보니 손님들이 모여서 아예 장사를 해주고 있었다.

"이 총각이 파는 건 다 좋아. 대충 골랐으면 이리 줘."

몸이 약해지면 마음도 약해지는 법이라 코끝이 찡해졌다.

도곡동에서 생선 장사를 할 때 단골이었던 소아과 선생님을 우연히 만나 인연이 이어진 일도 있었다. 마침 둘째가 태어나고 얼마 되지 않은 때여서 체면불고하고 이것저것 여쭤면 친절하게 답을 해주었다. 장인어른이 암 검사 때문에 몸도 성치 않은 채로 며칠 동안이나 대학병원 응급실에 머물러야 했을 때는 번거로움을 무릅쓰고 자기 일처럼 나서서 도와주었다. 다급한 마음에 부탁드린 건데 손님의 인연 하나로 선뜻 도와주니 참 고마울 따름이었다.

장사를 하면서 특별히 잘해드린 것도 없는데, 장사꾼과 손님이라는 인연 하나만으로 베풀고 나눠주는 분들이 많다. 한 분 한 분이 내게는 힘을 주는 든든한 배경이다. 그분들 덕분에 힘이 나고 장사꾼이 된 것을 감사하게 생각한다. 감동 받은 만큼 감동을 줄 수 있는 장사꾼으로 살기 위해 오늘도 달리고 있다.

정을 나눈 거래처 사람들의 마음을 받다

나를 감동시키는 사람들은 손님들만이 아니다.

요즘은 수입농산물도 인기가 높다. 봄이면 망고와 체리, 여름이면 포도, 자몽, 가을이면 채소류 등이 인기다. 그 덕에 이틀에 한 번 꼴로 인천에 갔다. 수입된 농산물이 항만으로 들어오면 검역과정을 통과해 인수가 시작되는데, 보통 보세창고라고 하는 냉장·냉동 창고에 가서 물건을 받게 된다.

보세창고에는 관리직원뿐만 아니라 오르고 내리는 물건을 손수 옮겨주는 막일꾼들도 많이 있다. 연세 지긋한 분들이 극한 직업이라고 생각되는 창고에서 일을 하는 것을 보면 약간의 경외심이 들기도 한다. '언제 또 얼굴 보겠어?' 하고 지나치면 그만일 수 있지만 땀의 일터에서 수고하는 모습을 보면 마음이 짠해진다. 그래서 보세창고를 갈 때는 빈손으로 가게 되지 않는다. 담배 한 보루, 음료수 한 상자라도 챙겨서 가야 마음이 편하다. 처음에는 무뚝뚝하게 담배를 받아가던 어른들이 "번번이 고맙소."라고 인사를 해주면 되레 겸연쩍어지기도 한다.

그러던 어느 날 물건이 오가는 중에 망고상자가 떨어지는 일이 벌어졌다. 순식간에 벌어진 일이라 당황하고 있는데 "어! 이거 배 사장네 물건인데……. 살살 좀 합시다!"라는 소리가 들렸다. 돌아보니 인사를 나누던 그분들이 우리 물건에는 특별히 정성을 쏟는 것이 보였다. 추운 냉장창고 안에서 그분들의 정을 느낄 수 있었다.

뭔가를 바라고 한 일은 아니지만 내가 사람을 어떻게 바라보고 대하는지, 마음을 어떻게 쓰고 행하는지에 따라 내게 돌아오는 마음도, 결과도 달라진다.

주변 사람들과의 네트워크를 소중히 해라

장사하는 사람은 주변 사람들과도 관계를 잘 맺어야 한다.

우선은 상회나 중개인과의 관계가 중요하다. 혼자서 생각만으로 물건을 판단하는 데는 한계가 있다. 물건을 넘기는 도매시장 상회 사람들, 중매인, 과일을 오래 팔았던 형님들의 이야기를 꾸준히 들어야 한다. 오랜 기간 한 가지 일을 해온 사람들은 다들 나름의 정보와 노하우를 가지고 있다.

"이 동네 배는 사지 마. 여기는 5년 넘은 거야."

배나무는 5년 넘으면 맛이 없어지기 때문에 베야 한다는 것도 함께 알려준다. 상회 사람들에게 "요즘 어디 배가 맛있어요?" 물어보면 경매사들이 풀어놓은 지방 정보들을 다 알려준다. 이런 네트워크는 하루아침에 생기지 않는다. 오가며 나누는 인사에서 시작돼 몇 년에 걸쳐서 쌓이는 것이다.

하지만 트럭장사들의 경우 '내가 살면서 당신이랑 언제 또 보겠소?' 하는 얼굴로 주변 상인들과 데면데면하거나 막말을 해대는 경우가 많다. 몇 마디만 해보면 이 사람이 장사치인지 장사꾼인지 단박에 티가 날 정도이다.

매일 보는 사이가 아니더라도 사람들은 잘 사귀어 놓아야 한다. 잘 사귀어 놓은 상인들은 어려울 때 힘을 보태주는 든든한 동지가 돼준다. 종암동 한 시장의 야쿠르트 아줌마는 내가 차를 대면 그 자리에 며칠날 누가 와서 뭘 팔고 갔는지 정보원처럼 알려준다. 야쿠르트 한 잔이면 아줌마 수다로 시장 분위기를 알 수 있다. 상계동 구둣방 아저씨는 단속반원이 바뀐 일이며 단속 시간이 3시에서 5시로 바뀐 것까지 알려준다. 화곡동 미용실 원장님은 트럭을 대면 무조건 물건을 사서 손님들에게 먹여준다.

"인사 잘하는 배 사장 왔네. 좋은 걸로 2만 원어치만 줘요. 우리 손님들이랑 먹고 소문 좀 내줄게."

특별한 것은 없다. 인사부터 시작하면 된다. 자주 청소하는 것, 손수 사람들을 챙기는 것으로 주변 상인과도 이웃이 될 수 있다.

트럭장사의 든든한 정보원, 야쿠르트 아줌마

어디를 가든 내가 살뜰히 챙기는 장사꾼은 바로 야쿠르트 아줌마들이다. 야쿠르트 아줌마들과 친해지면 다양한 정보를 손쉽게 얻을 수 있다. 둘 다 가게가 없이 길거리 손님을 상대하는 처지라 서로의 장사를 도와줄 수 있는 부분도 많다. 야쿠르트 아줌마와 친해져서 누릴 수 있는 혜택을 열거해보자.

우선, 목이 좋은 자리를 알 수 있다. 야쿠르트 아줌마들이 있는 곳에 자리를 잡으면 손해는 안 본다. 야쿠르트 아줌마들은 아무 데서나 장사를 하지 않는다. 배달을 마친 야쿠르트 아줌마들은 자기 구역에서 장사가 가장 잘되는 곳에서 손님을 기다린다. 매일매일 담당 구역을 돌며 배달을 하는 분들이기 때문에 자기 구역에서 장사가 잘되는 곳은 손바닥 보듯 훤히 알고 있다.

둘째, 지역 뉴스를 꿰뚫을 수 있다. 야쿠르트 아줌마는 매일 같은 시각에 동선을 따라 움직이기 때문에 자신의 구역에서 무슨 일이 일어났는지 다 안다. 언제 누가 무얼 팔고 갔는지, 단속반은 언제 다녀갔는지 매일이라도 월요일부터 토요일까지 상권 변화를 브리핑해줄 수 있다.

셋째, 실시간 정보를 얻을 수 있다. 성격 좋은 분들이 대부분이라 전화를 걸어 상황을 물어보면 필요한 답을 해준다.

"이모, 오늘 거기 차 들어왔어?"

"안 들어왔어, 빨리 와."

갈 곳을 몰라 헤맬 때 정확한 위치 정보를 알려준다.

마지막으로 손님을 얻을 수 있다. 야쿠르트 아줌마한테 잘 보이면 단골손님을 쉽게 소개받을 수 있다. 야쿠르트 아줌마는 지역의 반장 격이다. 동네 엄마들 얼굴이며 아이들 이름을 죄다 꿰고 있다. 주민들에게 야쿠르트 아줌마는 신뢰를 줄 수 있는 좋은 상인이다. 때문에 야쿠르트 아줌마가 "여기 물건 괜찮아. 한번 먹어봐!"라고 한마디만 해주면, 손님들이 눈길이라도 한 번 더 준다.

물론 이런 혜택을 누리기 위해서는 좋은 관계를 만들어야 한다. 그 관계란 내가 먼저 사주고, 맛난 과일 하나 건네줄 때 시작될 수 있다. 처음 보는 야쿠르트 아줌마에게는 먼저 다가가 요구르트를 사준다. 하나 더 사서 아주머니에게 권하기도 한다. "괜찮아요. 드세요." 처음에는 사양을 하지만 "에이, 과일 장사가 과일 사 먹어요? 안 사 먹잖아요. 야쿠르트 아줌마도 똑같지. 제가 하나 사드릴 테니까 맛 좀 보세요." 너스레를 떨면 웃으면서 받아준다. 강조하지만 '너 좀 이용해보자.'고 덤벼드는 이에게 마음을 열고 선의를 베풀 사람은 없다.

내가 수도권 지역에서 얼굴을 알고 지내는 야쿠르트 아줌마가 30여 명쯤 된다. 경동시장의 한 아주머니는 밥을 먹으러 갈 때면 자신의 요구르트 보관함을 내게 맡기고 간다. 물론 장사를 해야 하니까 포스트잇에 가격표를 떡하니 붙이고 간다. "배 사장, 장사 잘 하고 있어. 나 밥 먹고 시장 좀 보고 올게." 그리고 돌아와서는 "배 사장도 밥 먹고 와. 내가 팔아주고 있을게."라며 웃어주신다. 이런 분들 덕분에 한겨울에도, 한여름에도 거리로 나가는 것이 두렵지 않은지도 모른다.

장사치와는 절대 친구가 되지 마라

"내가 왕년에는 말이야!", "내가 요전에는 돈 엄청 벌었었어.", "아고 장사도 안 되는데 술이나 한잔 하러 갈까?"

트럭장사를 하면서 이런 말을 해대는 이는 100퍼센트 장사치다. 거짓말을 밥 먹듯이 하고, 자신의 실수는 절대로 이야기하지 않으며, 마치 자신이 대단한 사람인 양 포장해서 말하기 일쑤라면 장사치다. '이 사람이 나한테 도움이 될까?' 하며 매번 계산을 앞세운다면 그도 장사치다. 이젠 큰돈 들어가지 않으니 용돈만 벌면 된다며 느슨하게 장사하는 이도 장사치다. 장사치와는 친구가 되어서는 안 된다.

길에서 만난 인연으로 말을 섞다 보면 쓸데없는 잡담과 불평으로 내 장사시간만 갉아먹고 장사에 집중하지 못하게 만든다. 삶에 대한 책임감도, 열정도, 성실함도 스스로 접어버린 장사치들은 속성상 상대를 자신과 같은 수준으로 끌어내려 하향평준화시키려고 든다. 그러니 굳이 아까운 시간을 버려가며 대거리를 할 필요가 없다.

트럭장사를 하면서 나는 사람을 가려 만난다. 지금까지 연락하는 사람은 오징어를 팔던 형님 한 분뿐이다. 이젠 형님동생 하는 사이가 되었는데, 장사를 하다 만났지만 진실되게 사람을 대하고 장사할 때는 서로 장사에만 집중하는 모습에 서로 고무되었던 관계였다.

철이 들기 전에는 남을 사람과 떠날 사람을 구분하지 못했다. 정확히는 강남의 매장을 정리할 즈음, 독하게 트럭장사를 시작할 즈음 떠날 놈들은 다 떠나갔다. "아무나 밥 사 먹이고 술 사 먹인다."며 그렇게 잔소리를 해대던 아내에게 늘 "다 나한테는 소중한 사람들이야.

그런 소리 말어!" 하고 화를 내곤 했는데 실상 뚜껑을 열어보니 그중에 남은 사람은 다섯도 안 됐다. 장사를 업으로 하는 동안 동료라고 생각했던 이들마저도 가진 것이 없어지자 연락을 끊고 등을 돌렸다.

깨닫는 데 큰 수업료를 치른 후 "이제 다시는 장사치들과는 친구가 되지 않겠다."는 각오를 다졌다. 장사치들에게 아까운 시간과 돈을 들일 필요가 없다. 명심하라. 내가 장사치의 친구가 되는 순간 나 역시 장사치로 살게 되는 것이다.

Chapter 3

:: ::

성실해도 실패는 한다, 하지만 성실하지조차 않으면!

성실은 트럭장사에게 필요한 첫 번째 능력

트럭장사에서 차를 대고 손님을 접대하는 요령을 터득하고 나면 그 다음에 할 일은 그저 '꾸준히' 하는 것이다. 꾸준히 하다 보면 어느 순간 매출이 올라가고 트럭장사로서 빛을 발하게 된다. 하지만 트럭장사들이 가장 못하는 것이 바로 '꾸준히'이다. 차를 댈 배포도 생기고 손님을 접대할 넉살도 생겼지만 꾸준히 할 '바보스러울 만큼의 성실함'은 잘 생기지 않는다.

"오늘은 뭐, 일찍 접고 들어가지."

트럭장사들 사이에서 흔히 듣는 말이다. 트럭장사는 장사도 아니라고 생각하는 양 비집고 들 틈만 생기면 별별 이유를 대고 그날 장사를 접으려고 한다. 직장에서라면 '내 맘대로 퇴근' 따위는 생각지도 못했을 것이다. 누가 봐도 트럭장사를 진지한 자기 일로 생각지 않는 모습이다.

트럭장사도 장사이고 자기 일이다. 물건이 다 팔린 게 아니라면 장사가 되든 안 되든 영업시간을 지켜서 영업을 해야 한다. 트럭장사의 영업시간은 깔아 놓은 물건을 다 팔 때까지라고 생각하면 해낼 수 있다. 비가 오고 눈이 온다고 해도 마찬가지다. 하기로 했으면 해야 한다! 그러지 않으면 열매를 맺을 수 없다. 아무리 다른 기량이 커졌어도 그날의 계획에 맞춰 날마다 해야 할 일을 꾸준히 실행하지 않으면 정작 결과로 남는 게 없다. 성실이야말로 트럭장사에 필요한 첫 번째 능력이다.

어떤 가장으로 보이고 있는가?

장사꾼에게는 우등상보다는 개근상이 훨씬 중요하다. 오를 때 오르고 내릴 때 내리는 성적은 내 의지에서 조금 벗어나 있지만, 개근상은 충분히 내 의지대로 할 수 있다. 기초 중의 기초라고 생각하고 출근은 하는 것이다. 물론 현실에서는 쉽지 않은 이야기다.

〈국가대표 과일촌〉에 세 사람이 한꺼번에 트럭장사를 하겠다고 찾아온 적이 있다. 세 명 모두 성격도 좋고 시원시원해서 처음부터 매출이 좋았다. 타고난 성격 덕에 배포도 넉살도 배울 필요가 없었다. 나 역시 세 친구를 보며 칭찬을 아끼지 않았다. 하지만 그것이 나의 실수였다는 것을 깨닫는 데는 오랜 시간이 걸리지 않았다.

보통 〈국가대표 과일촌〉 일원들의 출근 시간은 7시다. 늦어도 7시 반을 넘지 않는다. 그런데 출근한 지 석 달도 안 돼 그 세 친구만 유독 늦는 일이 자주 벌어졌다. 9시에 눈떠서 오거나, 10시에 일어나서 출근을 했다. 12시가 다 돼 물건을 달라고 전화를 하는 날도 점점 많아졌다. 도대체 이유가 뭔지 물었다. 대답은 같았다. "몸이 안 좋아서……", "집안에 일이 생겨서……." 매일 몸이 안 좋고 매일 집안에 일이 생겼다. 결국 참다못해 셋을 불러놓고 이야기를 했다.

"여기서 물건을 받고 안 받고는 중요하지 않아. 너희들 인생에 대해서 생각해보자. 애들이 학교 가고 어린이집 가는 시간까지 늦잠을 자고 출근을 안 한단 말이지. 그럼 아이들이 너희들을 그리고 일을 어떻게 생각하겠냐? 어른이 되면 일터에 나가서 일을 해야 하는데, 너희들을 보면 '아 어른이 되면 일을 하고 싶으면 하고 하기 싫으면 안 해도 되는 거구나.'라고 생각하지 않겠니? 공부는 못해도 개근상은 받는 아이로 키우려면 너희부터 바뀌어야지."

우리는 일하는 사람이기 전에 한 사람이고, 남편이고, 아버지이며, 가장이다. 트럭장사이기 전에 아버지로서 아이들은 부모의 모습을 보고 배운다는 것을 잊지 말아야 한다. 일을 대하는 생활태도와 습관은 곧 삶을 대하는 자세이다. 아이가 그런 삶의 자세를 배우도록 둔다면 아이의 인생까지 망치는 일이다. 그러니 게으름이 파고들 때는 '나는 어떤 가장으로 보이고 있는가?' 자문할 일이다.

물론 성실해도 실패는 한다

요즘은 창고 두 곳을 운영하느라 매일 장사를 나가지는 못하지만 한 주에 두세 번은 장사를 나가려고 한다. 오전에 창고 정리가 끝나면 오후에라도, 오후까지 바쁘면 저녁에라도 나간다. 이유는 두 가지다. 첫째는 냉장고가 없는 〈국가대표 과일촌〉 창고에 남아 있는 재고를 떨이하기 위해서, 둘째는 현장에서 일어나는 일들을 보고 듣기 위해서다.

〈국가대표 과일촌〉의 물류창고를 연 뒤로 나는 수장으로서 함께하는 일원들에게 '좋은 물건을 좋은 때에 맞춰 제공'하는 책임을 지고 있다. 그래서 더 현장에서 어떤 품목이 어떻게 거래되는지를 직접 보며 '감'을 잃지 않으려고 노력한다. 매번 좋은 물건을 싸게 잡아오는 것은 아니지만 실수를 줄이려고 노력하는 것이다.

물론 그간에 시행착오도 있었고 실수도 많았고 속이 상할 때도 빈번했다. 2014년 봄에는 완도의 특산품이라고 할 수 있는 '꼬시래기'가 인기상품이었다. 바다에서 나는 해초로 냉면 면발같이 생긴 것이 과연 나갈까 의문이었는데, 건강에 좋다고 소개되면서 엄청나게 팔렸다. 완도 내에서는 1년 팔 물건을 한 달 만에 팔아치웠다는 이야기가 돌 정도였다. 우리 일원들도 한창 많이 팔았다.

2015년 봄이 되어 다시 꼬시래기 장사를 하려고 완도를 찾았다. 전년도에 판매가 잘된 때문인지 도매가가 상당히 올라 있었다. 일단은 감당하기로 하고 구매해 물건을 나눴다. 그런데 손님들 반응이 좋지 않았다. 매출도 전년의 2/3를 찍기 힘들었다. 며칠 분위기를 살피다 원인을 알아보니 작년에 비해 오른 가격 때문에 손님들이 부담을 느끼고 있는 게 문제였다. 게다가 산지에서는 도매가를 올리면서 판매가 부진해지자 인터넷에서 도매가 수준으로 팔고 있었다. 손님으로서는 트럭장사가 가져온 물건이나 시중에 파는 물건이나 다를 바가 없으니 굳이 트럭에서 물건을 살 필요가 없었던 것이다. 결국 초기에 끌어온 물건만 급하게 팔고는 꼬시래기 장사를 접을 수밖에 없었다. 물론 손실이 뒤따랐다.

이런 일을 한번 겪고 나면 일원들의 얼굴을 보기가 미안해진다. 장사를 하는 사람은 2, 3일 장사가 안 돼버리면 사기가 꺾인 병사들처럼 맥이 풀린다. 30여 명 일원들의 얼굴을 보고 있자니 마음이 다급해졌다. 산지를 도는 친구들과 도매상에 나가 있는 친구들에게 바꿀 품목을 알아보라고 주문을 하고 나 역시 발바닥에 땀이 나도록 뛰었다.

하지만 성실하지조차 않으면 기회는 없다

트럭장사를 하면서도, 창고를 운영하면서도 '꼬시래기의 악몽' 같은 실수를 더러 했다. 다행인 것은 모든 것들이 '지난 일'로 넘어갔다는 것이다. 돌이켜 생각해보면 그만한 실수들이 단박에 큰일로 둔갑하지 않았던 것은 그나마 성실했기 때문이었다. 성실해도 실수를 하고 실패도 한다. 하지만 성실하지조차 않으면 그럴 기회마저 없었을 것이다.

'장사는 거북이처럼!'

내가 누누이 강조하는 말이다. 토끼는 달릴 때 달리고 쉴 때 쉬고 잘 때 자다가 결국 거북이보다 빨리 결승점에 도착할 기회를 놓쳤다. 거북이는 묵묵히 달리는 성실함 하나로 성공했다. 트럭장사에게 필요한 것은 거북이와 같은 성실함이다. 재능이 뛰어나고 수완이 좋은 사람은 잠깐 동안은 좋은 성과를 낼 수 있다. 하지만 오래 가려면 성실함이 바탕이 돼야 한다.

두 명의 신입 트럭장사가 있었다. 한 친구는 수완도 좋고 머리도 좋아 첫날 매출을 50만 원이나 올렸다. 그런데 힘들다는 이유로 이후 일주일간 사흘밖에 출근하지 않았다. 다른 한 친구는 첫 매출이 15만 원이었지만 일주일 동안 꼬박 출근했다. 한 달 뒤 이 둘은 어떻게 됐겠는가? 매출의 차이가 클 거라고 생각하는가? 그보다 더 큰 차이가 생겼다. 출근을 제대로 하지 않은 친구는 트럭장사를 그만두었다. 아예 그만둔 게 아니라도 생계형 장사치 정도로 근근이 살아갈 것이다. 이유는 간단하다. '장사에는 가속도'라는 것이 있다. 속도가 날 때 앞으로 더 나가는 성질이다. 가속도가 붙으려면 어느 만큼은 일정한 속도로 달려줘야 한다. 가다 서다를 반복하면 속도가 나지 않는다. 오히려 한번 섰다가 다시는 출발하지 못하는 상황이 생기기 십상이다.

장사한 지 10여 년이 넘은 나조차 매일 아침 장사 나갈 생각을 하면 조금은 두려운 생각이 든다. 장사는 고되고 손님들을 상대하는 일은 어렵다. 그 탓에 아주 잠깐이나마 망설이게 되는 때가 있다. 매일 나가도 이런 생각이 드는 장사를 며칠에 한 번씩만 나가면 어떻게 되겠는가? 망설임이 커져서 "에잇, 이거 아니면 먹고살 거 없냐!" 하며 때려치우거나, "단속 없고 시비 없는 데 가서 하루 때우고 와야지." 하는 소심한 생각만 들게 된다.

초기에는 배포와 수완에 비해 성실함은 빛이 안 날 수도 있다. 하지만 종국에 성패는 성실함에서 드러나게 돼 있다. 장사꾼에게 성실함은 가장 마지막에 빛나는 최고의 무기인 셈이다.

인디언 기우제의 비밀, '안 되면 될 때까지'

인디언들이 기우제를 지내면 꼭 비가 온다고 한다. 마냥 신기하게 들리지만 여기에는 비밀이 있다. 일단 시작하면 비가 올 때까지 멈추지 않는다는 게 이 신통한 기우제의 비결이다. 장사도 인디언 기우제의 정신으로 하면 된다. 성공한 사람들의 공통점은 성공할 때까지 했다는 것이다. 100번의 실패는 한 번의 성공을 위한 도전이다.

〈국가대표 과일촌〉을 찾아온 사람들이 모두 적응을 잘하는 것은 아니다. 그만두는 사람들도 꽤나 많다. 하다가 매출이 오르지 않아 결국 다른 일을 선택하는 사람들도 있고, 자신의 성격과 맞지 않아 그만두는 사람들도 있고, 간혹 팀원들의 분위기에 맞지 않아 정리하는 경우도 있다. 열 명 중 다섯 명 정도는 중도에 그만두게 된다.

해병대 출신이라며 찾아온 30대 중반의 중기도 적응이 쉽지 않았던 경우다. 전에 핸드폰 공장에서 일을 하다가 아내를 고향에 두고 혼자 상경해 고시원 생활을 하면서 장사를 배웠다. 덩치는 씨름선수처럼 듬직했지만 워낙 조용한 성격에 말수도 적은데다 손가락 끝에 봉숭아물을 들이고 다닐 만큼 순수한 구석이 있는 친구였다.

중기의 장점은 부지런한데다 해병대 출신답게 해병대 정신으로 똘

똘 뭉쳐 될 때까지 하는 근성이 있다는 점이었다. 누구보다 아침 일찍 나와 늦게까지 장사를 했다. 전날 남은 물건을 팔면 되는 날에도 물류센터에 만날 나와 팀원들이 들려주는 이야기와 개개인의 노하우에 귀를 기울였고 언제나 나에게 조언을 구했다.

그러나 안타깝게도 매출은 오를 생각을 하지 않았다. 한 달쯤 지나자 안 될 것 같으면 그만두고 내려오라고 아내가 재촉하기 시작했다. 중기는 일단 하기로 마음먹었으니 버티면서 해볼 거 다해보고 그래도 안 되면 그때 접겠다고 선언하고 묵묵히 버티기 시작했다.

그래도 변화가 없어 급기야 내가 나섰다. 중기가 장사하는 곳에 찾아가보니 매출이 오르지 않는 가장 큰 원인은 서울, 경기의 지리를 몰라 헤매는 일이 허다한 데 있었다. 지리를 잘 모르다 보니 가는 곳만 가게 되고, 어디가 장사가 잘되는 자리인지 감을 잡지 못해 떠돌았던 것이다. 또 하나의 문제는 손님들에게 끌려다니며 장사를 하는 데 있었다. 교육 중에 항상 황제가 되어 장사해야 한다고 일렀지만 경험 부족과 성격 탓에 정반대로 하고 있어 매출이 오르지 않았던 것이다.

몇 차례 지켜보며 고칠 것을 알려주니 다행히도 점점 매출이 오르기 시작했다. 장사의 요령에 눈을 뜨자 중기의 부지런함과 뚝심과 성실함이 빛을 발하기 시작했다. 지금은 〈국가대표 과일촌〉에서 세 손가락 안에 드는 매출을 올리고 있다. 지금도 밤 11시쯤에 "오늘 장사는 좀 어때?"라고 물으면 "그래도 좀 되는데 조금 더 하다 들어가려고 합니다."라고 답한다. 이 친구를 통해 거듭 확인하게 된다. 끈기 있게 꾸준히 열심히 그리고 될 때까지 한다면 안 되는 것은 없다는 것을.

눈 뜨면 장사, 눈 감으면 취침

알면 아는 대로 모르면 모르는 대로 많은 사람들이 자주 묻는다.
"도대체 몇 시까지 장사를 하고, 몇 시부터 장사를 하는 거예요?"

트럭장사는 늦어도 7시 반에는 출근을 해서 물건을 받고 하루 장사를 준비해야 한다. 이 정도 근면 성실이 몸에 배지 않으면 스스로 변화된 생활을 끌고 갈 수 없다.

내 경우 7시에 물건 상차를 시작하려면 집에서 4시에는 일어나 나와야 한다. 과일을 싣고 나간 날 물건을 다 팔지 못하면 보통 밤 11시까지 장사를 한다. 채소는 시들면 물건이 상하기 때문에 저녁 8시, 늦어도 10시까지는 팔아야 한다.

따져보면 하루 15~18시간의 노동이다. 먹고 자는 시간 빼고는 전부 장사를 하는 셈이다. 사실 장사시간이랄 것도 없다. 나에게 영업시간이란 '눈 뜨면 장사, 눈 감으면 취침' 딱 이 두 가지만 적용되기 때문이다. 그래서 〈국가대표 과일촌〉의 표어 하나가 '눈 뜨면 장사, 눈 감으면 취침'이다.

트럭장사를 하면서 굳이 시간을 정해놓고 장사할 이유는 없다. 트럭장사의 장점은 기동력 있게 손님을 찾아간다는 점이다. 손님을 찾아다니면 되기 때문에 장사시간이라는 것은 사실 의미가 없다. 물건을 다 팔지 못하는 날은 새벽 1시를 훌쩍 넘기기도 한다. 어떤 때는 새벽 4시가 되어도 들어오지 않는 나 때문에 아내가 전화를 한다.

"이 시간에 장사가 돼? 쓸데없이 힘쓰지 말고 얼른 들어와서 조금 자 둬."

"아직 물건이 남아서……. 물건이 남았는데 어떻게 들어가. 팔릴 수 있는 곳을 찾아가면 되지."

장사에 미치면 딴짓하지 않고 장사만 하는 것을 아는 아내이기에 한두 번 잔소리로 끝이고, 내 대답도 언제나 같다. 트럭장사 초기에는 잠자는 시간 한 시간도 아까웠다. 그렇게 하지 않으면 빠져나올 수 없는 절박함도 한몫했다. 나는 지금도 〈국가대표 과일촌〉의 일원들에게 말한다.

"물건이 남았는데 잠이 와? 안 된다고 하지 말고 해보려고 해봐. 안 되는 건 없어, 못 하는 것뿐이지."

물 나올 때 빨래하고 바람 불 때 연 날려라

잘나갈 때 겸손하고 성실하기는 쉽지 않다. 장사가 잘될 때일수록 안 될 때를 대비해서 더 많이 장사를 하라고 한다. 쉬는 날도 줄이고, 장사시간도 길게 하라는 것이다. 무슨 일이든지 그렇지만 장사가 안 되면 스스로 갈팡질팡하는 사람들이 많다. 초심을 잃고 무언가에 쫓기듯 장사를 하다 보면 판단력이 흐려져 장사가 더 안 되는 악순환이 계속된다. '장고 끝에 악수'라는 말이 있듯 사람이라는 게 구석에 몰리면 점점 잘못된 선택을 하고 후회하는 일이 많다.

돈도 잘 벌 때 아껴 써야 하듯 장사도 잘될 때 더 열심히 해두어야 한다. 그래야 장사가 잘 안 될 때 부담에 짓눌리지 않고 현명하게 대처할 수 있다. 트럭장사에게도 비수기가 찾아온다. 비수기는 길 수도 있고 짧게 끝날 수도 있다. 그 시기들을 흔들림 없이 버텨내려면 성수기 때 배의 노력을 하고 배의 성과를 거둬야 한다.

지금 장사가 잘된다고 계속 잘되리라는 보장도 없다. 그러니 잘될 때 매출을 최대한으로 올려놓는 것이 좋다. 〈국가대표 과일촌〉에서는 장사가 잘되는 품목을 선택했을 때 회의도 더 자주 하고, 연락도 더 자주한다. 매출을 극대화시키기 위해서 최대한 신경을 쓰는 것이다. 이유는 간단하다. 어려울 때를 대비해서!

몰라서 못하는 게 아니다

장사를 하면 할수록 공부가 필요하다는 걸 절감하게 된다. 한때 장사 좀 했다 하는 사람들의 글을 모조리 찾아서 읽어보겠노라고 책을 사고 도서관을 들락거렸다. 잘 들어오지 않는 책을 부여잡고 밤잠을 설치기도 했다. 처음에는 무슨 말인지 모르겠는 내용들을 따로 정리해 다시 보았다. 반복해서 읽으니 조금 나았다. 그 과정을 거쳐 장사로 성공하는 방법을 몇 가지 추려봤다. 다음은 그 내용들이다.

부지런해라.
남들과 똑같이 장사하지 마라.
깔끔하게 하고 다녀라.
술과 친구를 멀리해라.
항상 웃어라.
꾸준히 성실해라.

적어 놓고 보니 그리 대단한 것들이 아니었다. 책을 다 읽고 나서 어이가 없어서 웃음이 난 적도 있다. 초등학교만 나와도 다 알고 있을 법한 것들이었다. 그런데 이런 내용을 강조하기 위해서 그 많은 사람들이 장사법이라는 책을 썼다는 건 역으로 사람들이 성공하지 못한 이유가 몰라서가 아니었다는 뜻이다.

한 사람 한 사람의 장사꾼이 장사의 원칙을 실천하는 데는 각기 다른 방법이 있을 수 있지만, 원칙은 변하지 않는다. 문제는 실천이다. 아니 실천하지 않는 것이다. 몰라서 못하는 게 아니라면 누구나 장사꾼으로 성공할 수 있는 기본은 가지고 있다는 말이 된다. 다시 문제는 꾸준한 실천이다. 누가 정직하게 성실한 땀을 흘리는가의 문제이다.

Chapter 4

:: ::

일할 때 고통이
가난한 고통보다는 크지 않다

불경기 탓, 100년은 된 변명

"올해 참 불경기야."

장사꾼들 입에서 떠나지 않는 단어가 바로 '불경기, 불황'이요, 버릇처럼 입에 달고 다니는 말이 '작년만 못하다, 먹고살기 힘들다'는 말이다. 사실인지 아닌지는 중요하지 않다. 매출이 안 좋으면 반사적으로 나오는 말이기 때문이다. 장사 좀 했다 하는 사람이 더 이 말을 입에 달고 산다. 이런 말로라도 장사가 안 되는 것을 위로받고 싶은 것이다.

생각해보면 유사 이래 불황이 호황보다 길었다. 재밌게도 사람들은 올해 경기가 좋지 못하다고 말들 하지만 내년이 되면 또 작년만 못하다는 말을 달고 살 것이다. 열여덟 살에 처음 아르바이트를 하며 듣기 시작해 40대 중반이 된 지금까지 듣는 말이기도 하다.

그러나 그렇게 작년만 못한 올해가, 지금이, 오늘이 내 인생에 가장 장사하기 좋은 날이다. 물건이 안 팔리는 이유가 단순히 불황 때문이라면 대한민국 자영업자는 다 사라지고 없어야 맞다. 그저 장사꾼의 자질 부족을 경기 탓으로 합리화하는 것 아닌가. '경기가 좋지 못해서'라는 위안 섞인 변명만으로 달라지는 것은 없다. 내년이 되면 올해가 그리울 것이고, 내일이 되면 오늘이 그리울 것이기 때문이다.

경기가 좋아지는 것을 기대하는 것보다 스스로 장사꾼으로 성장하는 것이 훨씬 빠른 길이다. 죽으나 사나 그 자리에서 승부를 봐야 하는 장사라면 '왜 장사가 안 되는지, 판매에 문제는 없는지' 두루 살피며 항상 촉을 세우고 있어야 한다.

돈은 항상 내 옆에 흘러 다닌다. 다만 준비된 사람만이 돈을 잡을 수 있고 돈을 볼 수도 있다. 성공은 준비된 사람의 결과물이다. 경기가 좋았을 때나 좋지 않았을 때나 내 주머니는 항상 비어 있던 적이 더 많았다. 그건 성공의 기회를 잡기에 준비되어 있지 않았다는 뜻이다. 그러니 경기가 좋지 못해서 장사가 안 된다는 변명은 죽지 않을 만큼 도전해본 후 생각해봐도 될 일이다. 성공은커녕 트럭장사도 망해먹을 사람이 되지 않으려면 당장 익숙한 변명에서 벗어나야 한다.

뒤로 가는 열차, 타성에 젖지 마라

〈국가대표 과일촌〉에 오려는 분들에게 항상 전화로 먼저 묻는 말이 있다.

"혹시 트럭장사 해본 경험 있으세요?"

아무것도 모르는 초짜보다야 경험이 있는 사람이 더 낫지 않냐고들 하지만 나의 대답은 "아니오."이다. 흰 백지에는 뜻대로 그림을 그릴 수 있지만 한 번 칠해진 그림에 덧칠을 하다 보면 이도 저도 아닌 우스운 그림이 될 확률이 더 높다.

〈국가대표 과일촌〉에도 장사를 어느 정도 해봤던 사람이 온 적이 있다. 그는 언제나 자신의 매출을 어느 정도 선으로 정해놓고 장사가 잘되면 "오늘은 이 정도 팔면 됐지, 뭐." 하면서 대낮에도 그냥 퇴근해 버리기 일쑤였다. 장사가 안 되면 항상 탓을 하기 바빴다. 추워서, 더워서 장사 못 하는 이유도 많고, 안 되는 이유도 참 많았다. 평소에는 그렇게 일기예보 안 맞는다고 투덜대는 사람이 날이 춥거나 비가 온다는 예보만 나오면 늘 하는 말이 있었다.

"내일 비가 와서 좀 쉬어야 할 듯해. 비 오면 장사 안 되잖아."

그리고 꼭 물귀신 작전을 써서 주위 사람을 전염시켰다. 장사가 잘 안 돼 상담을 하면서도 문제를 파악해 해결하려고 하기는커녕 똑같은 패턴의 변명과 합리화만 되풀이했다.

"박 사장님, 요즘 좀 부진하시네요. 원인이 뭘까요?"

"요즘 뭐 되는 게 있어? 다 경기가 좋지 못해서 그렇지, 뭐. 난 그래도 이 정도면 만족해."

남들과 비교를 하려거든 대한민국에서 가장 잘하는 사람과 비교해야지 길거리에서 흔히 보는 장사치들과 자신을 비교하니 결국 같거나 못하거나 둘 중 하나가 될 수밖에 없다.

그후로는 장사 경험이 어느 정도 있는 사람은 팀에 합류시키지 않는다. 건설적인 방향으로 나아가는 데 들여야 할 시간과 노력이 잘못 그려진 그림을 바로잡는 데 너무 많이 쓰여 소모적이기 때문이다. 타성에 젖어 있는 사람이 바뀌기란 보통 어려운 일이 아니다. 타성에는 시간이 묻어 있기 때문이다. 타성에 젖는다는 건 날마다 뒤로 가는 열차를 타는 것과 같다. 오랫동안 그 어떤 변화도 새로움도 꾀하지 않아 나태하게 굳어진 습성이기에 웬만한 의지로는 균열을 내기도 어렵다. 그래서 더욱 자신을 경계하고 일상을 다잡아야 하는 것이다.

주위의 안 좋은 습성을 경계해라

프랑스의 유명한 요리 중에 삶은 개구리 요리가 있다. 이 요리는 손님들이 직접 보는 앞에서 만들어진다. 요리는 살아 있는 개구리를 냄비에 넣고 조리하는 방식인데, 아주 간단하다. 뜨거운 물에 개구리를 바로 넣으면 놀라서 펄쩍 뛰쳐나오기 때문에 처음부터 개구리가 좋아할 만한 온도의 물을 부어준다. 그렇게 해야만 개구리가 기분 좋은 듯 엎드려 있기 때문이다. 그런 뒤 천천히 열을 가한다. 물이 아주 천천히 끓으면서 개구리 요리가 된다. 개구리는 자기가 죽어가는지조차 모르고 그렇게 익어간다.

단지 요리 이야기라고 듣기에는 여러 모로 섬뜩한 이야기다. 느슨

한 일상 속에 있다 보면 물이 끓을 때까지도 자신이 어떤 상황에 처해 있는지 모르고 자기에게 익숙한 대로 흘러가게 된다. 장사에서, 그것도 트럭장사를 하면서 가장 경계해야 할 일이 바로 작은 틈을 비집고 들어오는 안 좋은 습성에 물드는 것이다.

'트럭장사는 할수록 뒤로 간다.'는 말이 있다. 장사꾼이 돼서 매출을 올리고 성공하기보다는 제자리걸음을 하다가 뒤로 밀린다는 말이다. 그도 그럴 것이 트럭장사로 성공한 사람들은 수년 안에 밑천을 마련해서 트럭장사를 그만둔다. 트럭장사를 오래도록 하고 있다는 것은 하는 내내 별로 수익을 올리지 못했다는 뜻이다. 수익이 오르지 않는 이유는 무엇일까? 단순하다. 트럭장사들 무리와 어울리며 안 좋은 습성을 배웠기 때문이다.

단속에 걸릴까봐 단속이 없는 곳에만 차를 대고, 날씨 같은 데 쉽게 영향을 받아 시간도 되기 전에 장사를 접어버리고, 며칠 장사가 잘됐다 싶으면 돈을 쓰러 다니는 재미에 장사 따위는 생각하지 않는 이들이 트럭장사로 남아 있는 것이다. 한 번 들인 습성은 쉽게 바뀌지 않는다. 무리를 지어다니면 다닐수록 안 좋은 물에서 헤어나올 수 없다. 그야말로 길 위의 생활에 익숙해져 앞으로 나가지는 못하고 제자리만 맴도는 것이다. 그래서 처음 시작이 아주 중요하다.

일할 때 고통이 가난한 고통보다는 크지 않다

〈국가대표 과일촌〉 물류창고에는 직접 만들어 붙인 큼지막한 플랜카드가 걸려 있다.

'가난하게 태어난 것은 나의 잘못이 아니지만 가난하게 늙는 것은 나의 잘못이다.'

아버지는 평생 공장에서 일을 하셨다. 젊었을 때 공장을 소유한 적도 있었지만 몇 년 못 가 다른 공장으로 출근을 하셨다. 그래서 나의 고향은 공장이 많은 '구로동'이다. 열여덟 살까지 그곳에서 살았다. 변두리 중의 변두리에서 시작된 인생이었다.

어머니는 갓 젖을 뗀 나를 업고 구로동 식품공장에서 새우 까는 일을 하셨다. 그런 면에서 나의 억척스러움은 어머니의 유전자를 물려받은 것이 틀림없다. 내가 학교에 갈 즈음, 어머니는 셋째를 임신하셨지만 나와 형을 키우는 게 힘에 부쳐 혼자서 병원에 다녀오셨다. 미역국 한 그릇을 다 드신 어머니는 또 다시 공장으로 가셨다. 당시엔 어려서 몰랐지만 이 날을 떠올릴 때마다 먹먹함이 몰려온다.

요즘도 불쑥 생각이 나면 간장밥을 해먹곤 한다. 어릴 때 엄마 없는 집에서 즐겨 먹던 나의 단골 메뉴였다. 간장과 날달걀 하나, 거기다 참기름까지 있으면 진수성찬이 따로 없었다. 친구들이 달고나뽑기를 하면 그 옆에서 눈이 빠지게 보기만 했다. 그런 내가 안쓰러웠는지 어느 날 형이 자신이 모은 동전으로 달고나뽑기를 사주었다. 얼른 먹여주고 싶은 마음에 나무젓가락으로 달고나를 찍어서 주다 그만 양말도 신지 않은 내 발등에 떨어져 동네가 떠나도록 울었던 기억이 난다.

군대 복무 중 감전사고로 죽음의 문턱까지 간 일이 있었다. 사경을 헤맬 때 뜬금없이 그 달고나뽑기 장면이 선명하게 떠오르더니 내 몸이 붕 뜨는 것 같은 편안함이 느껴졌다. 뽑기를 먹고 싶어 하는 동생에게 형이 어렵게 사준 달고나뽑기, 아팠지만 그 맛은 내 기억에 평생 남아 있었나 보다.

가난하게 태어나 자란 것이야 탓할 일이 못 된다. 하지만 자발적으로 가난을 선택한 삶을 사는 게 아닌 이상, 가난하게 늙는 것은 모두 나의 잘못이다.

젊었을 때 나는 월급을 받으면 좋아하는 술에, 친구에 며칠 만에 다 써버리곤 했다. 결혼을 하고도 철이 없어 적금이란 것도 없이 큰아이를 키웠다. 그러다 둘째가 태어났을 때는 가계소득이 적은 이들에게만 정부에서 지원해주는 어린이집에 아이를 보내야 했다. 아내는 아이에게 월에 3만 원 하는 학습지를 시켜보고 싶다고 했지만, 그럴 여력도 없다는 것을 아내도 나도 잘 알고 있었다.

그런 가난이 참 싫어서 나는 인생에 한 번은 벌떡 일어서보자고 마음먹었다. 물론 웬만한 노력으로는 가난을 벗어나기가 쉽지 않다. 고되고 힘든 일의 연속이다. 새벽부터 한밤중까지 1년 365일을 달리는 일은 때로 몸이 부서질 듯한 고통을 안겨주기도 한다.

그래도 일할 때의 고통이 가난한 고통보다는 크지 않다. 자식이 있는 사람들은 안다. 돈이 없다는 이유로 자식이 하고 싶은 것을 해주지 못하는 고통은 20킬로그램짜리 시멘트 봇짐을 지고 계단을 오르는 것보다 훨씬 크다. 일할 때의 고통은 가난한 고통에 비하면 아무 것도 아니다.

가난에 대한 한탄을 멈춰라

"가난하게 태어난 사람은요, 아무리 가난을 벗어나려고 해도 벗어날 수가 없어요."

예전에도 그랬고 요즈음도 어딜 가나 이런 이야기를 많이 듣는다. 스스로 금수저, 은수저, 흙수저를 나누며 한탄하고 자조하고 지레 한계를 긋고 포기한다. 사는 게 참 서러운 것을 누군들 모르겠는가. 그게 단지 부족한 개인만의 문제가 아니라 국가 차원의 구조적인 문제라는 걸 또 모르겠는가. 그러나 내 삶에 별 방법이 없다면 스스로 기운을 내고 앞으로 나가야 한다. 자신의 신세만 한탄하고 있어 봤자 자기연민으로 해결될 일은 아무것도 없다. 내몰릴 대로 내몰려 홀로 벼랑 끝에 서본 사람들일수록 잘 안다. 세상이 나를 위해 변하지 않는다. 내가 변해야 세상이 변한다.

○○○야채가게에 있을 때 가난한 부모를 원망하고 자신의 신세를 한탄하며 나가는 사람들이 제법 있었다.

"우리 부모는 돈이 없어서 이런 매장은 차려줄 수도 없어. 내가 차릴 가게는 이런 번듯한 가게가 아니라 허름한 가게일 테니 아예 그런 곳에 가서 일을 배워 빨리 차려야지."

그때마다 자기 자신을 포기하는 것 같아 보여 마음이 아팠다. 가난을 통해 얻은 강단으로 어떻게든 몸부림쳐서 살아남으려고 하지 않는 모습이 안타까웠다.

가난은 극복할 것이지 한탄할 일이 아니다. 절실한 꿈을 가지고 언제든 다시 일어나면 디딤돌은 반드시 나타나게 돼 있다. 언덕이 나오면 넘으면 되고, 가시밭길이 나오면 헤쳐 나오면 된다. 성공이라는 선물은 실패라는 포장지에 여러 겹으로 꽁꽁 쌓여 있다. 실패의 포장지를 모두 내 손으로 직접 벗겨낼 때 그 성공이 내 몫이 된다. 가난에 대한 한탄을 당장에 그만두고 그 시간에 변화를 선택하라. 성공은 절대 거저 주어지지 않는다.

비빌 언덕을 찾지 마라

강남의 가게를 정리하고는 한동안 부모님께 사실을 말씀드리지 못했다. 부모님 댁에 얹혀사는 처지라 매일 얼굴을 마주쳐야 하는 것이 고역이었다. 눈치 빠른 어머니가 금세 알아채셨다. 그리고 줄곧 "직장을 다녀야 한다."는 잔소리가 계속됐다. 트럭장사를 하는 동안도 마찬가지였다. 들고 날 때마다 어머님의 거친 말과 잔소리를 들으면서 장사를 다녀야 했다. 빚쟁이들이 집으로 찾아온 날은 어머니의 한탄하는 목소리가 한층 커졌다.

"아고, 내가 동네 창피해서 못 살겠다. 차라리 나가 살아라. 이꼴저꼴 다 보기 싫다."

이런 이야기를 듣고 있자면 쥐구멍에라도 들어가고 싶었.

부모님이 평생 믿고 의지했던 것은 형님이었다. 공부도 잘했고 자라면서 말썽 한 번 없던 모범생이었다. 소위 좋은 대학을 나와 외국계 회사에서 억대 연봉을 받으며 안정된 가정을 꾸리고 아이들을 키우는 형님의 모습에 부모님은 매우 뿌듯해했다.

"왜 부모님이나 형님한테 말씀을 드려보지 그랬어?"

힘들고 어려울 때 왜 가족들한테 의지하지 않느냐고 묻는 이들이 있다. 어렸을 때는 나도 막연히 '우리 부모님도 돈이 많으면 좋겠다'는 생각도 해봤고, 장사를 시작할 때는 '하늘에서 1억쯤 뚝 안 떨어지나, 자본금만 있으면 뭐라도 하겠는데…….' 하는 마음으로 아버지의 뒷모습을 바라보기도 했었다. 그러나 그때뿐이었다.

자수성가한 부모님은 당신들이 고생한 것을 기억하며 아끼고 살았다. 자식들에게도 예외가 아니었다. 우리 집 가훈은 "먹이고 입혀서 다 키워놨으니 알아서 살아라."에 가까웠다. 험한 세상을 살아온지라 '철밥통이 최고'라고 생각했다. 자식들이 굴곡 없이 살기를 바랐고 안정되게 살기를 원했다. 그러니 철밥통을 세 번이나 마다하고 장사한다고 길바닥을 헤매는 둘째 아들을 보면 매일 푸념이고 한숨이었다.

하루는 밤늦게 들어오다가 휴지를 켠 채 누워 있는 아내를 보았다. 새벽에 나가서 한밤에 들어오는 아들에게 하지 못한 소리들을 아내에게 쏟아내실 때였다. 가족을 할퀼 만큼 속상해하는 부모님께도, 그 모든 일을 혼자 당하고 있는 아내에게도 너무 미안했다.

형님에게는 일체 이런 이야기도 하지 않았다. "죽을 만큼 힘들면 형제한테 손을 벌릴 수도 있지 않느냐?" 할 수도 있겠지만 차라리 죽는 게 더 낫다고 생각했다. 그건 아내도 마찬가지였다. 나의 삶을 누군가에게 기대기 시작하면 웬만한 의지가 아니고서는 스스로 책임지는 삶으로 돌아올 용기를 갖기 어려워진다. 아내와 나는 어떻게든 우리 힘으로 그 상황을 해결해야 한다고 굳게 생각하고 있었다. 우리에게 비빌 언덕 따위는 없으니 잡초처럼 살아가자고 서로를 격려했다.

비빌 언덕 없는 잡초는 살아남기 위해 스스로 강해질 수밖에 없다. 목마름의 몸부림은 처절할지라도 살아난 잡초의 생명력은 누구도 쉽게 파괴할 수 없다. 비바람에 몇 번을 넘어져도 일어나면 그만이다. 무언가를 한방에 얻으려고만 하지 말고, 포기하지만 않으면 된다.

다행히 지금은 꽃이 피고 열매도 맺혔으니 영 볼품없는 잡초는 아니었던 듯싶다. 아마 그때 누군가에게 기대고 내가 저지른 일을 수습해주길 바랬다면 아무 곳에서나 꽃을 피울 수 있는 잡초가 되지 못했을 것이다.

남이 아닌 어제의 나보다 나은 사람이 돼라

우리는 남과 나를 비교하는 데 많은 시간을 쓴다. 장사를 나가면 흘깃흘깃 옆 차의 손님을 곁눈질하게 되고, 내 물건과 옆 집 물건을 비교해본다. 비교는 못나든 잘나든 어느새 기분을 상하게 만든다.

"김 사장님은 5시에 완판하고 들어가고 누구는 7시에는 완판을 했다는데, 나는 어제 떨이도 못 넘기고 들어갔어. 이 장사 계속해도 되나 몰라……."

장사를 하면서 자신의 매출이 오르고 내리는 것보다 남들과 비교해 몇 등을 했는지 순위가 중요한 사람들이 많다. 최소 몇 등 안에는 들어야 장사할 맛이 난다는 이야기를 해대기도 한다.

"형님은 요즘 좀 어때요? 한 달 전보다 좋아졌어요? 지난주보다는 어때요?"

자신을 체크하는 것이 아니라 남과 비교만 해대는 일은 마치 달리기 선수가 자신이 달려가야 할 길은 보지 않고 옆 레인의 선수만 보고 뛰는 것과 같다. 자신에게 집중하지 못하면 기량이 나아질 수 없다. 기량이 좋아지지 않으면 누구와 붙어도 뒤로 밀리게 돼 있다. 그래서 더욱 남보다 나은 사람이 아니라 어제의 나보다 나은 사람이 되도록 노력해야 한다. 그러기 위해서는 내가 어떤 사람인지 그리고 어떤 점을 고쳐야 하는지를 아는 것이 중요하다. 목표와 계획이 있어야 속도가 아니라 방향에 맞춰서 앞으로 나아갈 수 있다.

오늘 하루 죽기로 살았습니까?

개가 밥을 다 먹고
빈 밥그릇의 밑바닥을
핥고 또 핥는다.
좀처럼 멈추지 않는다.
몇 번 핥다가 그만둘까 싶었으나
혓바닥으로 씩씩하게 조금도 지치지 않고
수백 번은 더 핥는다.

나는 언제 저토록 열심히
내 밥그릇을 핥아 보았나
밥그릇의 밑바닥까지 먹어 보았나

개는 내가 남긴 밥을
언제나 싫어하는 기색 없이 다 먹었으나
나는 언제 개가 남긴 밥을
맛있게 먹어 보았나.

개가 핥던 밥그릇을 나도 핥는다.
그릇에도 맛이 있다.
햇살과 바람이 깊게 스민
그릇의 밑바닥이 가장 맛있다.

정호승 시인의 〈밥그릇〉이라는 시다. 이 시를 처음 읽을 때 어디선가 낯익은 목소리가 내 귀에 대고 "배 감독, 넌 언제 네 하루를 핥고 또 핥았니?"라고 묻는 것만 같았다.

인생에 힘든 시기가 있다는 것은 곧 좋은 시기가 올 거라는 징조라고 나는 믿는다. 그래서 더 열심히 하루를 핥고 핥아서 그릇의 맛까지 느껴야겠다는 다짐을 또 한 번 하게 됐다. 비가 오는 날이든 태풍이 부는 날이든 내 하루라는 인생의 밥그릇을 핥고 또 핥아 그릇맛까지 느껴졌을 때 오지게 하루를 보냈다고 스스로 대견스러워질 것이다.

Chapter 5
:: ::
사람이 오지 않는 트럭에 돈이 따를 리 없다

사람보다 돈이 먼저 보일 때 잃는 것들

○○○야채가게를 그만두고 같이 일하던 선배 둘과 함께 가게를 열기로 했다. 문제는 자금이었다. 다들 장사는 오래했지만 월급을 많이 받지 못했던 시기라 모아놓은 돈이 고만고만했다. 그때 한 선배가 아버지에게 돈을 융통해오겠다고 했다. 대신 사업장 명의를 자기가 갖고 수익은 공정하게 나눠주겠다는 약속을 했다. 일단은 직원으로 일을 하지만 가게가 잘되면 따로 분점을 낼 수 있도록 도와주겠다는 약속도 했다.

그 말을 믿고 함께 간 선배와 나는 참 열심히 장사를 했다. 열 평도 안 되는 가게에서 일매출이 800만 원이나 나올 정도였으니, 몇 년만 고생하면 세 사람 모두 정말 잘될 줄만 알았다.

그런데 1년이 조금 넘어가자 상황이 바뀌기 시작했다. 사장으로 이름을 올린 선배는 매출이 늘면 늘수록 함께 시작했던 선배와 나를 못살게 굴었다. 작은 일에도 트집을 잡아 험한 말을 쏟아내기 시작했다. 선배의 눈에는 같이 일하는 사람이 아니라 돈이 먼저 보이기 시작한 것이다. 결국 청과를 담당하던 선배가 먼저 가게를 그만두고 그로부터 얼마 뒤 나도 가게를 나왔다. 함께 애써서 일궈낸 가게를 혼자 독차지하려는 선배에게 화도 났지만, 그쯤에서 그만하는 것이 좋겠다는 생각을 했다.

그러고 나서 1년쯤 지나 가게를 넘겼다는 소식을 전해 들었다. 경영을 담당하던 그 선배는 청과나 생선에 대해서는 아는 바가 거의 없었다. 우리가 나오고 난 뒤 사람을 써서 장사를 한다고 해도 물건을 모르고 거래처에 대해 아는 것이 없으면 분명히 막힘이 있었을 터였다. 매출이 떨어진 가게를 어쩌지 못한 선배는 결국 다른 사람에게 넘겼다고 한다.

'돈을 좇았던 선배에게는 무엇이 남았을까?'

한 직장에서 수년을 함께하며 희로애락을 나눴던 동료들이 그의 곁을 떠났다. 꽤 많은 수익을 남겼던 가게도 적자를 견디다 못해 남의 손에 넘기고 말았다. 결국 돈 잃고 사람 잃고 거기다 자신의 인간성마저 훼손당한 그 상황이 씁쓸하기만 했다.

돈을 좇는 자, 돈에 쫓기는 자

돈을 좇으면 사람이 보이지 않는다. 때로는 사람의 약점을 이용해 이익을 얻으려고까지 한다. 10여 년 장사생활을 하며 얻은 결론은 돈을 좇다 보면 결국 돈에 쫓기는 신세가 된다는 것이다. 좋은 사람들은 곁을 떠나고, 스스로는 돈에 쫓기는 신세가 돼버리는 것이다.

내가 강남의 가게를 정리하고 남은 빚에는 과일 도매상에 갚아야 할 미수도 상당액 포함돼 있었다. 못 팔고 남은 물건도 있었지만 떠밀려 받아온 물건도 많았던 터라 볼 때마다 속이 쓰렸다. 처음 강남 가게가 물에 잠기고 매출이 줄기 시작했을 때 도매상에 갚지 못한 미수가 깔리기 시작했다. 물건을 떼놔도 장사가 안 되니 어쩔 수 없는 상황이었다. 도매상에다 사정 이야기를 하고 물건을 덜 받겠다고 했다. 하지만 몇몇 도매상은 깔려 있는 미수를 미끼로 더 많은 물건을 실어가라며 안 좋은 물건을 떠넘겼다. 약점이 잡힌 상황에서 울며 겨자 먹기로 물건을 받아야 했다.

트럭장사를 함께 하자며 손을 잡아주었던 트럭창고 주인 역시 마찬가지였다. 어느 정도 기간이 지나자 "오늘은 100짝 무조건 실어야지." 하면서 할당량을 배당했다. 남은 재고가 많다고 하소연을 해도 "그건 네 사정이지."라며 들어주지 않았다. 이곳 역시 미수가 깔리자 이를 약점 삼아 더 많은 물건을 떠넘겼다.

하지만 결과적으로 '돈을 좇았던' 사람들이 잘되는 모습은 보지 못했다. 물건을 떠넘기던 도매상이나 트럭창고 주인 모두 사람을 잃었고, 사람들이 떠나자 돈도 잃었다.

폭리와 바가지는 망하는 지름길

장사꾼에게 '박리다매'는 변하지 않는 철칙이다. 싸게 팔고 많이 팔아서 이윤을 남기는 것! 이 원칙을 지키느냐 안 지키느냐를 기준으로 장사꾼과 장사치로 나뉜다.

장사에는 기본 마진이라는 것이 있다. 적정 마진을 남기고 팔면 손님들도 알고 찾아주지만, 폭리를 취하거나 바가지를 씌우면 한두 번이면 모를까 결국 손님은 발길을 끊는다. 당장에는 이익이 날지 몰라도 장기적으로는 제 꾀에 제가 넘어가 망하는 길로 접어든다. '돈'이라는 눈앞의 작은 이익을 탐하다가 '사람'이라는 장기적인 큰 이익을 놓치는 것이다.

"내가 오늘 물건을 20만 원어치 가져갔는데 매출을 50만 원이나 올렸어."

폭리를 취하고 좋아하며 이렇게 말하는 장사치들이 있다. 이익이 난 금액은 30만 원이지만 마진율을 따지면 60퍼센트이니 어마어마한 수치이다. 장사치의 마음속에는 '다음에는 반값인 10만 원어치 떼다가 30만 원 남겨야지!' 하는 욕심이 자리를 잡게 된다. 하지만 이런 식이면 오래가지 못한다. 손님들 사이에 "저 사람 물건은 비싸서 못써."라는 인식이 박히게 되기 때문이다.

다행인 것은 이런 장사치 옆에 성실한 장사꾼도 있다는 것이다. 박리다매를 하는 장사꾼 옆에 가면 장사치의 매출은 바닥을 기게 된다. 그도 그럴 것이 손님들은 한 트럭에서 물건을 사면 다른 트럭에서는 물건을 사지 않는다. 경쟁 트럭이 생겨나면 폭리를 취하는 트럭은 장사가 안 되기 마련이다. 합리적으로 장사하는 장사꾼이 많을수록 장사치들은 설 곳이 없어진다. 자기 트럭을 찾아준 손님을 돈으로만 계산하면 결국 손님이 알고 떠난다. 사람이 오지 않는 트럭에 돈이 따를 리가 없다.

장사꾼의 그릇을 키워라

장사꾼은 자기의 그릇 크기대로 장사를 한다. 자신의 그릇이 종지밖에 안 된다면 아무리 많은 술을 부어도 종지 크기만큼밖에 받을 수 없다. 가지고 싶은 것이 아무리 많아도 종지에는 종지 크기만큼만 담을 수 있다. 자기의 그릇은 종지인데 대접 크기만큼 받겠다는 욕심을 내면 있는 것마저도 잃게 되기 십상이다.

종지 크기의 그릇을 가진 장사치들일수록 자신을 알지 못한다. 그릇을 키우기 위해 필요한 그 어떤 노력도 없이 허황된 욕심을 앞세우는 경우가 많다. 자신의 그릇이 대접이라고 생각하고 그만한 이익만을 쫓아다니려고 한다. 돈이 되는 물건, 돈이 되는 사람, 돈이 되는 장소만 따라가다 보면 그보다 먼저인 사람은 보이지 않는다. 사람을 봐도 돈으로만 계산이 된다. 사람이 돈으로 보일 때가 위험한 까닭은 그때가 바로 돈도 잃고 사람도 잃고 자기 자신도 망가뜨리는 때이기 때문이다. 이런 사람들일수록 근본 원인이 무엇인지, 자신의 그릇 크기가 어떠한지, 자신의 생각과 행동에 어떤 무리수가 있고 오점이 있는지 성찰하지 않는다. 자신의 그릇된 태도는 생각지도 않고 되려 자신의 생각만큼 수익이 따라주지 않는다는 불평만 입에 달고 산다.

"트럭장사 해봤더니 돈도 안 되고, 잠도 못 자고, 해봐야 고생만 하고……."

진정한 장사꾼이 되려면 먼저 자신의 그릇 크기를 키워야 한다. 그릇을 키우는 데는 성실하게 배우고 경험하고 익히는 과정이 반드시 필요하다. 가장 밑바닥부터 시작해서 배우고 익히면 힘든 일 따위는 두렵지 않다는 배포도 생긴다. 장사꾼의 그릇은 그렇게 만들어진다.

Chapter 6

:: ::

fail = "다시 하세요!"

장사꾼의 현실, '실패'할 수도 있고 안 할 수도 있고

장사가 매일 잘된다면 아마 너도나도 장사를 하겠다고 할 것이다. 장사꾼의 현실은 '성공'할 수도 있고 못 할 수도 있고보다는 '실패'할 수도 있고 안 할 수도 있고에 더 가깝다. 매년 문을 닫는 자영업자가 전체 자영업자의 2/3나 된다고 하니 틀린 말이 아니다.

트럭장사의 현실도 이와 비슷하다. 좋은 날보다는 안 좋은 날이 확률적으로 더 많다. 오로지 돈 벌 생각만으로 견디기에는 고단한 날들이 더 많다. 의지를 갖고 꾸준히 달리지 않으면 어느 틈에 초심을 잃고 열정을 잃고 희망을 잃게 된다. 꽉 짜인 하루의 계획은 잊혀지고 성실한 땀은 사라진다. 결국에는 '안 되면 일찍 접어야지.' 하는 마음으로 하루를 보내고, 비가 온다는 예보만 있으면 '비 오면 들어가서 쉬어야지. 비야 어서 와라.' 하는 마음으로 하늘만 쳐다본다. 이런 날이 반복되는 트럭장사라면 그 끝은 뻔하다. 생계형 장사치로 근근이 살게 되거나 트럭장사마저도 때려치우고 말 것이다.

하지만 애초에 좋은 날보다는 안 좋은 날이 더 많다면 당연히 그에 대한 대비도 더 많이 해야 하는 것 아닐까. 매출이 좋지 않았든, 손님 응대에 실패했든 그날 실패한 점들을 분석해보고 방법을 찾는다면 다음엔 좀 더 나은 방식으로 일할 수 있지 않을까. 생계형 장사치로 살아가기 위해 트럭장사를 시작한 것이 아니라면 실패한 하루도 값있게 만드는 방법을 찾는 것이 낫지 않을까.

실패한 날도 값있게 만드는 방법

"형, 오늘은 매출이 반밖에 안 나왔어요. 힘이 쭉 빠지네요."

"오늘은 어디를 갔는데? 물건은 어떻게 쌓았는데? 물건을 보고 안 사 간 손님들은 뭐라고 하고 갔는데?"

매출이 좋지 않았다며 울상인 일원들을 보면 나도 모르게 속사포처럼 질문이 쏟아진다.

"원인을 알아야지! 원인을 모르면 오늘 하루를 그냥 버린 게 돼. 원인을 알아야 내일부터라도 잘할 수 있을 거 아냐."

장사가 안 되는 운 나쁜 하루라고 생각한다면 그날은 실패한 날이 되지만, 원인을 알고 '배운 것'이 있다면 결코 실패한 날이 아니다. 실패했다고 느낀 날도 값있게 만들기 위해서는 원인을 알아낸 뒤 부족한 점을 배우고 고쳐야 한다.

중국의 모소 대나무에 관한 글을 읽은 적이 있다. 중국 동부 지역에 자라는 모소라는 대나무는 심고 난 뒤 4년 동안 전혀 자라지 않는다고 한다. 대나무 싹이라 할 수 있는 죽순조차 보이지 않는다. 하지만 5년째 되는 해부터 죽순이 보이기 시작해 6주 만에 27미터나 자란다고 한다. 이런 일이 어떻게 가능할까? 이유는 간단하다. 모소 대나무는 4년 동안 뿌리가 땅 밑으로 뻗어나가기만 하다가 5년째부터 튼튼한 뿌리를 자양분 삼아 그 어떤 비바람에도 꺾이지 않고 눈에 띄게 쑥쑥 자라나는 것이다. 그 침잠의 4년 동안 모소 대나무는 스스로에게 이런 말을 되뇌이지 않았을까.

"네가 실패라고 생각한 오늘이 4년 중의 하루인 거야. 매일 실패에서 배우면서 튼튼한 뿌리를 내리고 있는 중이야."

아무리 유능한 프로라도 매일 성공만 할 수는 없다. 어떤 날은 실수를 하고 어떤 날은 실패를 한다. 결과적으로 성공한 사람들과 그렇지 못한 사람의 차이는 이 실패한 날을 어떻게 바라봤는가의 차이일 수 있다. 실패한 날도 값있게 만들기 위해서는, 바로 그 날을 튼튼히 뿌리 내리는 하루로 만들어야 한다. 즉 오늘의 실수, 오늘의 실패 요인을 정확히 파악해서 다시는 같은 실수를 하지 않을 방법을 생각해내고 부족한 건 배우려는 자세로 지내야 한다.

장사꾼으로 태어나는 곱셈의 법칙

"〈국가대표 과일촌〉에서 물건만 받을 수 없나요?"

〈국가대표 과일촌〉도 창고를 운영하다 보니 간혹 이런 문의를 받는다. 대답은 언제나 같다.

"죄송하지만 그렇게는 하지 않습니다."

〈국가대표 과일촌〉에서는 면담을 통해 정식으로 교육받은 정예 일원에게만 물건을 공급하고, 지속적인 관리와 교육을 진행하고 있다.

물론 쓴소리가 뒤따른다. "아고 물건 넘기면 배 사장님도 이문이 남는데 뭘 그렇게 빡빡하게 구세요!" 길게 이야기를 할 수 없어 그쯤에서 전화를 끊지만 사실 내게도 하고 싶은 말이 참 많다.

여러 차례 경험해보니 아무리 좋은 물건을 주어도 팔지 못하는 장사치는 꼭 있다. 이들은 대부분 귀가 얇다. "저 건너편 창고에서는 500원이나 더 싸던데……."와 같은 말을 퍼트리며 불만을 토로한다. 똑같은 물건을 가지고 나가 완판하고 매출을 올린 장사꾼들 앞에서는 이건 이래서 안 되고 저건 저래서 안 된다는 변명거리를 늘어놓는다. 그러다 어느 순간 오가는 장사꾼들에게 악의적인 말들을 해대며 분위기를 흐린다.

몇 번 이런 일을 겪는 동안 '곱셈의 법칙'을 확실하게 배웠다. 곱셈은 수를 쉽게 키운다. 2를 곱하면 2배, 8을 곱하면 8배, 16을 곱하면 16배를 만들어낸다. 장사에서 곱해지는 수는 여러 가지를 들 수 있다. 좋은 물건, 장사를 하는 자리, 손님들의 기호를 잘 파악하는 것 등등. 잘만 곱하면 장사는 몇 배의 성과를 얻는다. 그래서 사람들은 좋은 물건과 좋은 자리를 찾고 고객의 기호 변화를 파악하는 데 많은 에너지를 쏟다.

그런데 곱하기에서 가장 중요한 것은 곱해지는 수가 아니라 주어진 수이다. 아무리 곱해지는 수가 크다고 해도 자신에게 주어진 수가 0이면 그 결과는 0일 뿐이다. 좋은 물건, 좋은 자리, 뛰어난 장사수완도 장사꾼의 기본이 되어 있지 않으면 절대로 빛을 낼 수 없다. '배우려는 자세'가 그 기본 중의 기본이라고 할 수 있다. 100가지의 노하우를 알려준들 받아들이는 사람이 준비가 되어 있지 않으면 0일 뿐이다. 그야말로 밑 빠진 독에 물을 붓는 격이다. 반대로 한 가지의 노하우를 알려주어도 받아들이는 사람이 100가지의 준비가 되어 있다면 100이라는 결과를 얻을 수 있다.

〈국가대표 과일촌〉 일원들은 재능 면에서는 차이가 있을 수 있지만 배우려는 자세에서만큼은 모두 합격점 이상이다. 그렇기 때문에 좀 더 많은 노하우를 알려줘서 장사수완에 곱셈을 하게 해주고 싶고, 좀 더 좋은 물건을 가져다가 매출에 곱셈을 해주고 싶다. 하지만 아무런 기본도 갖추지 못한 사람들과는 결코 이런 것들을 나눌 수 없다. 이것은 장사'꾼' 배 감독으로서 갖는 하나의 자존심이다.

실패로부터 배울 줄 아는 사람이 돼라

트럭장사를 처음 시작한 곳에서 나는 보기 좋게 뒤통수를 맞았다. 나를 이끌어주며 "함께 성공하자."고 약속했던 그 사람은 실상 트럭장사에게 나쁜 물건을 비싼 값에 떠넘기는 악덕업자였다. 그런데 나는 그 사실을 알고서도 몇 달을 그곳으로 출근해 물건을 받고 장사를 나갔다. 나의 미련한 오기 때문이었다.

많은 사람들이 나를 말렸다. 그럼에도 나는 '아직도 배울 것이 남아 있다.'는 이유 하나로 몇 달을 버텼다. 배울 게 남아 있다면 거기가 어디든 아직은 떠날 때가 아니라고 생각했다. 손해가 따랐지만 수업료라고 생각했다. 장사를 시작하기 전부터 지금까지 이 생각에는 변함이 없다.

내가 처음 장사 일을 시작했던 ○○○야채가게에서도 비슷한 일들이 많이 있었다.

"여기는 완전 노동력 착취야. 그 새벽에 출근해서 밤늦게까지 일하는데 월급이 고작 150도 안 되잖아. 그러면서 또 얼마나 일을 많이 시키냐고. 내가 더러워서 당장 그만두고 말지."

이런 이야기가 오갈 때마다 나는 자리를 피했고 한 번은 크게 화를 내기도 했다.

"형! 형 성공해봤어? 여기 사장처럼 한번 성공해봤어? 그런 말은 그 사람보다 나은 사람이 됐을 때 하는 거야. 그 사람보다 뭐라도 하나 잘해냈을 때. 그전에 하는 건 그냥 욕이야. 더 못난 사람처럼 보일 뿐이라고. 억울하면 배워서 성공하자. 성공하고 나서 같은 위치가 됐을 때 그때 해도 늦지 않아."

내가 처음 인생의 수업료에 대해서 생각했던 것은 열여덟 살 때였다. 내 생애 첫 돈벌이를 위해 구로 공구상가 라면 가게에서 일을 시작했다. 포지션은 배달이었다. 빠르게 들고 나르는 일이었다. 그런데 정작 그 가게에서 진짜로 배운 것은 바닥을 닦는 기술이었다. 가게 사장님은 부지런하기로 소문난 분이었다. 대여섯 평의 작은 가게도 항상 깨끗하게 관리했다. 식당 바닥에는 얼룩 하나도 없었다.

"마대질은 힘을 줘서 닦아야 해. 젖은 걸로 닦은 후에는 꼭 마른 마대로 닦아주고. 그래야 미끄러지지도 않고 때도 덜 붙는다고."

오가는 손님들은 깨끗하게 정리된 가게에 감탄했고 사장님은 이걸 자랑스럽게 생각했다.

나는 2년 동안 바닥 닦는 요령을 완벽하게 배워서 나왔고, 이후 다른 곳에 취직했을 때도, 내 가게를 운영할 때도 그렇게 했다. 한번은 마대로 땀을 뻘뻘 흘리며 바닥을 닦는 모습을 본 사장님이 무슨 바닥을 그렇게 힘줘서 닦느냐고 의아해한 적도 있다. "사장님 이렇게 바닥을 닦아야 때가 지워지고 금방 더러워지지 않아요. 바닥 닦는 거 쉬운 거 아니에요."

악덕 도매상이라고 욕을 먹던 창고주는 참외로 창고를 키우고 운영해온 이였다. 참외에 대해서는 많이 알았고, 트럭장사들을 독려할 줄도 알았다. 스스로의 이익을 위해서였지만 성공을 위해 매진한 부분이 분명히 있었다. 나는 그런 소소한 것들까지 다 배운 후에야 도매상을 바꾸고 새로운 세상으로 나올 수 있었다.

세상에 수업료 없이 배울 수 있는 것은 없다. 장사꾼이 되기 위해서는 어떻게든 수업료가 들어간다. 처음부터 '돈으로' 장사를 시작하겠다면 프랜차이즈가 제격일지 모른다. 손에 물도 안 묻히고 곧바로 사장님이 될 수 있다. 하지만 돈으로 시작한 장사는 오래 못 간다.

결국엔 자신의 돈이 장사를 배우는 수업료로 다 들어갔다는 것을 알게 된다. 손을 털고 나오면서야 장사가 얼마나 어려운가를 배우는데 그 아까운 돈을 다 쏟아 부었다는 것을 깨닫게 된다. 그러니 배울 게 있다면 어디서든 배워야 한다. 그것들이 모여 나중에는 다 경험이라는 자산이 되는 것이다.

실패할 권리

어느 날 둘째아이의 어린이집에서 가정통신문 한 통이 왔다. '실패할 권리'라는 글이 담겨 있었다. 아이들이 좌절하거나 어떤 일을 하지 못했을 때 다음과 같은 말로 따뜻한 격려를 해달라는 내용이었다.

"괜찮아. 다음엔 잘할 수 있어."
"속상하지, 누구라도 실패할 수 있어."
"다음에 또 해보자. 또 실패할 수 있지만 다시 하면 돼."
"다시 해볼 땐 다른 방법으로 해볼까?"

이 글을 읽고 뭉클한 용기를 얻은 것은 바로 나였다.
'그래, 다시 하면 돼. 결국 성공을 한다면 99번 실패하는 것쯤 어때? 포기하지 않고 끝까지 해보면 언젠가는 성공하겠지.'
성공은 도전의 산물이고, 무수한 실패는 곧 무수한 도전의 다른 말이다. 그러니 우리에게 도전할 권리가 있다는 건 곧 실패할 권리가 있다는 말이다. 날마다 실패할 권리, 보다 많이 실패할 권리를 누리는 것이 곧 성공으로 한 걸음 내딛는 것이다.

지금까지 왜 모든 일을 단번에 성공해야 한다고 생각해왔을까. 한 번에 성공할 수 있다는 건 한 번에 잃을 수도 있다는 뜻이다. 어쩌면 성공이란 실패한 날들을 값있게 만들어 다시 실패할 권리를 얻는 것인지도 모른다. 그렇게 토대를 다져가며 어렵게 얻은 성공이야말로 값진 자산이 되어 다시 더 크게 도전할 기회를 마련해주는 것이다.

fail = "다시 하세요!"

어느 날 둘째아이가 비타민 한 알을 건넸다.

"아빠 이걸 먹으면 힘이 나요. 그리고 기분이 좋아져요."

피식 웃으며 비타민을 받아먹고 얼마 지나지 않자 진짜로 기분이 좋아지고 힘이 났다. 마치 군대에서 먹었던 빨갛고 달달한 동그란 약을 받아먹은 기분이었다. 배가 아파도, 머리가 아파도 심지어 외상을 입었을 때도 받아먹었던 빨간 약. 가끔은 그 약을 구해다 우리 〈국가대표 과일촌〉 일원들이 힘들어 할 때마다 하나씩 나눠주면 좋겠다는 상상을 해본다. 장사를 하다 보면 기분이 좋아지고 힘이 나는 '자기최면이라는 약'이 반드시 필요하기 때문이다. 특히 크고 작은 실패를 경험할 때 제대로 처방된 자기 최면은 특효약이 될 수 있다.

트럭장사를 시작하고 얼마 지나지 않았을 때 블로그에 올라온 글을 보고 '실패하다'의 뜻을 가진 영어 단어 'fail'에는 사전에 나와 있지 않은 다른 뜻도 있다는 것을 알게 됐다.

한 꼬마가 핸드폰 게임에 빠져 있고, 친구들은 꼬마를 둘러싸고 관람하고 있었다. 핸드폰 액정에서는 한 아이가 기차 위를 열심히 내달리고 있었다. 동전을 먹어가며 다다다 달리다가 점프를 하고 뒤따라오는 누군가를 함정에 빠트리기도 했다. 그러다 기차와 기차를 건너뛰던 주인공이 발을 헛디뎌 죽고 말았다.

핸드폰 액정에는 fail이라는 글씨가 큼지막하게 떠올랐다. 게임에 빠져 있던 아이는 "에잇! 또 죽었네."라며 안타까워했다. 그러자 옆에 있던 친구가 이렇게 말했다.

"다시 하라잖아. 다시 하면 되지."

그 글을 보는 순간 나는 뒤통수를 세게 얻어맞은 기분이었다. 한 아이는 fail을 '실패'라는 뜻으로 해석했지만, 다른 아이는 fail을 '다시 도전할 수 있는 기회'로 해석한 것이다. 그 짧은 글은 나에게 아주 큰 인상을 남겼다.

그 일이 있은 후 MBC 다큐 스페셜 〈자영업 쇼크, 봄은 오는가?〉 촬영 때 제작팀은 내게 그간의 경험을 바탕으로 '자영업은 무엇이다'라는 간단한 정의를 해달라고 했다. 나는 단번에 이렇게 답했다.

"자영업은 fail이다!"

현장의 피디는 매우 당혹스러워했다. 그간 모든 촬영분이 자영업으로 실패한 내용이어서 희망을 전하고자 나를 섭외한 것인데 나까지 실패를 언급하며 같은 이야기를 반복하고 있다고 느낀 것이었다. 하지만 나는 fail의 다른 정의를 소개했다.

"fail은 '다시 하라는 말'이에요. 새롭게 도전하고 시작할 기회라는 뜻이 담긴 말이지요."

단번에 정상에 오를 수 있는 사람은 드물다. 몇 번의 크고 작은 실패의 기회를 가져야 그만큼 다시 할 수 있는 기회를 얻는 것이다. 단 혼동해서는 안 되는 것이 있다. 실패와 포기는 다르다는 것이다. 포기는 배추 셀 때나 쓰는 단위이고 실패는 다시 시작하라는 뜻이다.

Chapter 7

:: ::

이런 사람은
절대로 트럭장사 하지 마라!

그렇게 살았기 때문에 이 상태로 있다는 걸 인정하지 못하는 당신

"트럭장사하고 싶습니다."

〈국가대표 과일촌〉에 문의가 오면 최소한의 진지함은 갖고 있는 분들을 추려 면접을 본다. 면접에서는 무엇을 하고 싶어서 트럭장사를 하려고 하는지 묻고, 우리와 잘 맞을지를 살핀다. 이때 빼놓지 않는 질문이 있다.

"왜 전 직장을 그만두셨습니까?"

이 질문 하나면 그 사람이 어떤 이유로 직장을 그만두었는지는 물론, 어떤 태도로 살아왔는지, 인생의 실패에 대해서는 어떤 생각을 갖고 있는지도 알 수 있다.

〈국가대표 과일촌〉 일원들이 함께하기를 꺼려하는 대표적인 사람은 '세상이 이래서 내가 이렇게 됐다.'고 이야기하는 사람이다. '그렇게 살았기 때문에 내가 이 상태가 됐다.'는 현실인식을 하지 못하는 사람들, 자신의 삶의 태도에 뭔가 문제가 있다는 것을 인정하지 않는 사람들, 자신의 실수를 반성하지도 않고, 삶을 바꾸려고 노력하지도 않는 사람들은 트럭장사를 해도 실패할 수밖에 없다. 처음에는 열심히 한다고 해도 곧 예전의 습성, 예전의 관성대로 돌아가 실패를 반복하기 때문이다. 아무리 장사를 가르치고 경험을 쌓도록 도와주어도 목표를 이룰 때까지 트럭장사를 오래 하지는 못한다.

트럭장사까지 하게 된 것은 어찌됐든 하다 하다 안 돼서 온 것이다. 애초에 트럭장사가 꿈이었거나 트럭장사에 비전이 있어서 오는 사람은 찾기 어렵다. 여기까지 온 데는 이유가 있다. '그렇게 살았으니까' 이 상태로 있는 것이다. 이 사실을 인정해야 변할 수 있다. 자기 스스로가 변해야 한다. 지금까지처럼 살면 전과 달라지는 건 없다. 내가 변해야 인생도 변하고, 세상도 변한다. 세상만 변하길 바라고 있으면 절대 안 변한다. '내가 먼저 변한다.'는 각오로 시작해야 한다.

트럭장사꾼도 가지고 있는 두 가지, 목표와 계획이 없는 당신

산다는 건 어쩌면 매 순간 자기와의 싸움에서 어떤 선택을 하는 일인지도 모른다.

'일어날까 말까?', '갈까 말까?', '살까 말까?'

처음에는 모든 것이 50대 50이다. 하지만 1그램 아니 0.5그램만 옮겨도 저울은 기울기 마련이다. 숫자상으로는 49대 51 혹은 49.5대 50.5의 미미한 차이일지라도 저울이 기운 이상 그걸로 그만이다. 장사를 오래 꾸준히 하기 위해서는 마음의 저울을 꿈의 방향대로 기울이는 과정이 필요하다. 마음의 저울을 꿈의 방향대로 기울이기 위해 선택한 방법은 목표와 계획이다. 그것이 매일 흔들리는 저울에 0.5그램의 무게를 옮겨주고 '일단 일어나보자!', '일단 나가보자!', '일단 팔아보자!'라는 하루의 결정을 수월하게 해준다.

트럭장사의 삶은 녹록지 않다. 일만 놓고 보면 고되고 마음 상하고 지치는 일투성이다. 뚜렷한 목표와 잘 세분된 계획이 있어도 매일 마음의 저울을 기울이기 위해 자신과 부단히 싸워야 하는 일이다. 그런데 토대라고 할 수 있는 목표와 계획도 없이 그냥 한번 해보는 일이어서는 며칠 가지도 못한다.

꿈이 아니라 생계를 위해 출근하는 당신

가끔 "나는 꿈같은 건 모르겠고, 그냥 돈을 좀 많이 벌고 싶을 뿐입니다."라며 찾아오는 이들이 있다. 〈국가대표 과일촌〉에서 트럭장사를 하면 돈을 많이 벌 수 있다는 이야기를 듣고 온 이들이다. 이런 분들을 정중하게 돌려보내는 것도 나의 일이다. 〈국가대표 과일촌〉은 꿈과 비전을 갖고 일하는 사람들이 모여 있다. 단순히 생계를 위해서라면 굳이 트럭장사 같은 힘든 일을 할 필요는 없다. 본인을 위해서 생계를 해결할 안정적인 일자리를 찾는 것이 낫다.

처음 〈국가대표 과일촌〉 문을 열고 받은 일원 중에는 돈만 벌기 위해 오는 이들도 더러 있었다. 여러 가지 장사 방법을 알려주었기 때문에 하루 매출이 어느 정도 올라왔고, 스스로가 예상했던 것보다 더 많은 돈을 벌기도 했다. 거기서 문제가 생겼다. 특별한 비전도 없이 돈을 벌기 시작하자 이들은 딴짓을 하고 다녔다. 하루 벌어서 술을 마시고, 사나흘쯤은 쉬어버리고, 경마장에 가느라 장사는 뒷전이 됐다. 처음에는 혼자서 다니던 이들이 나중에는 무리를 지어 몇 명씩 아침 출근을 하지 않았다. 그 후로 이들의 생활은 엉망이 됐다. 결국 트럭장사도 오래 하지 못하고 접었다.

이런 사람들을 몇 번 겪은 후로는 꿈이 없이 생계를 위해 출근하는 이들은 받지 않고 있다. 자신의 꿈에 대해 생각지 않고 목표 없이 생계 때문에 그저 일을 하려는 사람은 절대 트럭장사도 해서는 안 된다. 꿈도 목표도 없이 하기에는 트럭장사의 하루가 너무 고단할뿐더러 작은 유혹에도 쉽게 흔들리고 안 좋은 습성에 물들기도 좋은 환경이 널려 있어 성공은커녕 생계 유지도 어렵기 때문이다.

'과거의 나'에 사로잡혀 있는 당신

삶에 방해가 되는 네 가지가 있다.

    '과거의 죄,

    과거의 실패,

    과거의 축복,

    과거의 성과.'

과거의 죄를 마음에 담아둔들 자책밖에 할 것이 없다. 과거의 실패에서 헤어나오지 못하면 평생 패배자로 살게 된다. 과거의 축복과 과거의 성과는 사람을 취하게 만든다. 현실의 판단력은 흐려지고 앞날에 대한 계획도 세우지 못하게 한다. 반드시 버려야 할 네 가지다.

장사를 나가면 꼭 이런 사람들이 있다.

"내가 왕년에 하루에 못 팔아도 150은 팔았었어, 왜 이래."

"내 일당이 얼만데 내가 나가면 30은 벌어야지. 요즘 시세면 15만 원도 벌기 힘들어. 내가 그거 벌자고 나가냐?"

그렇게 잘 팔고 잘 벌었던 사람이 왜 아직도 길거리에서 트럭장사를 하고 있으며 왜 아직도 장사치로밖에 살지 못하는 것일까? 그것이 알고 싶지 않은가?

과거는 그저 과거일 뿐이다. 과거에 사로잡혀 오늘의 현실을 제대로 보지 못한다면 그 과거로 인해 오늘도 내일도 발전이 없다.

"내가 왕년에는……."

"잘나가던 내가 그 인간 때문에……."

나의 현재를, 나의 오늘을 갉아먹는 이런 생각에 빠져 있다면 트럭장사를 잘할 수도 없을뿐더러 성공은 꿈도 꾸기 어렵다. 왕년에 집에 황금송아지 한두 마리 없었던 사람이 있던가. 과거의 망령들은 당장 떨쳐내야 한다. 시간은 결코 기다려주지 않기 때문이다. 젊음도 지나가고 기회도 사라진다. 지금 당장 이 네 가지를 잊고 변화를 시작해야 늦지 않는다.

남 탓하는 데 아까운 세월을 허비하는 당신

유유상종이란 말이 있다. 긍정적인 사람 옆에는 긍정적인 사람이, 부정적인 사람 옆에는 부정적인 사람이 모이기 마련이다.

"그때 아버지가 대학만 보내줬어도 내가 이 고생은 안 하지."

"우리 아버지도 마찬가지야. 꼬장꼬장하셔서 사업자금은 절대로 안 주셔."

"야! 뜯어가지나 말라고 해라. 우리 아버지는 자식들한테 손이나 벌리고……."

하는 이야기들이 거기서 거기이다.

"내가 상사를 잘못 만나서 회사에서 쫓겨났잖아."

"우리 오너는 사람 보는 눈이 없어. 명퇴시킬 사람, 남겨야 할 사람 구분도 못하고 말이야."

"그때 줄을 잘 탔어야 했는데, 내가 그놈의 의리 때문에……."

자신의 오늘이 누구의 탓으로 만들어졌다고 생각하는 사람들이다. 자신이 한 일보다는 남이 한 일에 관심이 더 많고, 자신이 변해서 세상이 바뀌길 기대하기보다는 세상이 바뀌어서 자신이 잘 살길 바란다. 자기 안에 문제가 있다는 생각은 절대로 하지 않는다. 만나는 이들도 역시 이런 사람들이라 남들도 다 그런 줄 안다. 남 탓하느라 자신을 돌아보며 성찰할 줄 모르니 문제의 원인을 찾을 수 없고 달라질 기회를 만들 수도 없다.

"내가 얼마나 잘나갔는데, 그 인간만 아니었어도……."

시간이 지나도 이런 탓을 하고 있는 사람은 트럭장사를 해도 또 탓할 일만 보인다. 남의 탓을 하려고 들면 그게 어디 한두 가지던가. 장사 안 되는 것 모두 다른 트럭장사 탓, 거래처 탓, 물건 탓, 손님 탓이다. 자기에게 집중해 열정에 불을 붙이고 최선을 다해도 모자를 시간에 남 탓만 하는 사람이 취할 수 있는 성공은 없다.

벌어서 쓸 줄만 알고 모을 줄은 모르는 당신

〈국가대표 과일촌〉의 일원들을 받으며 매일 순풍에 돛단 듯이 좋은 일만 있던 것은 아니다. 개중에는 일이 힘들어서 그만둔 사람, 관계가 힘들어서 그만둔 사람, 적성과 너무 안 맞아서 그만둔 사람이 여럿 있다. 그리고 타의에 의해서 팀을 나간 이들도 있다.

"형 나 오늘 20만 원 벌었어. 돈 써도 돼. 어디서 볼까?"

일한 지 몇 달 된 친구가 누군가와 통화를 하는 것까지 들었는데 다음 날 몇 명이 출근을 하지 않았다. 이상하다 싶어서 그 다음 날 캐물으니 모여서 단란한 곳에 갔다는 이야기를 한다. 그렇게 과음을 하고 가볍게 하루를 젖혀버린 거였다. 정신상태가 해이해졌다고 한참 잔소리를 하다가 술값으로 얼마를 썼는지 물어보았다. 하루 매상에 가까운 돈을 몇 시간 술값으로 다 써버렸다는 대답이 나왔다. 나는 순간 할 말을 잃었다.

"그 돈이면 집에 있는 애들한테 좋은 겨울 잠바 하나씩 다 사 줄 수 있어, 알아? 어떻게 그 돈을 그런 데다 써대냐?"

성이 나서 나도 모르게 언성이 높아졌다. 힘들게 번 돈을 허튼 데 써버렸다는 걸 알고 나니 내 속이 쓰렸다. 결국에는 '내가 이런 사람들을 데리고……. 뭔가 잘못 생각해도 한참 잘못 생각했구나!' 하는 데까지 생각이 미쳤다.

 돈은 버는 게 아니라 모으는 것이다. 어릴 때는 돈이 없어서 돈을 벌고 싶었고, 돈을 좀 벌었을 때는 멋지게 쓰고 싶었다. 젊을 때 취미는 사람들을 만나서 술을 마시는 것이었다. 주량을 알 수 없을 정도로 많이 마셨고 자주 마셨다. 형님, 동생, 선배, 후배 할 것 없이 사람을 사귀었고 무조건 내가 계산했다. 혼자 살 때는 그나마 괜찮았는데 결혼을 하고 나서는 만날 아내에게 혼났다. 하지만 정신을 차리지 못하고 아내의 바가지라고만 치부했다. 가게가 망한 뒤 정신을 차려보니 돈도 사람도 남아 있지 않았다. 돈은 돈대로 흩어졌고 사람들은 사람들대로 등을 돌렸다.

 적게 벌든 많이 벌든 돈이 잘 모이지 않을 때는 생각해보아야 한다. 왜 돈이 모이지 않을까? 장사꾼으로서 나는 모으는 일에 얼마나 신경을 쓰고 있나? 벌어서 쓸 줄만 알았지 모으는 일은 전혀 하지 않고 있는 게 아닌가? 꼼꼼히 체크해보면 분명히 새는 구멍이 있다. 그 구멍부터 막아야 돈을 모을 수 있다.

 벌어서 쓸 줄만 알고 모을 줄 모르는 장사치들은 트럭장사를 해서는 안 된다. 모을 줄 안다는 것은 스스로를 단속할 수 있다는 것이다. 자신을 잘 단속할 수 있는 이가 장사꾼도 되고 성공도 할 수 있는 것이다.

문제를 알아도 "나는 아니야."라고 자만하는 당신

목표가 불명확하다.
말만 한다.
협력자가 없다.
타인에게 책임을 전가한다.
쉬운 길 편한 길만 찾는다.
작은 돈은 소홀히 한다.
빨리 단념한다.
자신에게는 관대하고 남에게는 냉정하다.

목표를 이루지 못하게 하는 일반적인 태도들이다. 주도적이지 않고, 독선적이고, 목표와 계획도 없고, 애써 노력하지 않으면 이룰 것도 많지 않다. 나의 현재에 문제가 있다면 '바로 내가 이런 상황은 아닌가?' 하는 의문을 가져보는 것이 필요하다.

남을 통해 배웠든 책을 통해 알았든 문제가 될 마인드와 삶의 태도들에 대해 알고 있어도 그건 남들의 이야기일 뿐 "나는 아니야."라고 자만하는 사람은 트럭장사도 해서는 안 된다. 자기를 돌아볼 줄 모르는 사람은 자기 현재를 직시하지 못하고, 문제의 원인도 찾을 수 없으니 발전이 없다. 자만은 삶의 걸림돌이 되면 됐지 그 어떤 변화도 가져다주지 못한다.

Chapter 8
:: ::
삶이 나를 밀어간다

'아버지로서의 시간'을 만들다

처음에 트럭장사를 하면서 가장 부러운 모습은 저녁 무렵에 추리닝 바람의 아버지가 아이의 손을 잡고 집을 나서는 모습이었다. 장난감을 사주고 붕어빵을 먹으며 걸어오는 아버지를 보고 있으면 '우리 아이들은 지금 무얼 할까?' 하는 생각에 괜스레 코끝이 시렸다.

아이들의 등하교를 챙겨주는 아버지, 아픈 아이들을 병원에 데려가는 아버지, 아이들과 맛난 음식을 먹는 아버지……, 우리 아이들에게는 그런 아버지의 모습을 보여줄 수 없다는 게 너무 마음이 아팠다.

아이들에게 비춰진 아빠의 모습은 언제나 일을 하는 아빠였다. 언젠가 아내가 둘째 아이에게 "아빠는 뭐를 가장 잘하는 대장이에요?"라고 묻자 "일대장!"이라고 말할 정도였다. 트럭장사를 시작한 이후 여행 한 번 데려간 적도 없고, 함께 산책조차 한 적도 없다는 것을 알았다. 아이들에게는 언제나 엄마뿐이었다. 가족들과 보낼 시간까지 모두 장사를 하고 있으니 나는 길에서 하루 24시간이라는 시간을 더 값지고 더 알차게 보내야 했다.

그렇게 트럭장사를 하고도 한참 뒤, 고심한 끝에 나는 '아버지로서의 시간'을 만들기로 했다. 아이들이 집에 있고 나 역시 하루 장사를 정리할 수 있는 시간인 저녁 8시부터 9시 30분까지 이 1시간 30분은 오로지 아이들과 보내기로 마음먹었다. 그 이후 시간에는 산책 나오는 가족들이나 늦게 퇴근하는 사람들에게 밤 장사를 시작해야 하기 때문에 9시 30분에는 집을 나서야 했다. 이 1시간 30분을 알차게 쓰기 위해 머리를 굴리기 시작했다.

미친 듯이 장사를 하듯, 미친 듯이 아이와 놀아주었다. 아내는 나와 노느라고 취침 시간이 늦어진다고 걱정을 늘어놓았지만 그렇게 아이들과 보내는 시간은 정말 꿀맛이었다. 그 시간은 목욕도 시키고, 아이와 함께 웃기도 하고, 큰딸의 이야기도 듣는 가장 소중한 시간이 되었다. 그래서 언제든 이 시간만큼은 꼭 지키려 노력하고 있다. 양보다 질로 승부하자는 게 나의 육아 자세이기도 하다.

일도 중요하지만 내가 지금 이 자리에 있게 해주고 나를 더 강하게 만들어준 것은 남자가 아닌 아빠와 남편이라는 자리였다. 아이들과 아내에게 일만 하는 아빠, 가족에게는 아무 관심도 없는 아빠, 가족과의 추억이 없는 아빠로 남는다는 것은 끔찍한 일이기도 했다. 결국 장사도 성공도 따뜻하고 행복한 삶을 살기 위한 것인데 정작 살아나가는 과정에 있을 때 이것을 놓쳐서는 안 된다. 시간이 기다려주지 않기 때문이다. 삶에는 '그때'가 아니면 온전히 복구될 수 없는 것들이 있다.

나를 만들고 성장시켜준 아내

인생에는 절박해지고 나서야 제대로 보이는 것들이 있다. 트럭장사를 하면서 나는 인생을 새롭게 배웠다. 나 자신을 돌아보게 됐고, 가족이 보였고, 친구네 동료네 했던 숱한 관계들이 보였다.

삶의 고비마다 나를 일으켜주고 버티게 해준 것은 가족이었다. 아이들은 존재 자체로 삶에 대한 책임감을 극대화시켰고, 아내는 내 옆에 꿋꿋이 있어주는 것 자체로 나를 살게 했다.

장사꾼 남편 덕에 아내는 줄곧 '아빠는 없는 셈 치고' 두 아이를 혼자 건사하고 키웠다. 없는 살림에 맞벌이를 하면서도 아이는 자신이 챙겼다. 그래도 혼자서 아버지의 빈자리까지 다 채워줄 수는 없을 터였다. 나는 입이 열 개라도 할 말이 없는 가장이었다.

강남의 가게를 정리하고 도저히 감당할 수 없는 빚이 있다는 것을 알게 됐을 때, 그럼에도 내가 장사를 계속하겠다고 했을 때 아내는 잔소리를 해대고 화를 내고 짜증은 냈지만 뜻을 꺾지는 않았다. 아내는 '정말 속는 셈 치고', '아예 포기하는 셈 치고' 매번 나를 따라주었다.

1억 5,000만 원이라는 빚을 지고 이를 감당하기까지 아내는 아무 잘못이 없었다. 처음에 빚 독촉 문자를 받았을 때 솔직히 말하라는 아내에게 400만 원 정도 빚이 있다고 했다. 그러나 점차 독촉 문자가 오는 날이 늘어났고 아내도 슬슬 눈치를 챘다. 막판에는 신용회복위원회까지 가자고 했는데 그곳에서는 제1, 2금융권의 채무만 조정해줄 뿐이어서 소용이 없었다. 그럴 바에는 파산신청을 하자고 했다. 하지만 나는 마지막 자존심으로 평생 파산자라는 낙인은 갖고 싶지 않았다. 모두 내가 선택한 일이었으니 내가 해결을 해야겠다는 생각밖에 없었다.

그 우여곡절 속에서 한 번도 갈라서자는 말을 하지 않은 아내였다. 당장 내일 공과금을 어떻게 낼 것이냐를 두고 싸웠지 '사네 못 사네'를 두고 싸우지는 않았다. 힘들고 어려울 때 가장 먼저 떠오른 사람이고, 나를 지탱해준 사람이다. 비 오는 날은 비 맞을까 봐 눈오는 날은 눈 맞을까 봐, 더운 날은 더워서 추운 날은 추워서 그렇게 안쓰러운 시선으로 나를 바라봐준 사람이었다.

지금 와서 생각하니, 나는 〈국가대표 과일촌〉을 만들고 키웠지만, 아내는 나를 만들고 성장시켰다. 인생에서 고마운 마음을 담아 함께 걸을 수 있는 동반자를 만난다는 건 귀한 축복이다.

빚을 다 갚던 날 아내의 어깨를 안아주며 눈물을 흘렸다. 무얼 해도 잘하는 것 없던 나를 믿어준 아내에게 너무 고마웠다. 그 고된 날들을 보내며 빚을 다 갚은 것도 단언컨대 내가 가장이 아니었다면 해내지 못했을 일이었다. 삶의 무게인 줄 알았던 가족이 내 삶의 가장 중요한 버팀목이었다는 사실을 나는 트럭장사를 통해 몸으로 깨달았다.

불안이 나를 성장시킨다

큰 빚을 지고 트럭장사를 시작했을 때 가장 먼저 정리한 것이 친구들과의 관계였다. 처음에는 장사에 집중하기 위해서 나중에는 나의 성장을 위해서 과감하게 사람들을 끊었다.

빚만 잔뜩 안은 희망 없는 가장의 모습이 당시 나의 현실이었다. 동기동창으로 어울리던 친구들이 네 명 정도 있었는데, 그 친구들을 보는 속이 편치 않았다. 친구들은 대부분 대기업에 다니며 번듯한 아파트에서 애들은 유치원에 보내는 안정된 생활을 하고 있었다. 성격이야 다들 좋고 편하지만, 손에 아무것도 쥔 것이 없는 내가 그네들을 보는 속은 좋을 리가 없었다.

친구들과 가족모임을 할 때면 친구네 아이들은 비싼 브랜드에 형형색색 옷을 입고 있는데 우리 아이들만 헌옷을 입고 있는 게 마음이 불편해 어쩔 줄 모르기도 했다. 알뜰한 아내는 아는 사람들한테 옷을 받아다 입히곤 했는데 졸지에 그런 아내가 그렇게 미울 수가 없었다.

'부모라면 아이들한테 저 정도는 해줘야 하는구나. 나는 그것도 못 해주고 살고 있구나.'

마음이 아팠다. 친구들이 앞서 달리고 있는 선수들이라면 나는 아직 출발도 하지 못한 것 같아 한없이 작아지는 기분이었다.

한번은 친구들이 "네 물건 팔아줄게, 남은 것 갖고 와."라며 술자리로 불렀다. 격의 없는 호의였겠지만 그 말에 내 가슴은 날카롭게 베였다. 친구들에게 짐이 되는 것 같은 기분을 떨쳐내는 건 쉽지 않았다. 문제는 친구가 아니라 내게 있었으니 내가 열심히 노력해서 성공하는 수밖에 도리가 없었다.

　인생에서 남들보다 훨씬 뒤처져 있다는 생각은 내게 큰 자극제가 됐다. 그래서 하루하루를 오늘이 마지막인 것처럼 살았다. 3년 뒤 계획, 1년 뒤 계획이 분명히 있었지만 그때는 당장 오늘만이라도 죽기 살기로 살자고 덤볐다. '친구들이 열 시간을 일해서 그 자리에 갔다면 나는 스무 시간을 일하겠다.', '늦었다고 가만히 있을 때가 아니다. 더 열심히 쉬지 않고 뛰어야 한다.' 그렇게 나를 채찍질하며 살았다. 지금 와 생각해보면 그 날의 자괴감과 불안이 장사꾼으로서 나를 성장시킨 것이다.

예비 의대생 딸을 둔 아빠의 도전

　〈국가대표 과일촌〉 일원들의 전직은 참 다양하다. 타칭 김 사장님은 의류원단 도매업을 크게 하다 면접을 보러 왔다. 약속된 시간에 사무실 문을 열고 들어오는 남성분을 보고 인사를 했는데 뒤이어 여성분이 함께 들어왔다. 갑작스런 부부의 방문에 당황해하는 내게 "남편이 밖에서 무슨 일을 하는지 제가 알아야 도와줄 수 있을 것 같아서 함께 오게 됐습니다."라며 차근차근 이야기를 했다.

　첫눈에도 험한 일과는 거리가 멀어 보이던 50대 중년 부부는 차분히 앉아서 이것저것 묻고 들었다. 그렇다고 말을 많이 한 것은 아니었다. 진중한 분위기에 경상도 사투리로 필요한 말만 하고 당신들의 이야기도 간략하게 정리해주었다.

　김 사장님은 경기가 좋을 때는 꽤나 잘나가는 사무실을 운영했는데, 경기가 안 좋아지면서 공장들의 대부분이 다 중국으로 넘어가 사무실 운영도 쉽지 않은 상황이었다. 다른 일을 시작해야 하는데 무엇을 해야 할지 부부는 오랫동안 고민을 했다. 그러다 블로그를 통해 트럭장사 배 감독을 알게 됐고 면접까지 오게 된 것이다. 상황만 보면 비슷한 분들이 더러 있었다. 하지만 이 부부는 험한 일은 못할 것 같은 외모에 너무나 점잖은 분들이어서 나는 대놓고 걱정의 말들을 늘어놓았다. 그러자 김 사장님은 딸의 이야기를 꺼냈다.

"제게는 아주 똘똘한 딸아이가 하나 있습니다. 얘가 공부를 잘해서 외고에서도 1, 2등을 합니다. 본인은 의대에 가고 싶어 하고요. 그런데 알아보니 의대 등록금이 만만치 않더군요. 제가 지금 하는 벌이로는 감당이 안 되었습니다. 그렇다고 딸아이에게 포기하라고는 못 하겠고요. 그래서 이 일을 시작하려고 합니다."

남편으로서, 아버지로서 부끄럽지 않게 역할을 다하고 싶어 하는 김 사장님의 이야기에 절로 고개가 끄덕여졌다.

"그렇다고 제가 트럭장사만 하겠다는 건 아닙니다. 원단사업을 다시 하겠다는 꿈이 있습니다. 사무실도 아주 정리한 것은 아니고요. 팩스 하나는 살려뒀습니다. 약간의 재고도 남아 있고요. 퇴근하고 집에 가기 전 사무실에 가서 그 일들을 처리할 겁니다. 그리고 정말 제가 여력이 될 때 다시 한 번 시작해보려고 합니다."

면접을 마치고 며칠 후 김 사장님은 교육을 받고 트럭장사를 시작했다. 처음에는 무뚝뚝한 경상도 사나이가 어떻게 장사를 할까 걱정하는 마음이 컸다. 그런데 세 달쯤 됐을 때는 '저런 농담도 할 수 있는 분이셨나?' 싶게 쉽게 말문을 트고 장사에 적응해나갔다. 아니 지금은 〈국가대표 과일촌〉에서 선두권에 있는 분이다.

자신과 딸의 꿈을 위해 포기하지 않고 무언가를 시도하는 아버지의 도전은 아름답다. 낯설고 새로운 분야지만 열심히 적응하며 열매를 맺는 모습을 본 그 딸은 분명 훌륭한 의사가 될 거라 믿는다. 체면보다 더 소중한 꿈을 키우는 아빠의 모습을 마음으로 보고 배웠을 테니 말이다.

예순 살 아버지의 후회의 눈물

어느 날 새벽, 처음 보는 전화번호로 문자가 왔다.

"저는 65세 김만수입니다. 우연히 배 감독님의 블로그를 알게 됐는데, 어젯밤에는 밤을 새워 모든 글을 읽고 말았습니다. 저는 지금 30대 중반이 되어버린 잠든 아들을 보며 후회의 눈물을 흘리고 있습니다. 내가 이 아이의 인생을 망쳤다는 생각에 하염없이 눈물이 흐릅니다……."

장문의 문자를 받은 후 〈국가대표 과일촌〉 사무실에서 전화번호의 주인공을 만나게 되었다. 일을 함께하고 싶다고 몇 번이나 전화를 했기 때문이었다. 60대 중반 나이에 하기에는 일이 너무 고되다며 말렸지만, 뜻을 굽히지 않고 면접날 사무실에 찾아왔다.

"제가 배 감독님이 쓰신 '당신 아이의 인생까지 망치지 마세요.'라는 글을 보고 참 많이 반성했습니다. 부모가 바른 본을 보여야 아이도 바르게 성장한다는 이야기가 딱 저를 두고 하는 이야기더군요.

저는 평생을 막노동을 해서 먹고살았습니다. 젊은 나이에 이혼하고 아이 둘을 갈라서 키웠는데, 아이가 바른 길을 가지 않는 것을 볼 때마다 호통을 치거나 손찌검만 했습니다. 서른이 넘어서까지 길을 못 찾고 저처럼 막노동으로 먹고사는 아들을 한심하다고 여겼습니다. 다 큰 아들 때리지도 못하니 별의별 말로 야단을 쳤습니다.

그런데 그 글을 읽고서야 다 제가 잘못 살아서 그런 거라는 걸 알았습니다. 제가 그 모양이었습니다. 비가 오면 일 안 나가고, 날 좀 추우면 일 없는 날이라고 안 나가고, 술 마신 다음 날이면 아이들이 학교에서 돌아올 때까지 일어나지도 않고 그냥 누워서 하루를 보냈습니다. 그런 저를 보고 아들이 어떤 생각을 했을지 저는 한 번도 생각해보지 않았습니다. 애비가 그 모양이니 아들이라고 잘될 리 없다는 것을 몰랐습니다. 그리고 이제야 이렇게 후회를 합니다.

나이가 들어서 힘들 거라는 거 잘 압니다. 하지만 다른 데 가서 트럭장사를 시작해도 괜찮다는 말은 하지 말아주십시오. 여기서 하고 싶습니다. 평생 대충대충 되는 대로 살아왔으니 이제라도 잘못된 단추를 다시 꿰고 싶습니다. 힘을 주는 사람들 옆에서 정말 하는 데까지 하게 해주십시오."

간곡한 말씀을 듣고 어찌 되든 한번 시작은 해보자는 마음으로 교육을 시작했다. 〈국가대표 과일촌〉 물류창고는 광명시에 있고 그분이 사는 곳은 서울 송파구라 만만치 않은 거리였지만 교육 내내 지각 한 번 하지 않았고 이론교육까지 성실하게 들었다. 그렇게 〈국가대표 과일촌〉 일원이 되었다. 후회로 얼룩진 삶이지만 굴하지 않고 더 큰 후회를 낳지 않기 위해 용기를 낸 그분에겐 분명히 긍정적인 변화가 따를 것이다. 매일 아침 6시 50분, 어김없이 나타나는 그분을 볼 때마다 나 역시 시간을 후회 없이 보내야겠다고 마음을 다잡는다.

미칠 수 있는 행복

50대 최 사장님은 제지업을 하다 온 분이다. 깔끔한 옷매무새에 말수도 많지 않아 모범생으로 평생을 살아온 인상을 풍기는 분이다. 최 사장님이 면접을 보러 왔을 때 나는 말리는 입장이었다.

"트럭장사가 아무나 시작할 수는 있지만 다 성공하는 것도 아닙니다. 일은 험하고, 아시잖습니까? 길거리 장사꾼으로 어디 가서 대접도 못 받고요. 다른 일을 해보시는 게 어떻겠습니까?"

하지만 최 사장님은 사오정, 오륙도 이야기를 하면서 일을 시작하게 해달라고 졸랐다.

"제 주변에도 50대에 사업 시작했다가 망한 친구들이 여럿 있습니다. 50대에 직장을 구하는 게 얼마나 힘든지는 해보지 않은 사람은 모릅니다. 꿈을 꾸고 산다는 건 엄두도 못 낼 일이지요. 첫 직장이 제지회사여서 줄곧 그 일을 했고, 회사 나와서도 배운 게 도둑질이라고 그 일을 계속했는데, 그냥 했던 거죠. 이렇게 유지도 못할 형편이 되니, 이제야 뭘 하고 살아야 되나 걱정이 되는 겁니다. 일단 꿈부터 찾아보려고 합니다. 배 감독님이 도와주시면 안 되겠습니까?"

최 사장님은 그렇게 트럭장사를 시작했다. 하지만 예상했던 대로 시작이 순탄치 않았다. 워낙 말수가 적은 성격 탓에 쉽게 적응하지 못했다. 허리디스크 때문에 오래 서 있는 장사가 힘에 부쳐 보였다. 남들은 적응을 마치고 피치가 오른다는 6개월 무렵에도 매출은 눈에 띄게 오르지 않았다. 걱정되는 마음에 어떠시냐고 물어보았다. 그런데 돌아오는 대답이 참으로 기운찼다.

"제가 50 넘게 살면서 미치도록 해본 일이 없더라고요. 그냥 흘러가는 대로 살았는데, 트럭장사를 하니까 매일매일이 미치도록 힘든 겁니다. 정말 미쳐서 하지 않으면 안 되는 일이더라고요. 그래서 미쳐보려고 저도 애를 쓰고 있습니다. 그러니 지금 포기하면 안 되겠지요. 아직은 다 미치지 않았는데요."

이 말을 들은 내 눈시울이 빨갛게 달아올랐다. 최 사장님 앞에 있는 내 자신이 부끄럽기도 했다.

최 사장님은 허리디스크에도 눈이 오나 비가 오나 서서 장사를 했고, 밤늦게까지 장사를 접지 않았다. 말문을 트는 일은 더디게 진행됐지만, 성실함과 끈기만큼은 따라올 자가 없었다. 옆 동료들의 도움과 본인의 성실함 덕에 8개월쯤부터 빛을 내기 시작했다. 힘찬 동료들과 있으니 자기도 힘이 난다며 흡족해했다. 나이도, 건강상태도 좋은 조건은 아니었지만 그 모습에서 트럭장사를 디딤돌 삼아 자신의 꿈을 이루게 될 거라는 믿음을 읽는 일은 어렵지 않았다.

일에 온전히 미쳐서 드디어 어느 수준에 미쳤을 때 느낄 수 있는 기쁨을 맛본 사람은 안다. 그것이 자기 스스로에게 얼마나 당당하고 뿌듯한 일이지를. 열정을 다해 미칠 수 있다는 건 자신의 삶에 의미와 변화를 가져다주는 선물이다.

마지막 순간에도 놓지 않은 희망의 끈

트럭장사를 시작하고 한창 빚에 시달리던 즈음, 빚 독촉 전화를 피하느라 모르는 번호의 전화는 받지 않았는데 어느 날 실수로 받고 말았다. '아차!' 싶었는데 저쪽에서는 이미 말을 하고 있었다. 듣다 보니 빚쟁이는 아니었는데, 사는 게 어떻고 죽는 게 어떻고 이상한 이야기를 하기에 전화를 끊으려고 했다. 그런데 "제발 사람 목숨 한 번 구해주세요."라는 이야기가 들렸다.

밤늦은 시각, 트럭으로 찾아온 이는 양말도 없이 슬리퍼를 신고 구겨진 옷을 입은 50대 남성이었다. 초라한 행색이었다.

"아까는 너무 경황이 없고 정신이 없어서 횡설수설 했습니다. 죄송합니다. 교육을 받고 싶습니다."

그분은 며칠 동안 혼자서 트럭장사를 했는데 고생만 하고 번 것은 없다며 같이 일을 할 수 있게 해달라고 졸랐다. 기회는 줘보자는 마음으로 교육을 했는데, 마칠 즈음 속사정을 털어놓았다.

"배 감독님, 처음 전화 받았을 때 많이 놀라셨죠. 사실은 그때 제가 철길에 있었습니다. 10분만 있으면 열차가 지나갈 예정이었어요. 이렇게 살아서 뭐하나 싶어서……. 그런데 그때 배 감독님과 통화가 됐습니다. 전에도 몇 번 전화를 드렸는데 연결이 안 됐거든요. 생애 마지막이라고 생각하고 전화를 했는데 마침 통화가 되더라고요. 그래서 그 길로 돌아왔습니다. 아마 통화가 안 됐다면 저는 거기서 자살했을 겁니다."

이야기를 듣고 놀라서 아무 말도 할 수가 없었다. 이후로도 계속된

이야기는 더 슬프고 우울했다. 한 달 전 산속에 들어가 농약을 마셨는데 눈을 떠보니 응급실에 있었던 일, 가족들과 헤어지고 트럭에서 살았던 일, 기름값이 아까워 한여름에 에어컨도 틀지 못하고 모기 때문에 창문도 못 열고 차에서 그렇게 노숙을 했던 일, 사람들에게 받은 냉대……. 그렇게 힘든 날들을 어떻게 저런 순박한 얼굴로 버텼을까 싶은 생각까지 들었다.

이후 그분은 〈국가대표 과일촌〉의 일원이 되어 열심히 장사를 배웠다. 경기도 포천에서 광명까지 다니기가 힘들어 차에서 자는 날들도 많았는데 힘든 내색을 전혀 하지 않았다.

"오늘도 차에서 주무시려고요? 돈 버셨으니까 오늘은 여관 가서 주무세요."

"그렇잖아도 호텔에 가서 뷔페 먹고 자려고 힐튼호텔 예약해뒀습니다. 걱정 붙들어 매십시오."

물론 그분이 차에서 잘 거라는 건 알았지만, 마지못해 자는 것이 아니라 스스로 차에서 자는 기분은 사뭇 달랐을 것이다. 처음에 봤던 그분이 맞나 싶을 만큼 농담을 주고받으며 한층 밝아진 모습에 나까지 기운이 났다. 저렇게 미소가 밝고 유머도 풍부하신 분인데 〈국가대표 과일촌〉에 심은 희망이 언젠가 성공이라는 열매를 맺을 것이라 굳게 믿는다.

4장

나는 트럭을 멈출 수 없다

Chapter 1
:: ::
〈국가대표 과일촌〉에 심은 희망

트럭장사 경험은 꿈을 이루는 밑천

3년쯤 트럭장사를 하다 보면 머리 회전이 빨라지고 시야가 넓어지면서 오지랖도 제법 생긴다.

"이 동네는 다 좋은데 목욕탕이 없네. 큰 찜질방이 생기면 정말 잘될 텐데."

"이 동네는 맞벌이들이 이렇게 많은데 가족들이 갈 만한 식당이 없네. 놀이터 있는 식당 차리면 참 잘될 텐데."

"저 자리에 또 자장면집이 들어왔네. 이 동네에 자장면집이 도대체 몇 개야. 뭐 색다른 거 없나?"

자연스럽게 상권도 파악하게 되고 주변 상인과 친해지면서 알짜 자리가 들고 나는 것도 알 수 있게 된다. 가게를 차려서 사업을 시작할 꿈을 갖고 있는 사람이라면 트럭장사 3년 동안 가게 차리는 데 필요한 많은 것을 배울 수 있다.

생활에 도움이 되는 오지랖을 넓히기도 그만이다. 세상 돌아가는 일들을 현장에서 잘 알 수 있다. 고학력에 부자들이 많이 사는 동네의 시장과 서민층이 많이 사는 동네가 무엇이 다르고 무엇이 같은지도 알아챌 수 있다. 경기가 좋고 나쁜 것, 어느 부분에서 사람들이 영향을 받는지도 알 수 있다. 또 사람은 많이 다녀도 소비가 일어나지 않는 지역이 있는 반면 사람의 이동은 적어도 소비가 잘 일어나는 지역이 있다는 걸 알게 된다.

트럭장사 3년의 경험은 무엇이 됐든 꿈을 이루는 데 커다란 밑천이 된다. 꿈과 비전이 있는 트럭장사꾼들은 멋진 피날레를 위해 자신도 모르게 배우고 익히는 과정에 있는 것이다.

트럭장사의 다음 꿈은 트럭장사 사관학교

트럭장사를 하면서 내겐 꿈이 생겼다. '트럭장사 사관학교'를 만드는 것, 나처럼 절박하게 트럭장사라도 시작하려는 사람들에게 도움이 되고 싶다는 꿈이었다. 그 도전의 결과가 〈국가대표 과일촌〉이다.

아무도 '트럭장사 사관학교' 따위는 생각하지 않는다. 트럭장사를 하는데 배워야 할 게 뭐가 있냐고 생각한다. 하지만 직접 해보니 트럭장사에도 많은 공부가 필요했다. 겪어보니 초짜일수록 더 많은 공부가 필요하다. 알아야 잘할 수 있고, 잘해야 다음 꿈을 꿀 수 있다. 트럭장사로 성과를 내기 위한 실전 노하우도 배워야 하고, 꿈을 이루기 위해 스스로 자기 자신을 변화시킬 수 있는 방법도 알아야 한다. 그것이 성공의 관건이기 때문이다.

시작할 땐 몸으로, 돈으로, 시간으로 갖가지 수업료를 지불하며 호된 신고식을 치렀지만, 경험이 쌓이고 노하우가 생기자 처음에는 힘들기만 했던 트럭장사가 다르게 다가왔다. 보람도 있고 신도 났다. 경제적인 문제 해결을 넘어 내 스스로를 변화하게 해준 인생의 디딤돌이 되어준 것이다.

트럭장사는 내게 새로운 비전과 희망을 만들어나갈 기회를 만들어준 고마운 디딤돌이었다. 자신의 꿈을 받쳐줄 3년 동안만 미친 듯이 힘을 다하면 좋은 성과를 낼 수 있는 일이라는 자부심도 생겼다. 그래서 교육생을 받고 교육을 시작했다. 면접과 교육비라는 거름 장치를 해놓은 덕에 절실함을 품고 온 사람들을 트럭장사 사관학교의 일원으로 맞을 수 있었다. 시작이 반이니 나머지 절반은 트럭장사를 하면서 스스로 배우게 하는 수밖에 없다.

화합과 조화의 원칙을 고수하다

"〈국가대표 과일촌〉에서 사람을 뽑을 때는 30~50대 중 어느 나이대를 선호하나요?"

가끔 면접을 보러 오기 전에 물어보는 분들이 있다. 〈국가대표 과일촌〉은 특별히 선호하는 연령대가 따로 있지도 않고 나이로 상하를 구분 짓지도 않는다. 사회에서는 나이가 계급이지만 〈국가대표 과일촌〉에서는 들어온 순서로 선후배를 구분한다. 나이순이 아니라 창업순으로 예의를 지키며 대하도록 한다. 이런 식으로 기수 체계를 만들어 먼저 창업한 선배가 늦게 들어온 후배를 가르치는 문화가 정착되도록 애썼다.

한 달에 들어오는 신입은 두 명을 넘지 않도록 했다. 새로운 사람이 한꺼번에 많이 들어오면 팀 분위기가 서먹해지기 때문이었다. 신입이 기존 팀원들의 분위기에 어느 정도 적응하고 장사에도 적응을 하고 나면 다시 새로운 인원을 충원하는 식으로 운영해온 덕분에 먼저 온 선배들이 후배를 도와주고 화합하고 나누는 문화가 자연스럽게 정착될 수 있었다.

일을 하다 보면, 그것도 열정을 갖고 하다 보면 자칫 속도가 방향을 바꿔버리는 일이 생기기도 한다. 〈국가대표 과일촌〉에서 무엇보다 중요하게 생각하는 것은 팀원 한 명 한 명이 트럭장사로 디딤돌을 마련해 다시 세상에 나가 날개를 펼 수 있게 해주는 것이다. 그래서 더욱 이 원칙을 중요시하고 있다.

〈국가대표 과일촌〉 교육의 핵심은 실천과 변화

신입이 들어오면 되도록 한 달까지는 장사의 전반을 세세히 알려주고, 이론 교육도 철저히 한다. 장사의 원칙에 대해서도 설명해준다. 실전에서는 '생각하지 말고 일단 해보기!'를 강조한다. 장사에서나 삶에서나 가장 중요한 건 실천이다. 역으로 가장 경계해야 하는 것이 바로 해보지도 않고 변명하고 핑계 대는 것이다.

훈련과 실습을 통해 사람들에게 방법을 알려주면 그대로 따라하는 이들은 한 50퍼센트 정도밖에 되지 않는다. 트럭장사를 하겠다고 독하게 마음먹고 시작은 했지만 가르치는 방법대로 따라하지를 않는다. "물건은 깔아 놓은 만큼, 맛 보여준 만큼, 외친 만큼 나갑니다. 그런데 왜 하지 않습니까?" 하고 물어보면 하는 말들은 거의가 변명들이다.

"배 감독님처럼 유능한 분은 그렇게 하실 수 있을지 몰라도 저 같은 사람은 안 됩니다."

"저는 배운 게 하나도 없나 봅니다."

"제가 생각해봤는데……."

〈국가대표 과일촌〉에서 교육을 하면서 이 부분을 해결하는 데 한참이 걸린다. 사실 스스로 변화하지 않으면 이 부분을 고쳐내기란 쉽지 않다. 사람들은 익숙한 것과 결별하는 것을 두려워한다. 그래서 절실해야 자기를 돌아보고 스스로 변화할 수 있는 것이다. 저마다 절실함의 정도가 다르니 변화하는 속도도 다를 수밖에 없다. 그리고 좀 더 이른 깨달음이 좀 더 빠른 성취를 가져오는 것도 어쩔 수 없는 이치다.

"가득 차 있는 잔에 물을 부으면 어떻게 될까요? 그대로 흘러넘칠 겁니다. 일단은 잔을 비워야 새 물을 받을 수 있습니다. 지금까지 가졌던 생각들을 일단은 내려놓으세요. 그리고 정말 하라는 대로 해보세요. 우리가 군대에서 그 많은 훈련 다 받지 않았습니까? 일단 해보는 것, 그게 중요합니다. 내가 할 수 있다 없다를 판단하기 전에 일단 부딪혀서 해봐야 합니다. 내 스스로 안 된다고 생각을 하면 평생이 지나도 할 수 없습니다. 판단하지 말고 계산하지 말고 일단 해보십시오. 할 수 있습니다."

스스로 변화하기로 마음먹었다면 '내 생각'은 내려놓아야 한다. 원칙에 맞춰 지침에 맞춰 그대로 따라해보면 알게 된다. 오래된 습성은 그렇게 버려지는 것이다. 비우면 새로운 것으로 채울 수 있다. 변화도 마찬가지다. 인간을 변화시키는 방법에는 세 가지가 있다.

시간을 달리 쓰는 것
사는 곳을 바꾸는 것
새로운 사람을 사귀는 것

살아보니 변화만큼 두려운 일도 없었다. 하지만 살아보니 변화만큼 중요한 것도 없었다. 어제의 나를 버리고 오늘 새롭게 태어나는 것은 장사로 치면 새 날에 새로운 물건을 받고 새로운 곳에 가서 새로운 사람을 만나는 일이다. 매일매일 변화의 기회가 찾아오는 셈이다. 이 기회를 기회라고 생각해서 변화를 만들어내는 사람이 진정한 장사꾼이다. 〈국가대표 장사꾼〉의 교육에서 가장 중요하게 생각하는 것이 변화와 실천인 까닭이기도 하다.

보이는 군기반장, 자기 안의 군기반장

나는 "젊은 사람이 참 넉살도 좋다."는 이야기를 자주 듣는다. 누가 됐든 편하게 말을 할 수 있고, 나의 경험을 재밌게 풀어놓을 수도 있다. 하지만 선택을 할 때는 융통성이 없어서 이것 아니면 저것으로 생각하는 경우가 많다. 장사를 하지 않을 때는 푸근하고 편안하다는 이야기를 많이 듣지만, 〈국가대표 과일촌〉 창고에 가면 인상을 쓰거나 화를 내며 험악한 분위기를 만들기도 한다. 일원들이 하루라도 공치고 들어가지 않도록 군기반장의 역할을 도맡아 하기도 한다.

사기를 북돋으면서 군기를 잡는 것은 참 어려운 숙제이다. 다른 사람들을 독려하고 때론 모질게 질책하기도 하려면 먼저 내가 그렇게 행하고 있어야 되기 때문이다. 술 한잔 하고 싶다는 생각이 들다가도 내일 장사를 나가야 한다는 사명 하나로 참고 넘긴다.

사실 〈국가대표 과일촌〉의 일원들은 모두 자기가 자신의 군기반장이다. 나 같은 보이는 군기반장이야 겉으로 드러나는 것들을 살피지만 자기 안에서 게으름과 변명과 타성이 올라오는 것을 경계하고 부지런함과 실천과 변화를 이끌어내는 것은 자기 안의 군기반장일 수밖에 없기 때문이다. 모든 건 자기와의 싸움이다.

〈국가대표 과일촌〉 사람들의 공유 원칙

살아온 내력도, 지니고 있는 습성도, 가슴에 품은 꿈도 다른 사람들이 〈국가대표 과일촌〉이라는 한 울타리 안에서 뜻을 모으고 서로를 독려하며 자신의 목표를 향해 함께 나아갈 수 있는 데는 이유가 있다.

우리에게는 몇 가지 공유하는 원칙이 있기 때문이다.

가장 우선하는 것은 트럭장사를 단지 생계를 위한 수단이 아니라 꿈과 목표를 이룰 수 있는 디딤돌로 삼는다는 원칙이다. 주어진 시간은 3년이다.

두 번째는 장사치가 아니라 장사꾼이 되어야 한다는 원칙이다. 게으름과 눈속임과 타성에 젖어 장사치가 되는 순간 스스로 이곳에서 도태될 수밖에 없다.

세 번째는 사람이 먼저라는 원칙이다. 절대 눈앞의 돈을 좇아 물건을 속이고, 손님을 속이고, 자신을 속이지 않는다는 원칙이다. 그건 자신의 꿈을 위해 달리는 사람들의 선택이 될 수 없다는 걸 잘 알기 때문이다. 손님도, 동료도, 거래처 사람들도 소중히 여기는 게 우리의 원칙이다.

네 번째는 자기 삶의 주인이 되어 자기가 자기를 부린다는 원칙이다. 주인만이 몸과 마음이 고된 일상에서 흔들릴 수 있는 자신을 붙잡을 수 있고, 자신의 한계를 뛰어넘을 수 있고, 스스로 변화할 수 있기 때문이다.

다섯 번째는 일단 해보고, 미친 듯이 해보고, 될 때까지 해본다는 원칙이다. 열정과 땀은 배신하지 않는다는 것을 알고 있을뿐더러 성실만이 우리의 무기이기 때문이다.

여섯 번째는 모르면 묻는다는 원칙이다. 장사가 안 될 때는 원인과 대책을 찾아 지체 없이 연락해 묻는 것이 우리의 방식이다. 장사도, 관계도, 살아가는 일도 제대로 알아야 잘할 수 있기에 자기가 동원할 수 있는 모든 것을 활용하여 공부하고 자기 것으로 만들어야 한다.

일곱 번째는 돈도, 시간도 함부로 쓰지 않는다는 원칙이다. 힘들게 번 돈도, 금쪽 같은 나의 시간도 꿈을 달성하는 데 써야 할 자산이다. 작은 성취에 안주해 낭비할 틈이 없는 것이다.

하루의 시작은 출근, 하루의 마감은 보고

〈국가대표 과일촌〉에는 전용 창고와 일반 창고 두 개가 있다.

〈국가대표 과일촌〉을 위한 전용 창고는 아침에 딱 두 시간만 오픈한다. 늦으면 물건을 받을 수도 없다. 게으른 사람에게는 하루를 보낼 자격이 없다는 이곳 나름의 규칙이다. 아침이면 작전회의를 여는데 일종의 정보교환 시간이라 유용한 시간이다. 당일 팔 물건과 하루 동선을 체크하고, 각자 파악한 대로 최근의 물건 시세부터 분위기까지 전반적인 동향 정보를 나눈다. 이 시간에 서로 서로 궁금한 것을 묻고 답을 하기 때문에 초짜들에겐 공부의 시간이기도 하다. 많이 물을수록 얻어가는 것도 많다.

이른 아침부터 길을 나선 일원들은 각자 목 좋은 곳을 찾아 하루를 시작한다. 오후에 전화기가 놓고 있으면 그날은 괜찮은 날이다. 〈국가대표 과일촌〉 일원들이 별 무리 없이 장사를 하고 있다는 반증이다. 매출이 오르지 않고 문제가 생기면 전화기에 불날 듯이 전화를 하기 때문이다.

저녁 6시 즈음부터는 속속 메시지가 오기 시작한다.

"표고버섯 200킬로그램 완판하고 돌아갑니다.", "날씨 때문에 걱정

했는데 눈 오는 날도 괜찮네요. 강황 완판하고 들어갑니다.", "오늘은 좀 늦었습니다. 수고하셨습니다."

일원들의 연락이 다 오면 나도 하루의 마감 보고를 한다.

장사마다 마감 보고 형태는 다르겠지만 우리 일원들은 탁상 달력을 사용한다. 달력에 그날 매입과 매출 및 부대비용을 적는 간단한 형태로 각자의 마감 보고를 하도록 한다. 트럭의 연비는 보통 10킬로미터 이상으로 잘 나온다. 하루 50~100킬로미터를 달려도 기름값은 2만 원을 넘지 않는다. 게다가 여러 서류가 필요하지 않으니 일일 정산도 매우 간단하게 할 수 있다.

비록 간단한 방법이지만 마감 보고는 빼먹지 말아야 할 수순이다. 목표와 계획이 있다면 실천하는 하루의 평가도 반드시 따라야 한다. '하루도 거르지 않는 것'이 중요하다. '오늘 하루쯤이야.' 하는 마음에 흔들리지 않도록 〈국가대표 과일촌〉의 마감 보고는 매일매일 계속되어야 할 일이다.

하루에도 몇 톤의 물건이 들고날 때, 그 물건들이 저마다의 성과로 돌아와 탁상 달력 위에 적힐 때 우리의 꿈이 실현될 날도 그렇게 가까이 다가오고 단단해지리라는 기대에 가슴이 뛴다.

Chapter 2
:: ::

희망의 길을 걷는
사람들의 철학

속도가 아니라 방향이다

일에서도 인생에서도 얼마나 빨리 가느냐보다는 어디로 가느냐가 중요하다. 한창 〈국가대표 과일촌〉 일원들이 불어나 40명에 육박할 즈음, 이 점을 놓고 꽤 오래 고민했다. 그때까지는 절박해하는 한 사람 한 사람 모두를 중요하게 생각해 되도록 많은 인원을 받아 〈국가대표 과일촌〉의 몸집을 키우려고 했다.

하지만 일원들이 많아질수록 처음 의도하고 생각했던 것과는 거리가 먼 모습들이 많아졌다. 뜻과 생각이 맞지 않는 사람들은 조금이라도 한숨 돌릴 틈이 생기면 쉽게 방만해졌고, 과거의 잘못된 습성을 답

습했다. 그런 모습들을 수십 차례 보면서 아무리 사람이 많다고 해도, 그래서 빨리 몸집이 분다고 해도 방향이 맞지 않다면 언제고 쉽게 흩어지고 말 거라는 데까지 생각이 미쳤다.

우리의 모든 것을 다 바꾸자며 의기투합해서 여기까지 왔는데, 예전의 삶으로 돌아갈 수는 없었다. 겨우 한 걸음 떼었을 뿐인데 흐트러진 정신상태로 돈을 펑펑 써대서는 제대로 된 장사꾼이 될 수도 없고, 꿈을 이룰 수도 삶을 변화시킬 수도 없을 터였다. 결국 새 술은 새 부대에 담는다는 심정으로 조직을 변화시켜야만 했다.

사람을 솎아내고 정비하는 것만큼이나 중요한 건 방향을 잃지 않고 함께 가기 위한 장치였다. 뜻을 함께 하며 발전적으로 오래가기 위해서는 서로가 공유할 원칙이 필요하다는 생각에 닿았다. 그래서 장사를 하고 사람을 대할 때 기본 바탕이 되어줄 것들을 정리해 우리를 묶어주는 원칙으로 삼았다. 그 덕에 역할을 나눠 교육을 할 때도 같은 기운을 뿜어낼 기반을 다질 수 있었다.

거북이처럼 조금씩 쉬지 않고 앞으로

10대의 질풍노도의 시기, 나는 '싸움을 잘하는 법'을 알고 싶었다. 그리고 진짜 싸움을 잘하는 기술을 배웠다. 기술은 굉장히 간단했다. '쓰러지면 일어나고, 맞으면 일어나고, 상대가 포기할 때까지 일어나는 것'이었다. 때린 사람이 지칠 때까지 일어나면 누구나 이길 수 있다. 일명 '두 손 두 발 다 들게 만들기 작전'이라고 불렀다.

세상살이를 해보니 이기는 기술은 가장 확실히 성공하는 장사 비법이기도 하다. 힘들고 지쳤을 때 일어서면, 계속 그렇게 일어서면 언젠가는 성공할 수 있다. 그러려면 거북이처럼 조금씩 쉬지 않고 앞으로 나가는 지구력이 필요하다. 이 지구력을 키우는 데 필요한 것이 있다. 아주 세부적인 계획, 일과 삶을 대하는 철학 그리고 나와 함께할 동료이다.

〈국가대표 과일촌〉 일원들에게는 다행히 거북이의 지구력을 키울 수 있게 해주는 이 삼박자를 갖출 기회가 주어진다. 목표와 계획 없이는 함께할 수 없으니 면접 때부터 고심해 자기에게 맞는 세부적인 계획을 세우고, 공유하는 철학이 있으며, 그 모든 것을 함께해나갈 수 있는 든든한 동료들이 있다. 장사에는 물론 살아가는 일에서도 참으로 감사한 일이다.

더불어 사는 삶이 밴 장사꾼의 낡은 티

여름날 장사를 마치고 집에 와 찢어진 티셔츠를 꿰매는 내게 아내가 잔소리를 한다.

"이제 그 티 쪼가리 좀 버려. 4년은 입었겠다. 다 닳아서 맨살이 다 보이잖아. 이제 자기 나이도 좀 생각해. 궁상 좀 그만 떨라고."

아내는 몇 마디 말을 더 보태고 나간다. 티셔츠를 다 꿰맨 나는 안방에 앉아 혼잣말을 한다.

"아직은 멀쩡한 걸 왜 버려. 이보다 좋은 옷이 어디 있다고."

그 티셔츠는 강남 가게를 열 때 아내가 큰 맘 먹고 사준 옷이었다. 이제 내 가게도 갖게 됐으니 말끔히 입고 장사도 잘하라는 마음이 담겨 있는 옷이었다. 그러나 번듯한 가게는 오래 가지 않았고, 그 티셔츠를 입고 길거리에서 먼지를 뒤집어쓰고 땀에 젖으며 일한 날이 훨씬 더 많았다. 그렇게 4년을 보낸 탓에 이제는 누구도 거들떠보지 않을 낡은 티셔츠가 되어버렸다.

"아고 기어이 안 버리고 입겠다고? 자기가 안 버리면 내가 버릴게, 이리 줘봐."

아내가 들고 나가는 티셔츠 한 자락을 부여잡고 실랑이를 벌였다.

"내가 미안해서 그래. 우리 〈국가대표 과일촌〉 일원들한테 미안해서."

"뭐가 미안한데?"

"좀 살 만해졌다고 좋은 옷 입고 다니는 게 미안해서."

아내는 물끄러미 나를 바라보다 그제야 낡은 티셔츠를 돌려주었다.

내가 낡은 옷을 버리지 못하는 데는 이유가 있다. 우선은 앞서 말한 대로 동고동락하는 〈국가대표 과일촌〉 일원들에게 미안해지고 싶지 않아서이다. 이들은 나와 함께 한배를 탄 사람들이고, 나는 선장이다. 선원들은 풍랑 속에서 닻을 잡고 노를 젓고 있는데 밥때가 됐다고 나만 혼자 먹을 수는 없는 노릇이다. 실제 우리 팀원 중에는 아직도 공과금을 걱정하며 하루를 시작하는 분들도 있고, 아이들 학비 걱정에 밤잠을 설치는 분들도 있다. 내가 사는 게 좀 편해졌다고 나 편한 대로만 살 수는 없는 노릇이다.

다음으로 그 옷은 장사하기에 좋은 옷이기 때문이다. 물론 장사를 할 때 깔끔하고 청결하게 보이는 것은 중요하다. 하지만 비싼 유명 브랜드의 고급 옷을 입고 손님들 앞에서 과시해댈 필요는 없다. 손님들이 "저 사람, 장사해서 돈 좀 벌었나보네."라고 생각할 정도로 불편하고 부담스러울 수 있다. 그러니 아직도 나는 낡은 티를 벗을 때가 아니라고 생각한다.

사람들은 자칫 장사도 내가 하고, 돈도 내가 벌고, 쓰기도 내가 쓰는 것이라고 생각하기 쉽다. 하지만 그런 생각으로 사는 삶은 너무 협소한 삶이다. 내가 장사를 하고 돈을 벌고 쓰지만, 손님과 동료와 이웃 없이 이루어질 수 있는 것은 하나도 없다. 나의 처지와 입장이 어떠하든 더불어 사는 삶의 자세만이 나의 희망을 세상에 내놓을 수 있고, 세상의 희망을 함께 빚어낼 수 있는 것이다.

럭비에 이런 말이 있다.

"all for one, one for all!"

모두를 위한 하나, 하나를 위한 모두! 나이도 자라온 환경도 다른 〈국가대표 과일촌〉 일원들에게 딱 어울리는 말이다. 나 혼자만 잘되는 것이 아니라 한배를 탄 모두가 잘되기 위해 노력하는 모습에서 우리의 건강한 미래를 읽는다.

평가와 반성은 꿈의 방부제

요즘 나의 일상에는 꿈이 있는 만큼 평가도 있고 반성도 있다. 내가 이렇게 스스로를 평가해보는 시간을 갖는 것은 '관성적으로 앞으로 나가는 일'을 막기 위해서이다. '어제도 그제도 이렇게 했으니 오늘도 이렇게 살아가는 것'이라는 생각이 들지 않도록 해야 한다. 그래야 다음이 있다. 정작 자신이 트럭장사조차도 해서는 안 되는 모습으로 지내고 있으면서도 "나는 아니야."라며 돌아보지 않는다면 발전은 없다. 그러니 언제나 나를 돌아보고 성찰해야 한다.

오늘 매출이 오르지 않은 원인은 무엇이지?
몸으로 장사의 철칙을 얼마나 실천해보았지?
돈이 아니라 사람을 남기기 위해 노력했나?
3년의 목표에 오늘은 얼마만큼 진전을 보였지?
경쟁이 치열한, 자리 단속이 자주 오는 곳에는 들어가지 않으려고 한 마음은 없었나?
계산을 바로하고 허튼 데 돈을 쓰지는 않았나?
오늘 하루도 인디언 기우제의 정신으로 물건을 팔았나?
혹여 '이 정도쯤이야.'라는 생각으로 넘긴 일은 없었나?

나는 꿈꾸는 사람으로서 매일매일 남에게 지적했던 모든 말들을 되돌려 반성하고, 나는 어떻게 살고 있나를 고민해보게 된다. 이러한 평가와 반성이야말로 내 꿈의 방부제인 까닭이다.

Chapter 3
:: ::

어머니는 당신한테 무슨 비전을 주고 태어나게 했나요?

비전은 스스로 만드는 것이다

"여기서 트럭장사가 나한테 줄 수 있는 비전이 뭔가요?"

〈국가대표 과일촌〉에 찾아온 사람이 면접 중에 불쑥 던진 질문이다. 그래서 나 역시 물었다.

"어머니는 당신한테 무슨 비전을 주고 태어나게 했나요?"

그는 '세상이, 조직이 내게 비전을 만들어주기 전까지 나는 절대로 달리지 않겠다.'는 각오를 한 사람처럼 굳은 표정으로 앉아 있었다. 그 사람에게는 세상이든 조직이든 사람이든 내게 맞는 떡을 입에 넣어주는 곳은 없다는 것부터 알려주어야 했다.

비전은 누군가 제시해주는 것이 아니라 스스로 찾고 만들어가는 것이다. 꿈도 마찬가지다. 변화는 자신이 직접 뭔가를 찾아나서는 과정에서 일어난다. 세상이 내게 뭔가를 해주기 전에 힘 빼지 않겠다며 익숙한 것들 속에 파묻혀 있으면 변화는 절대 시작되지 않는다.

내가 〈국가대표 과일촌〉에서 감독의 역할을 자청한 까닭은 여기서 해나가야 할 일을 나의 꿈이자 비전으로 삼았기 때문이었다. 이것은 누군가 나에게 일러주거나 가져다준 것이 아니다. 절망의 끝에서 트럭장사를 시작한 뒤 고된 날들을 보내고 모진 경험을 하는 동안 내 가슴에 또아리를 튼 희망이자 비전이었다.

나는 죽을힘을 다해 트럭장사에 매진했고, 나의 첫 번째 목표를 달성했다. 그러고 나서 다시 얻은 희망은 내 땀과 눈물에 대한 화답이었다. 나의 두 번째 꿈인 트럭장사 사관학교 〈국가대표 과일촌〉은 현재 나의 비전이자 내 세 번째 꿈의 디딤돌이 되어줄 것을 확신한다. 열정을 덧입은 성실은 한 발 내딛을 때마다 열매라는 선물을 내준다. 그 인생의 비밀을 엿본 후 나는 〈국가대표 과일촌〉의 일원들과 함께 꿈꾸는 것을 멈출 수 없다.

〈국가대표 과일촌〉의 윈윈 전략

트럭장사는 특성상 고가의 과일을 팔기에는 무리가 있다. 손님들도 트럭에서는 흠이 조금 있지만 싱싱하고 싸고 맛있는 과일을 원한다. 트럭에서 백화점에서나 봄 직한 물건을 판다면 가격 때문에 승산이 없다. 사실 값싸고 좋은 물건이란 없다.

하지만 산지를 다니다 보면 품질도 당도도 굉장히 우수해 탐나는 것들이 많다. 수입 과일 중에도 그런 것들이 많이 눈에 띈다. 이런 사실들을 알게 된 뒤 어떻게 하면 이 물건들을 고객에게 팔 수 있을까 고민하게 되었다. 여러 모로 궁리해도 트럭에서 소화하기에는 가격 면에서 무리가 있었다. 그러다가 〈국가대표 과일촌〉 인터넷 카페에서 공동구매 형식으로 판매를 시도했는데 반응이 아주 좋았다. 판매하는 나도 좋지만 소비자 역시 가격 대비 품질이 우수한 물건을 접하니 좋은 일이었다. 현재 〈국가대표 과일촌〉 카페에서는 대한민국 10퍼센트 안에 드는 과일만 엄선해서 판매한다는 원칙을 세우고 있다.

한번은 대저토마토를 팔았는데, 몇 년이 지난 지금도 그 대저토마토의 맛을 잊지 못하고 연락해오는 고객이 많다. 초봄이 되면 공동구매를 요청하는 문자와 메일이 수시로 왔고, 한 2주일 정도 공동구매를 진행하지 않았더니 어떤 분은 텅 빈 냉장고 안 사진을 찍어서 보내기도 했다. "배 감독님 어떻게 하실 겁니까? 저희 집 냉장고를 이렇게 텅텅 비게 만들어 놓으시고 입맛은 입맛대로 버려놓으시고 책임지세요."라는 애교 섞인 항의를 받기도 했다.

이런 방식은 판매자와 소비자만 좋은 것이 아니다. 농가에도 도움이 된다. 2015년에 제주도 농가들은 귤 때문에 고민이 많았다. 잦은 비로 귤의 품질은 떨어졌는데 기후는 태풍 한 번 없이 좋았던 해라 과수가 많이 달렸다. 자연히 모든 귤값이 폭락했다. 이때 품질이 좋은 귤을 재배한 몇 농가에서는 다행히 〈국가대표 과일촌〉과 계약을 맺고 제값에 전량을 소진할 수 있었다. 농가에서 감사하다는 전화를 받았을 때 나 또한 보람을 느꼈다. 나만 이윤을 남기자고 거래하기보다는 농가와 소비자와 판매자 모두가 가장 합리적으로 거래할 수 있는 가격을 만드는 공간이 되었다는 게 그 보람의 실체였다.

산지를 다니며 물건을 구매할 때 지키는 장사꾼으로서의 철칙이 하나 있다. '절대 터무니없이 값을 깎지 않는다.'는 것이다. 〈국가대표 과일촌〉 이름으로 많은 물량을 한 번에 구매해가기 때문에 갑의 횡포를 부리지 않을까 걱정한 농가도 있었다. 하지만 손해보지 않는 선에서 가격을 정하자며 먼저 협상을 청하는 〈국가대표 과일촌〉의 모습을 봐오면서 이제는 신뢰하는 관계가 되었다.

〈국가대표 과일촌〉의 3년 뒤를 위해서도 지금의 원원 계약은 반드시 필요하다. 현재 〈국가대표 과일촌〉은 이렇게 중간과정 없이 사온 물건을 박리다매로 수도권의 일원들에게 공급하고, 온라인 카페를 통해서도 판매한다. 물건의 신선도와 가격을 확보하기 위해 공동구매로만 진행하고 있다. 이 같은 판매망이 3년 뒤에는 더 커질 것이라고 예상한다.

또 하나의 꿈, 오프라인 매장

〈국가대표 과일촌〉에서 트럭장사 교육을 시작한 것이 약 2년 전 여름이었다. 그때 초창기 교육을 받았던 분들 중 몇 분과 계속 같이 있다 보니 〈국가대표 과일촌〉에서 함께 장사했던 분들과 그다음 꿈도 함께할 방법을 찾고 싶었다. 그래서 찾은 것이 오프라인 매장이라는 또 다른 희망이었다.

트럭장사를 하면서 단련된 노하우와 서비스 정신을 자신의 경쟁력으로 만들어낸 〈국가대표 과일촌〉 일원들 중에 매장을 운영하고자 하는 사람이 있다면 이들을 적극 지원하고 함께 만들어나갈 생각이다. 그래서 오프라인 매장은 일반인들에게 간판을 내어주지 않을 생각이다. 〈국가대표 과일촌〉 제1물류센터에서 함께하면서 장사를 배운 분들에 한해 기회를 드릴 것이다.

처음 과일 장사를 시작했을 때처럼 활기가 넘치는 오프라인 매장을 여는 일, 우리의 브랜드를 걸고 파는 이와 사는 이가 함께하는 공간을 만드는 일은 가슴 벅찬 일이었다. 나이와 상관없이 꿈이 살아 있는 곳, 흙수저로 태어났어도 기회를 만들 수 있는 곳, 과일 가게의 삼성 같은 가게, 아빠들의 꿈이 있는 과일 가게, 길거리 트럭장사를 넘어 떳떳한 내 가게를 갖고 꿈을 펼치는 곳이 될 오프라인 매장! 그래서 더 철저히 준비하고 싶었다.

여섯 개의 오프라인 매장을 시범 운영하다

2015년 초부터 과일 가게를 시범 운영해보자는 생각으로 매장을 열기 시작했다. 그것이 최근에 오픈한 의왕점까지 해서 여섯 개가 되었다. 이 매장들은 아직까지는 〈국가대표 과일촌〉이라는 브랜드를 걸고 장사를 하지는 않는다. 1년여 동안 장사하면서 문제점을 파악하고 개선책을 마련한 뒤 정식으로 〈국가대표 과일촌〉이라는 브랜드를 걸고 운영하기 위해 말 그대로 시범 운영을 하고 있다.

시범 운영하는 매장의 투자 비용은 모두 본사에서 지원해주지만 운영과 수익은 점주들이 가져가게 되어 있다. 본사는 산지와 수입사를 통해 일괄 구매한 과일과 채소를 공급해주고 진열과 판매, 시기마다의 전략을 수시로 점검하고 개선해나갈 뿐이다.

초기 오픈 비용도 큰돈을 들이지 않고 3,000만 원 안에서 오픈하는 것을 지향하고 있다. 오프라인 매장을 열 때 목 좋은 자리는 중요하다. 하지만 좋은 자리는 소위 권리금이나 가게세에 혀를 내두르게 만든다. 강남에서 열 평짜리 가게를 하려면 3억 원 이상 있어야 한다. 웬만한 지역의 상권 좋다는 곳은 1억 원 이상의 돈이 들어간다.

물론 자리가 좋으면 장사도 잘되겠지만 어느 가게 하나가 잘되면 어김없이 주변에 동종 가게가 생겨난다. 이런 모방문화 때문에 결국 돈 있는 사람이 이기는 판이 되고 만다. 나 또한 그런 일을 많이 겪은 탓에 큰돈을 들이지 않아도 장사를 잘하면 괜찮은 수익을 얻을 수 있을 만한 곳에 중점을 두고 발품을 팔며 매장을 섭외하러 다닌다. 이럴 때 트럭장사의 경험이 큰 도움이 된다. 이 골목 저 골목, 이 길 저 길 모두 다니며 장사를 해본 덕에 그 동네 상권에 대해 어느 정도 알고 있기 때문이다.

여섯 개의 매장은 적게는 1,000만 원, 많게는 3,000만 원 정도의 금액을 투자해 오픈할 수 있었다. 모든 매장의 진열대며 필요한 집기들은 손수 합판을 가져다 피스로 박고 잘라서 만들었다.

구매는 산지에서 나오는 못난이 과일과 정품 과일 모두를 취급하되 산지 및 수입사와 직거래를 통해 좀더 저렴하게 대량의 물건을 가져오는 데 중점을 두고 있다. 진열과 판매에 대한 회의는 매일 아침 제2물류센터에서 진행한다.

무엇보다 최적의 수익 구조를 만들어내고 〈국가대표 과일촌〉만의 문화를 이어가는 것이 오프라인 매장의 목표이다. 현재 각 시범 운영 매장들은 150~400만 원 정도의 일매출을 올리고 있다. 월세가 50~250만 원 정도이다 보니 수익이 나쁜 편은 아니다. 점주에게는 한 달 평균 500~2,000만 원 정도의 수익이 꾸준히 발생하고 있다.

수익만큼이나 중요한 〈국가대표 과일촌〉 문화의 핵심은 정이 있는 가게, 사람을 남기는 가게를 만드는 것이다. 동네마다 싸게 파는 과일 가게에 가보면 이렇게 싸게 파는데 안 살 거면 가버리라는 식으로 장사하는 곳이 너무 많아 실망하며 돌아서기 일쑤다. 그런 방식은 그곳에 있는 사람들마저 값싸 보이게 만든다.

물건을 사고파는 관계라도 서로 어떻게 대하는가에 따라 사람 사는 정을 나눌 수 있다. 트럭장사를 할 때 도시락을 싸다 주거나 손수 담은 김치를 건네고, 커피며 이런저런 주전부리를 싸다 주던 엄마들의 정을 잊을 수 없다. 본격적으로 열게 될 〈국가대표 과일촌〉의 오프라인 매장은 좋은 물건이 오가는 만큼 사람의 정도 오가는 공간으로 만들 것이다.

오프라인 매장을 시범 운영하는 이유

트럭장사를 하기 바로 전까지 매장을 운영했고, 그 매장이 문을 닫으면서 트럭장사를 하게 됐다. 결과적으로 트럭장사는 전화위복의 기회를 주었지만, 과일 가게를 다시 운영하는 것에 신중할 필요가 있었다. 한두 개 정도의 매장을 운영한다면 크게 문제가 될 것이 없지만 앞으로 전국에 〈국가대표 과일촌〉이라는 브랜드의 매장을 갖기 위해서는 준비가 필요했다.

우선 매장 운영팀을 만드는 것이 고민이었다. 시범 운영 매장은 현재 〈국가대표 과일촌〉에서 함께 장사하는 분들이 아닌 새로운 사람들이 운영하게 만들었다. 〈국가대표 과일촌〉에 함께하는 분들은 나에게는 굉장히 소중한 인연들이다. 시범 운영 매장이 잘되면 이 인연이 오래 지속될 수 있지만 사소한 문제들로 떠나게 된다면 〈국가대표 과일촌〉에도 큰 손실이 아닐 수 없다. 그래서 과일 가게를 하며 알고 지내던 사람들에게 운영을 맡기게 되었다. 현재 여덟 분이 매장을 운영하고 있다.

시범 운영을 하면서 드러난 문제점은 한둘이 아니었다. 가장 큰 문제점은 자신의 돈이 투자된 것이 없다 보니 점주가 하다 말면 그만인 상황이 되어버리는 것이었다. 조금 하다 안 되겠다 싶으면 "배 감독, 여긴 자리가 좋지 못해.", "옆 마트에서 워낙 싸게 팔아서 여긴 힘들겠어.", "근처 마트보다 더 싸게 팔 수 있는 물건을 가지고 와봐."라는 식이었다. 그러다 안 되면 덩그러니 가게는 놔둔 채 잠적해버리는 사람들도 있었다. 처음에야 모두 "내가 열심히 해볼게. 나 알잖아, 하면 잘하는 거."라고 하지만 그것도 마음만 앞섰지 결과는 참담했다. 그런 문제점들을 해결하는 것이 가장 큰 숙제였다.

그다음 문제점은 언제나 자신의 한계를 정하고 넘어서지 않으려는 태도였다. 150만 원을 파는 매장에서 120만 원 안팎의 물량만 가져가려고 한다거나, 딸기가 아무리 싸져도 딸기는 위험하다며 조금씩 가져가려 들었다. 권투선수가 링 위에서 맞지 않으려고 요리조리 피해 다니는 것처럼 말이다. 싸움에서 이기기 위해서는 맞는 방법부터 배워야 한다. 그래야 쓰러져도 다시 일어나서 싸우고 이길 수 있다. 피해만 다녀서는 절대로 이길 수 없다.

그런 매장엔 일부러 1킬로그램짜리 딸기를 500박스 이상 가지고 직접 간다. 그리고 다 파는 모습을 보여준 후 이렇게 하면 되는 거라고 말한다. 매장의 점주도 대단하다며 알겠다고 하지만 다음 날이 되면 언제 그랬냐는 듯이 예전과 똑같은 양의 과일과 채소를 가져간다.

"배 감독이나 되니까 그렇게 팔았지. 난 힘들어."

"아직은 자신이 없으니까 점점 나아지려고 노력해봐야지."

시도도 하지 않고 그저 나아질 거라는 환상 속에 빠져 있는 것이다.

사람들은 발등에 불이 떨어지면 어떻게든 해결방법을 찾는다. 장사도 느긋하게 해서는 잘될 턱이 없다. 매일매일 물건과의 도전에서 살아남는 사람만이 발전할 수 있다. 비가 올 때까지 기우제를 지내는 인디언처럼 다 팔 때까지 장사는 계속 되어야 한다. 굳이 왜 가게에서만 팔려고 하는가? 가게에서 다 못 팔았으면 차에 싣고 나가서라도 팔아야 한다. 언제나 자신의 한계에 도전하고 긴장하면서 장사를 해야 성과도 있다.

시범 운영 중인 오프라인 매장에서 이런저런 문제점들을 더 많이 찾아낼수록 본 매장을 운영할 때 더 단단해질 거라는 확신도 커져

간다. 이 문제들을 장기적인 관점에서 제대로 해결하기 위해 시간이 날 때마다 재래시장도 돌아다니고 잘된다는 과일 가게들을 발품을 팔며 돌아다니는 것이 내가 요즘 주력하는 일이다.

〈국가대표 과일촌〉 오프라인 매장은 아직 준비 중!

오프라인 매장은 앞서 말한 대로 서로 다른 이름을 가진 여섯 개의 가게를 시범 운영 중이다. 그러니 현재 〈국가대표 과일촌〉 이름으로 운영하는 오프라인 매장은 아직 없다.

그런데 버젓이 〈국가대표 과일촌〉이라는 간판을 달고 장사하고 있는 오프라인 매장들이 있다. 모두 우리의 유명세를 얻어 타려고 모방해서 만든 매장들이다. 상도동에도 〈국가대표 과일촌〉이라는 이름을 그대로 갖다 쓰고 '가족에게 좋은 것만 주고 싶은 아빠의 마음'이라는 슬로건까지 모방한 매장이 있다. 자신들이 독창적으로 생각해낸 것이라고 말하지만, 내 블로그의 글씨체를 그대로 가져다 쓴 상호와 슬로건까지 거의 똑같다. 어떤 곳은 아예 〈배 감독의 국가대표 과일촌〉이라는 간판까지 걸고 장사를 한다.

문제는 이런 짝퉁 〈국가대표 과일촌〉에서 물건을 구매한 고객들이 듣던 것과 달라서 실망했노라고 내게 문자를 보내거나 블로그와 카페에 글을 올리는 경우가 많다는 점이다. 못내 속상하긴 하지만 지금으로서는 그저 유명세를 치른다고 생각하고 마는 수밖에 없다.

현재 시범 운영 중인 매장이 원활하게 운영되는 걸 확인하면 미비한 점을 모두 보완해 그야말로 제대로 잘 정비된 〈국가대표 과일촌〉

오프라인 매장을 열 예정이다. 그때까지 고객들의 오해가 없길 바랄 뿐이다.

우리의 다음 꿈은 '꿈을 만드는 공장〈국가대표 과일촌〉'

트럭장사 사관학교〈국가대표 과일촌〉의 하루는 생각보다 바쁘게 돌아간다.〈국가대표 과일촌〉공동의 업무도 처리해야 하고, 트럭장사도 나가야 하고, 우리 일원들의 문제도 살펴야 하니 시간을 쪼개서 쓸 수밖에 없다. 그런데도 그 쪼개진 시간 속에는 우리의 다음 꿈에 물을 주는 시간이 있다. 우리의 현재를 디딤돌로 삼는 것이기에 가능한 일이기도 하다.

새로운 목표는 대한민국 최고의 트럭장사와 농수산물 네트워크를 만들어 공급자와 소비자들이 만나는 장을 여는 것이다. 꾸준히 하다 보면 이룰 날이 오리라 믿는다. 그 꿈이 이루어졌을 때는 '농수산물 네트워크〈국가대표 과일촌〉'이라고 불리기보다는 '꿈을 만드는 공장〈국가대표 과일촌〉'이라고 불리기를 바란다.

그 꿈을 만드는 공장 안에는 우리 농수산물의 해외 진출을 위한 교두보를 만들기 위해〈국가대표 과일촌〉대학을 만들고 싶은 꿈의 자리도 있다. 농수산물 가게는 별 노하우 없이도 바로 시작할 수 있는 것으로 알고 도전하는 경우가 많다. 얄팍한 지식으로 손님을 응대하고, 농수산물에 대한 인식이 손님보다도 부족한 상태에서 그저 팔기만 하면 된다는 생각으로 가게를 운영하는 모습을 보면 안타깝다. 우리 농수산물을 올바르게 알리고 적극적으로 판매하는 것은 판매의

최전방에 있는 판매자가 해야 할 의무이기도 하다.

그러기 위해 농수산물에 대한 정확한 지식과 판매에 대한 노하우를 체계적으로 갖추고 장사와 사람에 대한 철학과 태도를 갖춘 장사의 '꾼'을 제대로 양성해내는 것이 필요하다. 이런 전문 인력이 양성되면 장사의 야전이라 할 수 있는 일선 가게들이 해외에 진출해 우리 농수산물을 전문적으로 팔 수 있는 판로를 개척해내는 일을 해낼 것이다. 그날을 위해서도 꼭 전문적인 농수산물 판매를 위한 종합 대학을 만들고 싶다.

힘들고 어려운 이들에게 디딤돌을 나눠주고, 그 꿈들이 다시 싹을 틔울 수 있게 도와주는 '꿈을 만드는 공장 〈국가대표 과일촌〉'이 되겠다는 꿈은 모양을 달리하며 계속될 것이다. 그래서 오늘도 우리의 꿈을 실은 트럭은 멈추지 않는다.

| 에필로그 |

길이 끝나는 곳에 새로운 길이 있다

 모든 것이 끝났다고 여겼을 때 단 한 대의 트럭으로 다시 시작한 나의 장사인생은 내게 인생을 다시 시작하게 해주었고, 내가 다시 꿈을 꿀 수 있는 길 위에 서게 해주었다. 트럭장사의 길은 내게 남은 최후의 보루였고, 그 길 위에서 트럭장사 사관학교 〈국가대표 과일촌〉의 길이 열렸다.
 하지만 길 위의 삶은 언제나 고단하다. 선택을 하기까지 그리고 선택한 이후 이 길을 걷는 동안 내 자신은 절박해야 했다. 꿈을 이루기 위한 몸부림으로 나는 하루에도 수십 번 외치고 또 외쳤다.
 '난 꼭 이루어내고 말겠다. 난 두 아이의 아빠이고, 한 여자의 남자이다. 그들에게 한 점 부끄럽지 않은 아빠이자 남편이 될 것이다.

　가난하게 태어난 것은 나의 잘못이 아니지만 가난하게 늙는 것은 나의 잘못이다.

　포기는 배추 셀 때나 쓰는 말이다. 나는 절대 포기하지 않는다.'

　망하고 나서야 절대 포기하지 않는 그 어려운 실행을 직접 하게 되었다. 아무도 알려주는 이 없는 트럭장사, 태풍에도 삭풍에도 하루도 쉬지 않았다. 뛰지 못하면 걷고, 걷지 못하면 기어서라도 하루하루를 버텨냈다. 고되고 힘든 날들, 서럽고 막막한 날들이 계속되었지만 365일 내 트럭은 멈추지 않고 달렸다. 내가 늦었다면 그만큼 더 열심히 뛰어야 한다는 생각뿐이었다.

　트럭장사의 삶은 나와 내 가족만 바라보던 내게 변화를 가져다주었다. 나와 비슷한 처지에 놓인 사람들이 다시 일어설 수 있는 디딤돌의 기회를 찾기 위해 나를 찾아왔다. 혼자 가면 빨리 가겠지만 그들과 함께해서 멀리 가고 싶다는 생각이 들었다. 속도보다는 방향을 선택했다. 내 욕심을 위해 서두르기보다는 한 분 한 분이 잘 적응할 수 있게 면담을 하고 교육을 진행했다. 〈국가대표 과일촌〉 일원들이 트럭장사를 디딤돌로 삼아 재기에 성공하길 간절히 바라는 마음으로 '트럭장사 사관학교'를 시작했고, 그것이 다시 꿈의 밑천이 돼주었다.

　고단한 삶의 경험들은 세상에 대한, 사람에 대한, 내 자신에 대한 깨달음을 주기도 했다. 돈이 없을 때 알았다, 돈의 유혹에 가장 많이 흔들린다는 것을. 절망의 끝에 섰을 때 알았다, 절망이 어떻게 더 큰 절망을 부르는지를. 가게를 접고서야 알았다, 절박함이 어떻게 삶을 변화시키는지를.

　나를 다시 일으켜 세워준 것은 내 가슴 속에 남아 있는 꿈에 대한 열정의 불씨였다. 흔들리지 않고 다시 그 불씨를 함께 일으킬 수 있는 〈국가대표 과일촌〉을 만들었다는 것이 지금은 더 없이 큰 기쁨이 되었다.

　지금도 장사를 해보고 싶다는 문의가 하루에도 수십 통이나 온다. 하지만 무슨 일을 하든 죽도록 하지 않고서는 절대 그곳에서 꿈을 이룰 수 없다. 절박함 없이 그저 쉬워보인다는 이유로 장사 좀 해보겠다는 생각이 든다면 다른 일을 찾아봐야 한다. 장사는 누구나 할 수는 있지만 아무나 성공할 수는 없다.

　가장 많이 문의해오는 연령대는 40, 50대이다. 인생에서 가장 힘든 시기가 40, 50대라지만, 지금의 40, 50대 가장들은 그 어느 시대보다 불안한 위치에 서 있다. 역대 최악의 경제상황에서 역대 최고의 교육비를 감당하며 자녀의 교육을 책임져야 하는 상황에 놓여 있다. 가장의 책임은 감당 못할 만큼 무거워졌는데 40대만 넘어도 정규직은 꿈도 꾸기 힘들고, 한겨울의 추위보다 무서운 명예퇴직과 조기퇴직의 위험에 시달려야 하는 시대가 되어버렸다. 이 땅이 자영업자들에겐 무덤이 되어버린 지 이미 오래다.

　그렇다고 넋 놓고 세월 탓, 나라 탓만 하고 있을 수도 없다. 스스로 길을 찾고 비전을 만들어나가야 한다. 나쁜 일이 있다는 것은 곧 좋은 일이 온다는 신호라고 한다. 힘들면 힘들수록 포기 대신 러시아의 시인처럼 자문할 일이다.

"왜 나에게는 그런 나쁜 일이 생기면 안 된단 말인가!"

트럭장사가 절망에 빠진 내게 귀한 디딤돌이 되어준 것처럼 변변찮은 내 경험이 절망에 빠져 꿈을 잃어버린 분들에게 다시 그 불씨를 살려낼 수 있는 바람이 되기를 소망한다.

당연한 얘기지만 성공을 위해 모두가 트럭장사를 해야 한다는 것이 아니다. 중요한 것은 자기의 일과 삶을 대하는 자세이다. 절망의 끝에 놓였다고 생각될 때 결코 포기하지 않고 온몸으로 고단함을 견디면 그 길 끝에는 언제나 새로운 길이 열린다. 열정과 땀은 성실만이 무기인 자를 배신하지 않는다. 특별한 성공 비법이나 기적을 바라는 대신 멈춤 없는 도전과 스스로 변화하는 길을 선택하는 삶의 태도는 우리가 걸어가야 하는 길 위의 나침반이 되어 우리를 가슴 벅찬 희망의 길로 이끌어줄 것이다.

국가대표 트럭장사꾼

초판 1쇄 발행 2016년 6월 3일
초판 3쇄 발행 2023년 8월 22일

지은이 배성기
펴낸이 정덕식, 김재현

펴낸곳 (주)센시오
출판등록 2009년 10월 14일 제300-2009-126호
주소 서울특별시 마포구 성암로 189, 1711호
전화 02-734-0981
팩스 02-333-0081
전자우편 sensio@sensiobook.com

ISBN 978-89-97142-54-5 (13320)

이 책은 저작권법에 따라 보호받는 저작물이므로 무단전재와 복제를 금지하며,
이 책 내용의 전부 또는 일부를 이용하려면 반드시 저작권자와 지식공간의 서면동의를 받아야 합니다.

잘못된 책은 구입하신 곳에서 바꾸어드립니다.